中国古代谣言与谶语小史

栾保群 著

中国长安出版社

图书在版编目（CIP）数据

中国古代谣言与谶语小史 / 栾保群著. -- 北京：中国长安出版社，2014.10

ISBN 978-7-5107-0824-4

Ⅰ. ①中… Ⅱ. ①栾… Ⅲ. ①中国历史－古代史－通俗读物 Ⅳ. ①K220.9

中国版本图书馆CIP数据核字（2014）第247580号

中国古代谣言与谶语小史

栾保群 著

出版：中国长安出版社
社址：北京市东城区北池子大街14号（100006）
网址：http://www.ccapress.com
邮箱：capress@163.com
发行：中国长安出版社 全国新华书店
电话：（010）85099947 85099948
印刷：北京骏驰印刷有限公司
开本：850mm×1168mm 32开
印张：15
字数：210千字
印数：3000册
版本：2015年1月第1版 2015年1月第1次印刷

书号：ISBN 978-7-5107-0824-4
定价：34.80元

前　言

谣言和谶语都是古人对预言的一种称呼。如果是以民间谣、歌、谚的形式出现，则称作“谣言”，而如果这预言对统治者有利，他们就换个名，或是中性的“谶”，或是直白的“符命”、“天命”；如果是不利于统治者的话，那自然就是叫“妖言”了，“妖言必定惑众”，故必打杀之。谣言、妖言、谶名称虽然不同，但它们的预言性质却没有区别，都是上天意志在人间的预警或预告。

“预言”就是天意在人间的传播，是上天对人世间社会生活的一种干预。

中国古代政治思想的一个很重要的内容就是建立在“天人合一”理论基础上的“天人感应”学说。上帝是宇宙的主宰，最重要的是人世的主宰；帝王是上帝在人间的代表，是天帝之子，天帝时刻关心着他们对人间的治理。如果帝王所行不合天道，天帝就要向他们“示警”，用日月晕珥、星孛犯守的天文变化，用风雨旱涝、地震山崩的自然灾象，用牛生二头、狗出六足的怪异，用谣言谶语、天书石碣的预言来提醒人主，而这些不同灾异和现象都包含着不同的启示，人主就可以因此而明白自己的过失所在，及时改弦更张。如果人主不理睬上天一次次的示警，而继续逆天悖道，那么上天就要考虑结束对人主的庇佑，安排新天子出世了。

于是河出图，洛出书，天降甘露，地涌醴泉，形形色色的瑞应一古脑儿地出现，这是上天给新天子“受命”，即颁布君临天下的合法凭证了。而最直接、最有说服力的凭证自然还是“预言”。

这种理论现在看来是有些可笑，但在专制政治的古代却有它的合理性。人间自从有了君主，他们就是以“君权神授”自居，他们的一言一行、一举一动都代表着上天的意旨，臣民们还有什么道理和他讲？于是贤智之士只好用君主的靠山——上天来约束他们不要胡作非为了。帝王虽然是天之子，但并不是天的代言人，上天的意旨并不是通过天子的口来宣布，而是靠鬼神，靠天象，靠灾异，靠社会上出现的一些怪事、怪物甚至奇装异服，还有什么荧惑星下凡传播的童谣来普告天下。

人间的皇帝既已至高无上，什么周公孔子八贤王，都奈何浑蛋帝王不得，那就只好从天上给他们安排一个“太上皇”了。孟子呼吁的“民为重，君为轻”，几千年来的帝王至多在口头上说一说，心里却暗自冷笑。可是墨子说的“鬼神之能赏贤而罚暴”，却使大多数帝王不得不略有顾忌。到了董仲舒把天人合一思想正式学说化，那时的君权不仅是天授，而且还可以天取；不仅可以授予此，也可以授予彼，秦始皇式的“万世一系”梦想就更站不住脚了。

尽管老百姓没有多少人读过董仲舒的“天人三策”，但这种天人合一的思想却渗进了他们的血液之中。所以浑蛋皇帝尽可不理睬上天的“示警”，忠臣诤臣们往往要搜集些灾异和谣言来警告他们，而权臣逆臣则悄悄地制造灾异和谣言来为自己打地盘。至于老百姓，只要还没有被圣经贤传驯化为奴才，就难免要发泄一下对权势者的不满，形之于歌谣，播之于口耳，弄不好就成为革命的先声。

而不安分的“乱民”，更不会放弃对这一武器的利用，造出谣言谶语，“煽惑人心”，准备“革天命”，换江山。从陈胜的“篝火狐鸣”到后世的《推背图》之类，都是以预言为形式的“革命（革天命）宣言”。所以历代封建专制政权对这种“革天命”的预言无不采取严厉禁止的态度。他们对预言的恐惧有时达到非常敏感的地步，于是文字狱就出现了。当然，这并不妨碍他们去炮制对自己有利的预言。

说起中国古代的预言，人们就要想到“谶纬”。“谶纬”是纬书和图谶的合称，这两种东西性质虽然并不完全一样，但在历史上却遭受了共同的命运：禁毁。

纬书曾经在数百年间与五经并驾驱驰于中国思想、学术领域，在东汉时，朝廷上的疏奏章表，朝廷外的墓碣碑铭是动辄引纬的，那场面正如有些年的“言必称马列”，每篇文章不用上十几条语录就不成其文章一样。而纬书的品类多达数十种，篇幅多达数百万言，所谓儒生的“皓首穷经”，多半时间恐怕是耗费在汗牛充栋的纬书上。

时过境迁，纬书到隋唐以降就成了灭绝的恐龙，只剩下片鳞只爪的化石了。这灭绝的直接原因主要是统治者的禁毁。西晋初年曾经“禁星气谶纬之学”，但看来并不怎么凌厉。到了南北朝时，势不共天的南方萧梁和北方元魏却在禁毁谶纬上取得共识，满肚子佛经动不动就大发慈悲掉眼泪的梁武帝，和励精图治的北魏孝文帝一样，都把收藏“图谶秘纬”者“以大辟论”了。但南北分裂的局面对文化的专制实在不利，所以最后的收功还要等到全国的统一。纬书遭遇的最后一次浩劫是隋炀帝的大手笔："发使四出，搜天下书籍与谶纬相涉者皆焚之，为吏所纠者至死。自是无复此学！"

这些皇帝的禁绝纬书当然不是因为纬书的封建迷信，而是因为纬书中掺杂了大量的"谶"，而谶却是非常"政治性"的。皇帝们要禁绝不利于自己统治的谶，就用了"灭九族"法，把谶的近亲纬书也一起消灭了。在中国统治者的眼里是从来没有所谓"纯学术"的。所以从一定意义上讲，纬书的灭绝是受了谶的"株连"。

从政治史的角度看，谶的地位和影响远远胜过纬。如果大家留意一下就会发现，自战国时（最早虽见于《左传》，但那究竟是战国时的书）就开始存在的这种不登大雅之堂的"谣谶"，原来与中国两千年的政治斗争有着那么密切的关系，有时竟能影响历史的进程！

大家熟知的陈涉、吴广的篝火狐鸣，"大楚兴，陈胜王"，是作为"革命"（本篇所用的"革命"都是它的本始含义，请勿误解）号召的"谶"，也就是当时的大造革命舆论。

那谶是由陈胜和吴广编造的。但流亡于大泽中的无赖刘邦，一个人从大泽中出来，便对他的同伴们讲，他如何斩了一条白蛇，然后又遇一老妪，哭云：“赤帝子杀了我儿白帝子。”这又何尝不是他自造的谶。但《史记》却没有明白揭出，也许太史公是用《陈涉世家》中的造假来对应《高祖本纪》的“天命”，让读者自己两相比照，从而悟出刘邦的把戏吧。司马迁是否有用这种“春秋笔法”的意思，这并不重要。但在中国历史中成百上千次的大大小小的政权更替上，一向是“成者王侯败者贼”，于是陈胜一流的“谶”就是野心家本人的不轨，而刘邦一流的“谶”则成了上天的旨意。

一个王朝兴起之后，陈胜一流的谶如果不被销毁灭迹，也是会被当作逆贼的罪证的。所以一个王朝的衰落和一个王朝的兴起，总是伴随着造谶和禁谶的运动。

造谶，对于一个政治势力的最后成功也许是无关紧要的，但在它最初兴起的时候却是成败攸关。可以想象，假如陈胜不搞“篝火狐鸣”、“鱼腹丹书”那套把戏，大泽乡铤而走险的成功就很难说。此后天下群雄并起，究竟出现了多少谶，由于史书阙载，已无从知晓。但像“楚虽三户，亡秦必楚”之类的话，肯定不会只是一种亡国遗民的诅咒。再对照王莽末年谣谶如潮的局面，秦末的谣谶想必不会只有存下来的那几条。

王莽由汉朝的大司马变成安汉公，再变为“假皇帝”，最后“即真”为真皇帝，建立了新朝。除了“人心厌汉”的大形势外，“符命”和“谣谶”也起了很大的舆论作用。可是“成也萧何，败也萧何”，到了王莽末年，由于改制失败而“人心思汉”的时候，各路英雄就也拿起“谣谶”这个武器来对付王莽，同时证明自己的“天命”。

最有名的是为刘秀做天子造舆论的“赤伏符”：“刘秀发兵捕不道，卯金修德为天子。”

后来成了光武帝的刘秀是个知识分子出身的军阀，他不但精通造有利于自己的谶，还精通曲解政敌的谶以为自己所用。这也是“以柔道取天下”之一例。这种阴柔的战术表现在他对谶的运用上，简直是出神入化。

成功或不成功的野心家们既然热心于用谶造革命舆论，政治权术中就又添了一手：用谶诬陷某人为野心家，以达到公报私仇的目的。北齐大将斛律光（字明月），就是那位用一曲“敕勒川，阴山下”鼓起士气转败为胜的大将斛律金的儿子，他精于武略，威震关西，屡次把北周杀得大败。北周名将韦孝宽忌其神勇，便造了几条谶，然后派间谍把这些谶语散布到北齐都城。北齐朝廷中斛律光的政敌祖珽，也随着加油添薪，补充了几条，结果斛律光就成了“谋反”的叛逆，举族被戮，而不久北齐也就亡了国。记得吴晗在六十年代初把这段历史写成了一篇极为悲壮的随笔，很是引起一些人的感慨，而后来也很是引起另一些人的“钻研”，铸成了吴晗的一条罪状。这种方法到后来是更加的花样翻新，但手续往往趋于简便。武则天的特务们要陷害某人，就先在他家里藏下违禁的谶纬书，然后抄家，抄出来就灭族。这方法为历代的特务沿用，很少不奏效的。

纬学虽然灭绝了，“谶学”却永远是“野火烧不尽，春风吹又生”。历来的造反者也好，野心家也好，始终没有放弃“谶”这个舆论武器，而且愈演愈烈，从成篇累牍的《王子年歌》、《郭文金雄记》、《嵩高道士歌》、《甲子歌》、《孔子闭房记》，到图文并茂的《推背图》，以及多得可以专门编目的各种“宝卷”，都造了出来，成为中国“政治文化”的一大奇观。于是禁谶的手段自然也随着发展，禁毁的书目也随之扩大，由图谶扩大到一切有文字的东西，那最大的成就便是清代以来的文字狱。而这又是“文化政治”的一大奇观：一些不安分的文人绞尽脑汁地在文章中

“含沙射影”，一些要用人血染红顶子的文人处心竭虑地从别人的诗文中挖掘可以锻炼成狱的素材，而另一些被吓昏的文人胆战心惊地检查自己的作品有没有容易被人“误读”的词句。

除了用谶来诬陷政敌之外，还可以用造谶来蛊惑、教唆政敌谋反，这一着虽然曲折一些，但更可以看出中国智谋的神用。像《聊斋志异》的《九山王》那种先用符谶怂恿仇人造反，然后使仇人灭族的故事，在历史上也有实例。

在世道不济的时候，社会上总是要出现大量的谣谶，与“灾异”一起“代表上天”向统治者示警。“赤厄三七”(西汉元、成时谶)、“八九年间始欲衰，至十三年无孑遗”（东汉建安时荆州童谣）、“草木萌芽，杀长沙”（西晋八王之乱时童谣）……这样的谣言不得不使统治者悚然不安。为了安慰自己，稳定人心，统治者这时往往也要造出一些“吉谶”来对付这些“凶谶”。

北宋灭亡后，新即位的南宋高宗赵构一路南奔，听说一个人的名字吉祥些就像在洪水中见到根稻草，总要把它附会成谶，为跟随自己的残兵败将打气。

中国的文字自有其神妙之处，只是一个字，也能从形、音、义上随意发挥，说它是吉就是吉，说它是凶就是凶。

字形可以象形、会意、拆散拼合；字音可以谐音、转韵，再加上方言、别字；字义则中国的单字本来就是一词多义，再加上字的偏旁部首，互相通假。

从这几个方面下手，就没有一个字不能随意附会的。如明朝灭亡之后，明朝的遗臣和农民政权扶立明宗室建立了几个小朝廷，坚持抗清。一为福王朱由崧的南京政权，一为鲁王朱以海的绍兴政权，一为唐王朱聿键的福州政权，一为桂王朱由榔的肇庆政权，一为唐王之弟朱聿𨮁的广州政权。这几个皇帝或代理皇帝的寿命都不长，奇怪的是，鲁王以海最终亡于海上，聿键亡于福建，由榔亡于夜郎，聿𨮁亡于南粤。他们的名字竟然预示了他们灭亡的地名！

迷信的人可以把这看成是天意，不迷信的人会说这是巧合，但如果仔细一分析，却不过是利用中国语言文字的特性而进行的附会。我们只以鲁王朱以海为例，他死于台湾，台湾旧属福建，福建又称闽，也可称越，台湾为岛，岛可叫屿，岛在海上，海也可叫洋，……这样串下去，能和台湾连在一起的词汇将有很多，所以鲁王不管叫什么名字，都有可能把它与台湾联系起来。而反过来看也是一样，即不管朱以海死在哪里，南七北六十三省，他随便选个地方驾崩，我们也都能与他的名字挂上钩。当然这要有会扇忽的本领，比如朱聿键本来是被捉于缅甸，被杀于云南，虽然与粤相近，但究竟差之千里，可是都在中国的大西南，一扇忽也就能蒙混过去了。

一个字可以如此随意附会，如果再把字缀成词，再编成歌谣，用上古代的修辞学，占卜术，那就能把任何民谣或随便一句流行语都演绎成预言了。但我们不想“造谣”，所以也没必要鼓捣这些文字把戏。

当然也不能排除历史上的某些巧合，比如北京的前三门，中间是正阳门，东边是崇文门，西边是宣武门，凑巧的是，在北京建都的最后三个封建王朝的最后一个年号，元是至正，明是崇祯，清是宣统，各占了前三门名称中的一个字。再找个时间近些的说，一九六六年春，“文化大革命”即将正式开场，河北邢台地区发生了一场大地震，而到了一九七六年，“文化大革命”即将收摊时，河北又发生了唐山大地震。后来我在整理河北地方志时，忽然发现，邢台地震的中心隆尧县，在民国十四年之前的旧名正是“唐山县”，只是京东唐山镇因为产煤而名气大起来，才把唐山一名让了出来，改名尧山，而到了一九四九年之后，又与隆平合并为隆尧。“文化大革命”一头一尾的两场大地震，竟然全是发生在“唐山”，而海外客们不是也把中国叫“唐山”么！这可以看成巧合，也可以看成“天意”，但即使是“天意”，这老天爷折腾死那么多人，到底是想表达什么“意思”呢？你警告张三不要跳河，总不能把李四他们的船掀翻了吧。

前些年，社会上出现了一些关于“预言”的书，诸如翻印的《推背图》以及《预言成真》之类，不管编者加进多少现代化的解释，但总的目的是让读者相信这些预言的真实可靠，冥冥之中确有什么主宰。这倒也没什么，事关书的销路，总是要有它的卖点，其实作者本人也未必是真信的。只是有些年轻人一面敲着电脑，一面却相信所谓“大预言”的预测，这才是可悲的。那些预言究竟是“天赐”的还是人造的，它们究竟有多大的真实性？对现代的读者来说，只要动一动脑筋，本来就会明白的。我只质疑一点，“文化大革命”这一中华民族空前的浩劫，不仅是人死了千百万，而且几乎灭绝了五千年的优秀中华文明，却让最腐朽阴暗的部分急剧膨胀成一个大怪胎、大妖孽，为什么《推背图》、《烧饼歌》里连个供人牵强附会的痕迹也找不到！

但由于这些“预言”涉及到一些历史知识，如果不作一些介绍，仅靠表面现象和编造者貌似博学的瞎“忽悠”，确实是有很大迷惑性的。所以我编过一本《中国的谣与谶》，选了一部分有代表性的政治预言，并把它们的历史背景加以介绍。

张吉霞女士特意从北京来石家庄，找到我，希望我将《中国的谣与谶》修改一下，加入她策划的“中国小史”丛书中。被她的热情和执着精神所感，我便在小册子的基础上，加以整理，是为《中国古代谣言与谶语小史》，一方面是让读者知道中国的政治史中还有这样一种特殊的政治手段，中国的文化史中还有这么一个怪异的门类，同时也希望读者知古以鉴今，古代的先哲在相信天帝和神明的前提下尚且把“听于神”当成亡国和乱世之征，我们还有什么理由在“科学与民主”的社会中相信什么天命，呼嗨什么救世主呢！

目 录

壹　先秦时期

檿弧箕服，实亡周国。这大约是中国古代最早的一个预言性童谣了，因为据说它出现在西周时的宣王时期。虽然记载这童谣的书是几百年后战国时的《国语》，但距今也有两千多年了。

郑桓公是西周末年时郑国的国君，同时又兼任着周天子即周幽王的司徒，这时他大约看出了周王朝的没落，就向史伯提出了问题："周王朝是不是要完了？"史伯的官职是王朝的"史官"，那时史官和巫师是二任兼于一身的，所以史伯不仅掌管着周王朝的史籍文献，还担负着占卜国家吉凶的事务。史伯也是个悲观主义者，他对形势悲观的依据自然很多，诸如幽王的亲信谗佞，宠幸褒姒，朝政昏乱之类，而认定周朝肯定要亡的主要根据，则是一首在周宣王时已经流传的童谣。

周宣王就是周幽王的老爹，他在位的时候，曾使早已步履艰难的周朝振作了一下，所以史称“中兴”。但就在周宣王东征西讨、大逞威风的当口，自己国内却出现了妖言：“檿弧箕服，实亡周国。”（《国语·郑语》）

“檿弧”就是打猎用的弓，而“箕服”则是用来盛箭的容器。周宣王听说有夫妇二人正在国都里卖这种东西，就下令派人去捉他们，而且捉住就立刻杀掉。这夫妇二人听说了，就赶忙逃离都城。而事有凑巧，周宣王宫中有个宫女，年纪还不大，就莫明其妙地怀了身孕，正在那二位逃亡的时候，这小宫女把孩子生了下来。她不敢把这不明不白的女婴留在宫里，就请人扔到了城外。那逃亡的夫妇大约是没有孩子吧，见了这个弃婴，就拾了起来，带着一起跑到了褒国。

那位未婚而孕的宫女究竟是怎么怀孕的呢？那就更离奇了。话说早在夏朝末年的时候，王宫里出现了两条龙，这龙是褒国的二位国君的精魂所化。夏王爷让巫师占卜，是杀掉还是把它们赶走，或者是把它们留在宫中，巫师算了半日，也没算出个结果，那就只得听之任之，让这两条龙自己决定去留了。可是夏王爷也是多事，他让人把龙吐出来的涎沫收集了起来，盛在一只木匣中，放入了国库。这一放就是几百年，商朝时没人动，进入周朝又经历了几百年，到了周厉王的时候，有人好奇，把木匣打开。那龙的涎液居然没干，自己往外流，流到庭院里，无法把它收起。过了一会儿，那涎沫竟然变成了一只黑色的癞头鼋，从从容容地爬进了王宫。褒姒的生母那时还是个四五岁的小姑娘，恰巧碰上了这只癞头鼋，当时也没有什么异兆，到了她十五岁的时候，突然就怀了孕，于是生下了那个女婴。

那二位逃亡的夫妇带着女婴，来到了褒国。过了若干年，女孩长大了，生得如花似玉，美艳无比。这时已是周幽王时代了。有个叫褒姁的得罪了幽王，幽王要拿他治罪。褒姁便把那姑娘当作礼物送给了幽王。幽王一见，如获至宝，立刻三千宠爱在一身，而褒姁的罪自然已经被功赎了。这位得宠的姑娘不是别人，正是“烽火戏诸侯，一笑倾宗周”的褒姒。

这样一来，西周灭亡的责任就由昏乱的幽王转移到那可怜的弃婴身上了。但根据这个故事，周朝的亡国乃是天意，而且早在夏朝末年以前即已被上天埋下了根芽。可是我们要问：夏朝的都城在何处？商朝的王宫又在哪里？从夏末到周宣王，其间至少有八百年，八百年前的档案文献都荡然无存，难道这个木头匣子就这样珍贵，被商周的列祖列宗们搬来搬去、小心收藏着？如果它值得珍贵，为什么八百年来就没有人打开看看呢？所以史伯的故事只是一部《封神演义》而已。

鸲之鹆之，公出辱之。鲁昭公二十五年(前五一七年)，鲁国突然出现鸲鹆来结巢，这是历来记载中都没有的事，所以被国人看作变异。于是师己就提起了一百年以前鲁国流传过的一首童谣：

鹑之鹑之，鸲之鹆之，公出辱之。
鸲鹆之羽，公在外野，往馈之马。
鸲鹆跦跦，公在乾侯，征褰与襦。
鸲鹆之巢，远哉遥遥，裯父丧劳。
宋父以骄，鸲鹆鸲鹆，往歌来哭。

（《汉书·五行志》）

这个鲁国流传的童谣却是“报忧不报喜”的，它预言了一百年之后鲁国内乱、昭公出逃的灾祸。这童谣流传于鲁文公、鲁宣公、鲁成公那个年代，鲁文公元年是公元前六二五年，鲁成公在位的最后一年即十八年是公元前五七三年，而鲁昭公二十五年则为公元前五一七年，如此说来，童谣的出现和流传应该在昭公出逃之前的一百多年到六七十年之间。还有一种说法，认为是周文王和周成王的时代，那就更为悠远了。童谣的意思是：

鸲呀鹆呀，国君出国要受到羞辱呀。

鸲鹆的羽毛，国君住在远郊，臣下去把马匹送到。

鸲鹆蹦蹦跳跳，国君住在乾侯，问人要裤子短袄。

鸲鹆的老巢，路远迢迢，裯父死于辛劳，宋父以此骄傲。

鸲鹆鸲鹆，去的时候唱歌，回来的时候号啕。

（沈玉成译文）

这童谣预言着鲁国国君的灾难，百十来年一直没有应验。到了鲁昭公二十五年，鲁国出现了鸲鹆鸟，这是从来没有过的异事，所以师已　觉得不同寻常，童谣该应验了。果然，就在这一年，鲁昭公和执掌鲁国大权的季氏矛盾激化，昭公发兵攻打季氏，结果自己败了，只好逃到了齐国。齐国攻打鲁国，取了郓城，让昭公住下。过了二年，昭公又搬到了乾侯，最后死在那里。

按照《左传》的记载，这童谣真是灵验之极。但现在还有一个疑问：鸲鹆就是八哥，这种鸟在中国北方各省无处不见，为什么鲁国却偏偏没有这种鸟，出现一次就要预兆着什么呢？既然鲁国没有这种鸟，鲁国的儿童为什么会把它编进歌谣中呢？这样一来，童谣的预言就出现了危机。于是古代的学者为了维护《左传》的权威性，就编了一个莫明其妙的理由：这里说的“巢”指的是土穴，鲁国虽然有八哥，但从来没有用土穴做窝的，而现在八哥居然从树上钻进土中，岂不是咄咄怪事？但是读者还是要问，鲁国的八哥不在土里做窝，那么哪里的八哥又在土中做窝呢？

从这个故事中，我们可以知道古代人对预兆出现的一个分辨方法，即如果本地出现了从来未有的事物和现象，那就一定是预兆着什么祥或不祥的事。中国古代的灾异学说，基本上就是以“天灾”（灾）和“怪现象”（异）为依据的。但某种怪现象究竟预兆着什么，是吉还是凶，却是众说不同。灾异与预言都是中国预测学说的一部分，它们有时是互相补充的，本条故事就是一例。

火中成军，虢公其奔。这是一篇用童谣预测战争胜负的故事。春秋时的鲁僖公五年，即公元前六五五年。这场战争对读者并不陌生，就是我们平时成语中说的“唇亡齿寒”典故的来源。

晋献公要想伐灭虢国，但要路过虞国。于是晋献公就向虞公借道。虞国的大夫宫之奇向虢公讲了一番唇亡齿寒的道理，但贪图小利的虞公不听。这样一来，晋献公就先灭掉了虢国，然后在回来的路上又灭掉了虞国。据这个故事，晋国伐虢的结局，以及虢国灭亡的时间，早已在童谣中预言了。这童谣道：

丙之辰，龙尾伏辰，均服振振，取虢之旗。

鹑之贲贲，天策焞焞，火中成军，虢公其奔。

（《春秋左氏传》）

童谣中说的丙子、龙尾、鹑、策、火，都是天文中的星宿，然后又明确说明了日、月运行到这些星宿位置是所表示的时间，而且童谣中公然讲到了“取虢之旗”和“虢公之奔”；翻译成现在的话，就是：

丙子日的清早，龙尾星为日光所照；

军服威武美好，夺取虢国的旗号。

鹑火星像只大鸟，天策星没有光耀，

鹑火星下人欢马叫，虢公就要逃跑。

（沈玉成译文）

话说得那么明显，虢公为什么不因为这个童谣而提高警惕呢？虞国的宫之奇为什么不用这个童谣来劝谏虞公呢？如果说这个童谣只在晋国流传，一二百里以外的虞、虢会不知道？那么国家灭亡的大事，难道虞、虢二国就没有什么童谣来预言么？其实，这个唇亡齿寒的故事虽然有名，这场战争却并不大；对于晋国来说，他们国内更有一件大事需要预言的，那就是在这前一年，晋献公的宠姬骊姬用毒计除去了晋献公的几个儿子，过了二年，晋献公病死，从此晋国就开始了内乱外患，直到十几年后才稳定下来。像这样的大事，晋国却没有什么童谣来预测，难道那时的童谣也和后来的写汇报一样，只是“报喜不报忧”？

晋国将大乱，五世不安。以上几条预言，不管是出于事前还是事后，是附会还是巧合，但其形式都是童谣，也就是来自于民间。古代有太史采风之政，就是通过搜集民谣以了解民间隐情，而舆人之诵、乡校之议，也都为当政者所留心。诗三百篇，有刺有怨，并不是一味地歌功颂德，但孔夫子还要说“一言以蔽之，思无邪”，那就是肯定民间舆论的大方向，不管说话顺耳不顺耳，有百分之多少的不准确度，当权者也不能揪辫子，打棍子。民谣、乡议有相当的前瞻性，其识见也胜过不少“肉食者”。正因为这个缘故，它们才会为明智的当权者当作带有“预见”性的意见而留心。可以说，中国预言中有相当大的比例以童谣形式出现，与此有极大的关系。至于别有用心的人伪造歌谣以冒充民意，进而附会成天意，那就是另一回事了。

与民谣相并列的则是“谶”虽然同样是预言，但出处却很有些不同，它的原始状态是来自统治层。顾炎武在《日知录》“图谶”一条中说：“谶记之兴，实始于秦人，而盛于西京之末也。”

他说始于秦人，所依据的就是《史记·赵世家》中“秦谶于是出矣”这句话。

这条秦谶产生的时代与上一条的故事几乎是同时，讲述者则是战国初有名的神医扁鹊。他是这样说的：

> 当年秦穆公曾经患一怪病，七天七夜不省人事，诸医束手。到了第七天头上，他却自己醒了过来，对侍奉在旁的大夫公孙支和子舆说：“这几天我一直在天帝那里，过得很快活。为什么我耽误了那么久？是因为从天帝那里知道了很多事。其中有与我们的邻国晋国有关的，天帝

是这么说的：‘晋国将大乱，五世不安。其后将霸，未老而死。霸者之子且令而国男女无别。’你们快把这事记下来。”

公孙支记了下来，而且很可能悄悄地透露出去，这就叫“秦谶于是出矣”。

如果扁鹊的故事确有其事，那么这秦谶的造出和传播，就是要给晋国穿小鞋了。平常只说“秦晋之好”，是指二国的国君互为婚媾嫁娶，但这并不妨碍二国的钩心斗角。晋献公逐步蚕食周边小国，疆域扩大，使晋国达到从来没有过的强盛。秦穆公虽然是晋献公的女婿，但作为国君来说，可不希望自己的邻居都成了北极熊。但秦穆公能从晋国急剧膨胀的大好形势中看到隐藏着的危机，“五世不安”也许是后世的演义，但“晋国将大乱”则是智者的洞见。这一预见通过一个“梦”中的“天帝”说出来，就成了“谶”，而国君也似乎成了天帝的代言人。

但秦穆公所造之谶，除了包含着他的智慧，还潜藏着他的愿望：从他本心上来讲，他是希望晋国之乱成为现实的。这就是造谶的“目的性”，与民间歌谣的情感发抒显然是不同的。当然，从这里也可以看出，谣与谶的发生是不同源的，前者生自民间，而后者多为上层所造；前者大多是“因为什么”而生，后者则是“为了什么”而造。

那么秦穆公为什么能看到晋国即将大乱的危机呢？

后十四年，晋亦不昌。晋献公原来有三个儿子，老大申生，早已被立为太子，是法定的继承人，下面就是公子重耳和公子夷吾了。后来，晋献公得到了一个美人骊姬，骊姬也给他生了个儿子，叫奚齐。骊姬想让自己的儿子当太子，便设计诬陷申生企图用毒酒害死晋献公，于是老实的申生无以自明，就自杀了。骊姬并不甘休，又要害死另外两个儿子，那二位并不像大哥一样呆，听到消息就逃到外国去避难了。

晋献公一死，大臣中就分成两派，一派是奚齐的师傅荀息，死守先君遗命，要立奚齐为君；另一派则以大臣里克为首，从晋国的前途考虑，主张立最为贤明的公子重耳为君。可是重耳远在国外，趁着近水楼台，骊姬就在荀息的支持下把儿子奚齐立为晋国的国君。里克是个狠角色，毫不手软，没等献公的丧事完结，就把奚齐杀了。荀息本来想随着奚齐而死，但骊姬有个和她一起陪嫁过来的妹妹，也为晋献公生了个儿子，叫卓子。荀息不知听了谁人的馊主意，再次把卓子立为国君。而里克一不做二不休，索性把卓子连同骊姬一齐杀掉。荀息不度时不量力，白白把骊姬姐妹母子送上了黄泉路，自己也做了陪葬。

可是没等公子重耳起程，公子夷吾就捷足先登，借助秦国和齐国的外援，回国当了国君，就是晋惠公。惠公也不是好国君，内政外交搞得一塌胡涂，先是背弃了扶立他的秦国，然后又杀死了支持他上台的里克，而对冤死的太子申生，也没有好好按太子的规格重新办理丧事。

这一年秋天，晋国的大臣狐突前往下属的小国办事，路上遇见了申生的鬼魂。申生坐上狐突的车，对他说："夷吾对我无礼。我已经请示过上帝了，上帝同意我把晋国送给秦国，让秦国祭祀我的鬼魂。"狐突说："秦国不是您的后代，您的魂灵也不能享受他们的祭祀。要是秦把晋灭了，您不就成了无祀的孤魂了么？您还是另改主意吧。"申生沉默了一会儿，说："好吧，让我再请示一下上帝。十天之后，我将降灵于新城西面一个巫师的身上，那时你再去见我吧。"过了十天，狐突果然见到了附体于巫师的申生的鬼魂。申生说："上帝同意不灭掉晋国，而是让夷吾在韩那个地方倒个大霉，以做惩罚。"于是不久晋国就出现了一首童

谣，这童谣道："恭太子更葬矣。后十四年，晋亦不昌，昌乃在兄。"（《史记·晋世家》）

大意是："恭太子（申生谥恭）将要重新举行葬礼。十四年之后，晋国即将衰落，如果要昌盛，只有等他（夷吾）的哥哥上台了。"估计这童谣就是申生的鬼魂编的吧。

到了鲁僖公十五年，即晋惠公上台的第七年，秦晋两国大战于韩原，惠公当了秦国的俘虏。他被放回以后，又过了七年，就病死了。此时他的哥哥重耳才回国，成了有名的春秋五霸之一的晋文公。从晋惠公到晋文公，之间仅隔了三个国君，其中两个只有几天的寿命，而天帝对秦穆公不是说的"五世不安，其后将霸"么？也许这个"五世"是"三世"之误，那怪不得天帝，是公孙支没写清楚。

窝窝囊囊的申生被诬陷之后不肯辩白，说是如果我辩白清了，骊姬就活不成了。我父亲没有骊姬，吃饭不香，睡觉不甜，我不如索性自己去当冤死鬼吧。他死了之后，当然更不肯去找害死他的骊姬算账了。可是奇怪的是，夷吾上台之后，把他重新安葬，他却因为丧事办得不够规格，便大发脾气，竟然要把自己的国家送给秦国。这鬼也算是少有的混账了。看他当时气哼哼的样子，好像立刻就要把夷吾收拾掉，其实却不然，一切都是多少年之后的事，申生还留给夷吾十四年的时间继续祸害晋国！

秦与周，合而离。《史记·封禅书》中记录了春秋时周太史儋对秦献公说的一段话："秦始与周合，合而离，五百岁当复合，合十七年而霸王出焉。"

对周太史儋的这一预言，后人是这样解释的：原来秦国的土地是西周王朝的一部分，所以叫"始与周合"。后来周平王封秦襄公为诸侯，自己把都城迁到了洛阳，就把周的土地给了秦国，这就是"合而离"。从周平王封秦襄公为诸侯到秦昭王五十二年（前二五五年），西周君（当时周分为东、西二周）献出自己的那一小块城邑，共五百一十六年，这就是"五百岁当复合"。又过了十七年，为秦始皇元年，这就是"霸王出焉"。但又有另外一种解释：秦、周都是黄帝之后，这就是"秦始与周合"。到秦的始祖非子之时，才得到封地为秦，这是"合而离"。从非子过了二十九代君主，到了秦孝公二年，整整五百年，此时周显王与秦相亲近，此即"五百岁当复合"。又过十七年，秦孝公为"伯"（霸），后来秦惠王称王，这就是"霸王出焉"。

至于太史儋是何人？有人说就是写《道德经》的那位老子，但也有说不是老子的，至今仍无定论。

赵为号，秦为笑。赵国与秦国是同一个祖先，即都是嬴姓。这事说来真是话长，那是商朝的事，有个叫中衍的人，曾为商王太戊驾过车。中衍的后代有个叫蜚廉的，生了两个儿子，一个是恶来，就是《封神演义》中纣王的帮凶，后来被周武王杀死了，但他的后代就是秦的祖先；恶来的兄弟叫季胜，就是赵的祖先。

经过了八百年，已经是战国的后期了，这时的秦王是嬴政，即后来的秦始皇；而赵国的国王是赵迁。当时赵国的大将是李牧，智勇双全，强大的秦国对赵国无可奈何，便用离间计，让赵王杀死了李牧，却任命无能的赵葱为大将。于是一击而溃，赵王迁就成了秦军的俘虏。在此之前一年，即赵王迁六年（前二三零年），赵国大饥，百姓间流传着一首童谣：“赵为号，秦为笑。以为不信，视地上生毛。”（应劭《风俗通义·皇霸篇》）

意思说赵国人将要号啕大哭，而秦国人则幸灾乐祸。如果你认为这话不可信，那就请看地上是不是长了毛。

“地上生毛”这句话有些费猜解。因为地上或水里的草，古代都是可以称作“毛”的。《左传》中说的“涧溪沼沚之毛”就指的是水草。如果以草为毛，那么“以为不信，视地上生毛”就是说，你看地上有草没有，地上当然有草，所以这预言就不可能有错。但好像这里说的没那么简单，这“地上生毛”八成是指一种奇异的自然现象。这种现象史书中断不了有记载，有的书更说生的是“白毛”，而且坚韧得用刀都割不断。这种怪事自然要被人们视为妖异了。但我估计这种白毛可能是石棉之类的矿物，在现在并没什么稀罕的。但无论如何，在赵国灭亡之前，地上生出了白毛，失去了李牧的赵国已经不像个国家，被秦吞掉只是早晚的事，就看秦国高兴什么时候张嘴了，所以人们见到什么怪事出现总要与灭国联系起来，这也就没什么可奇怪的了。

贰　　秦汉时期

【秦】

城门有血，陷没为湖。这是一个很有趣的民间故事，记载在晋朝人干宝编的《搜神记》中，由拳县，本来叫长水县。在秦始皇时，有一首童谣说："城门有血，城当陷没为湖。"也就是说，当城门上出现血迹的时候，这座城就要陷没为湖了。有位老太太听说了，每天去城门前张望，看看是否有血。守城门的官吏觉得她可疑，就要把她捆起来送官。老太太说明了缘故，那门官就放了她，笑着说："既然如此，您老人家就天天来看吧。"

这门官很有幽默感，这天悄悄用狗血把城门洒了一片。第二天老太太又照常来了，一发现了血迹，扭头就跑。而就在这时，突然发起了大水，眼看着就要淹没县城了。县主簿派差人去汇报县太爷，县太爷一见差人，就说："你怎么变成鱼的模样了？"差人说："大人您也成了鱼啦！"于是这县城就“陷没为湖”了。

由拳县就在今天的浙江省嘉兴市。秦时原来叫长水县，据《宋书·符瑞志》说，秦始皇渡过长江，有望气者说：“五百年后，江东有天子气出于吴。而金陵之地，有王者之势。”始皇帝是准备活到至少一万岁的，可不想刚过了生命的二十分之一就有人捣乱。于是改金陵(今南京)名秣陵，又把北山(即钟山)凿个稀巴烂，以绝其龙蟠之势。到了吴地长水，又令囚徒十万余人掘个大坑，还要填以垃圾臭腐之物，再加以恶称，改名为“囚卷”，后来又因为音变叫作“由拳”。

可是《至元嘉禾志》的说法略有不同，大约是觉得十万人平地挖个大坑，挖出的土也没地方放，未免有些不可思议吧，所以改了说词，道：由拳县内有一山，名叫拳山，秦始皇见山上有“王气”，就命囚徒凿破此山。囚徒凿山凿得疲累不堪，于是人们就把此县叫作“囚倦”，后来讹传，才叫成了由拳。

还有一个预言传说，也是这长水县的。不知是何时产生，却见于宋朝初年的《太平寰宇记》，大约是当地的民间故事吧，说是长水县当地老百姓有个民谣：“水市出天子。”秦始皇东狩，听说了这个谣言，就一直留神着“水市”这个地名，可是问谁都说不知道。这天路过长水，见本地人驾着船在水上做生意，秦始皇一看，这不就是“水中为市”么，便把长水县改名为由拳县，意思是去掉县名中的“水”字，就把风水破了，也就不会再出天子了。如此说来，秦始皇的时候，这里本已是一片水乡了。当然，这也是一个传说，不大靠得住的。看来秦始皇巡游天下，当时民间流传的故事比乾隆下江南的故事也不少，只是无关于风流，却多是对秦政权的诅咒。

亡秦者胡。秦始皇自以为开天辟地，要建立一个万世一系的大帝国，同时又想自己长生不死，做个真的“万岁”皇帝。于是就召请了一大批燕、齐方士，让他们到海上去寻找蓬莱神山，采集不死之药。其中一位是燕人卢生，他从海上回来，不死药没弄到手，却奏上一个预言来交差，这预言据说是在一部天书中发现的，就是一句话：“亡秦者胡也。”（《史记·秦始皇本纪》）于是秦始皇就认为这“胡”是指北方的胡人，即匈奴人，于是派遣将军蒙恬发兵三十万，北击胡人，然后又大修长城，以防胡人入侵。

卢生是燕人，邻近北边，熟知匈奴人的强盛对北疆的威胁，所以他编的“预言”其实并不完全是骗人，而是代表了北方百姓的一种忧虑。正是因为秦始皇大伐匈奴，所以终秦之世，胡人也不敢窥边。秦朝没有亡于胡人，而是亡于遍及全国的农民和六国贵族的造反，看来这预言是落空了。但后代的方士，或方士化的儒生并不如此说，他们说卢生的预言应验了，那胡不是胡人，而是始皇的小儿子胡亥。

这样一来，“亡秦者胡”不过是老天爷与秦始皇开了个声东击西的玩笑，秦朝是必定要亡的，你备了胡人，却没有想到还有个胡亥在等着，而胡亥才是真正的“胡”。这样一说，好像天书和预言都是实有其事了。

但仔细一想，秦朝灭亡的责任怎么能推到一个受着赵高和李斯控制的混账小子身上呢？秦始皇的暴政早就在全国埋下了造反的火种，只等大泽乡或者别的什么一个地方的导火索点燃，那立刻就是燎原之势。头一年即公元前二一零年的七月，秦始皇死在巡游路上，第二年的七月，陈胜就在大泽乡揭竿而起，短短一年，胡亥就是一天三班倒地做坏事，也完不成亡秦的大事业啊。当然也可以换一种方式来解释这个预言，说秦朝之亡，终于胡亥。但也还是说不通。因为虽然说秦是“二世而亡”，其实是“二世半”，胡亥被赵高逼得自杀之后，赵高又立了秦始皇长子扶苏的儿子子婴为秦王。虽然这子婴只做了四十六天秦王，但也不能不算数，如果用后一种方式来解释预言，那就应该改成“亡秦者婴”了。

说起秦朝的速亡，不能不给赵高记上头功。秦始皇一咽气，他就策划修改遗诏，把公子扶苏和大将蒙恬赐死，其他诸公子也一律宰了，这就断了秦朝的命根。剩下一个小浑蛋胡亥做了皇帝，赵高又指挥他学着老爹的样，又是巡游天下，又是大兴土木，给秦朝的暴政再加上一把火，终于弄到六国“余孽”造了反。丞相李斯、去疾等人却想把暴政降降温，安抚天下，收买人心；赵高哪能让“革命”这么快就流产了，就下狠手把这几位收拾了，从此秦朝就失去了用“反革命两手”对付六国的指挥中心。赵高让秦二世呆坐在咸阳宫中，等到刘项的义军打到老秦国的地盘上，赵高就积极配合，先收拾了二世，然后宣布大秦国解体，秦皇帝退位为秦王。

赵高在关键时刻走的每一招都极为精彩，不能不让人怀疑他是自愿的第五纵队，称他为“男西施”都不足以表其功的。所以郭沫若老先生就做过假想，既然赵高本是赵人，就未尝不是辱身复仇，于是他在写“刺秦”的高渐离时就捎带了这一笔。

其实历史上对赵高也并不都是一片骂声的，最典型的就是对赵高最后失于防范而死于子婴之手表示同情，于是有了赵高本是仙人的故事。子婴大约是觉得赵高颇得人心吧，起初只想暗暗把他处死。他先把赵高头朝下倒悬在井中，溺水七日，居然不死，便又用大锅来煮，那锅竟七日不沸，最后只好戮死于市了，而当时泣送者竟有千家之多。但赵高并没有真死，一只青雀从尸体中飞出，直上云霄，看来不过是神仙尸解罢了。这当然不过是神话，可是也能看出一些人对赵高的评价。

阿房阿房，亡始皇。秦始皇二十六年（前二二一年）统一六国，就开始把六国的珍宝和美女向咸阳集中，然后发动全国工匠和役徒，为他照着六国宫殿的蓝本修造宫殿。这是天下大一统之后老百姓得到的第一个好处。于是到了二十八年（前二一九年），就出现了童谣，道：“阿房阿房，亡始皇。”（任昉《述异记》）阿房，就是阿房宫。秦始皇动用了几十万刑徒来兴造的这个绵延三百里的宫殿群，直到他死也没有完工。这工程的浩大，仅其中的前殿就“东西五百步，南北五十丈，上可以坐万人，下可以建五丈旗”，其余可想而知。秦始皇奴役天下人以饱一己之欲，自然是天怒人怨。“阿房阿房亡始皇”就是普天下百姓对他的诅咒。

到了三十六年（前二二一年），即秦始皇死前一年，东郡（今河南省濮阳西南）落下一块陨石，上面刻了七个大字：“始皇帝死而地分。”（《史记·秦始皇本纪》）

一向相信天命的秦始皇到此时就不认为那七个字是天上掉下来的，便派御史追查，要找出刻这几个字的人。因为没有结果，他就下令把陨石附近的居民全部杀死了。这是典型的人造预言，可以由此知道当时流传的预言秦朝灭亡的民谣、谶语的来历。

也是三十六年的事，郑地的客人（一些书把“客”字写作“容”，那么就是一个叫郑容的人了）从关东来秦都咸阳，路过华阴，望见有素车白马自华山上跑下，车上有位神人，给郑客一只玉璧，说：“你替我捎给镐池君。”又说了一句预言：“今年祖龙死。”（《史记·秦始皇本纪》）

镐池君究竟是谁？在长安城西有个湖，叫镐池，周匝二十二里，这镐池君也许就是这湖的水神吧。郑客没有把玉璧投到湖里，却去献给了秦始皇。始皇一看，这玉璧正是八九年前路过长江时抛进江中的那一块。而“祖龙”就是“始皇”，这字谜并不难猜。而郑客居然敢冒大不韪，把这晦气的话告诉秦始皇，真是“不知有几个脑袋”了。所以有的书就把郑客改为“使者”。而据史书记载，秦始皇晚年学仙，就是一般的大臣也很难见到他；但书上却说，这个使者不仅见到了秦始皇，而且秦始皇听了使者的汇报，沉默了很久，才说：“山鬼不过知道一年内的事而已！”意思是只要熬过今年，山鬼的预言就过期作废了。太史公把当时的情景写得出神入化，却不大合乎始皇帝的脾气。暴虐的始皇帝当年巡狩路过湘山，因为老天爷没有给他好天气，一怒之下，要给湘山判刑。可是五刑中的墨、劓、剕、宫和大辟好像对这木石蠢物都用不上，徒流更是别想，最后大约是法律博士们出的主意，把湘山的树都砍光了，算是施以髡刑，这才让始皇帝出了口鸟气。而这次他听了“山鬼”——华山神或镐池神的诅咒，居然没有发雷霆之怒，把华山铲平，把镐池淘干，不是很令人奇怪么。

说到诅咒秦始皇的预言，不能不提到一首民谣：

秦始皇，何强梁。

开吾户，据吾床，

饮吾酒，唾吾浆。

飧吾饭，以为粮。

张吾弓，射东墙。

前至沙丘当灭亡。

（刘敬叔《异苑》）

据说这是秦始皇时的民谣，可是却只见于六朝的记载。但歌谣写得确实不错，而且还有故事，所以对它的暧昧身份就不必追究了。原来在始皇帝焚书坑儒之后，觉得不能便宜了儒生的老祖宗孔丘，就在巡游天下路经曲阜时，命人把他的墓掘了，想从里面找到一些漏网的儒家经典。可是墓一打开，就见这首歌谣刻在墓壁上，原来孔老先生早就知道了嬴政掘坟的事，而且预言了他的死。这预言还有一个版本，不是刻在孔子墓壁上，而是孔子死前留下的遗书，词句也有出入，造得好像更古拙些：

不知何男子，自谓秦始皇，

上我之堂，据我之床，

颠倒我衣裳，至沙丘而亡。

秦始皇崩于沙丘，史有记载，那地方就在今天河北境内。但这事到了民间，就要把它做一下趣味性处理。据说这预言让始皇帝很是不爽，在剩下的路途中特别指示：见了沙丘就要绕着走。可是有一天，在路上见到几个小孩子玩沙子，也就是把沙子堆成堆，始皇帝便问："你们这是干什么呢？"小孩子答道："这是沙丘啊。"于是始皇帝就"崩"了。后面的故事很有些皇太后吃柿饼的风味，显然不是出于文人了。

大楚兴，陈胜王。秦二世元年（前二零九年）七月，陈胜、吴广与闾左九百人赴戍渔阳，行至大泽乡，正遇大雨连日，道路不通。他们不能如期赶到戍地，按秦法，误期者当斩。陈胜与吴广商议，反正要死，何不做一番事业？于是他们便决定铤而走险，开始策划造反。为了号召戍卒起兵，他们利用人们的迷信心理，先在一块帛上写了"陈胜王"三字，然后把帛书藏到一条鱼的肚子里。有人买了这条鱼，发现了帛书，大家就已觉得奇怪，在下面悄悄议论，难道这天书上写的就是我们这里的陈胜？陈胜又让吴广到附近的一座野庙了，半夜里燃起篝火，学着狐狸的声音，叫道："大楚兴，陈胜王。"（《史记·陈涉世家》）大家听到了，都认为陈胜得了天命。于是陈胜振臂一呼，九百人揭竿而起，秦末农民大起义的序幕就这样拉开了。

这是史书中第一条揭出制造谣谶的动机、过程的材料。伟大的史学家司马迁揭出这条材料的目的，是为了让读者对看《高祖本纪》中的另一条自言天命的“谶语”：

> 刘邦亡命期间，喝醉了酒，行至大泽之中，见有大蛇当道，乃拔剑斩蛇，蛇分为两，道开。他又走了数里，觉得困倦，就躺倒睡了。后来有人来至斩蛇之处，见一老妪夜哭，说：“我的儿子是白帝子，化为蛇，当道，今为赤帝子斩之，故哭。”

这条材料是写刘邦受天命，以赤帝子的身分取代白帝子（秦帝）而为天下主的。但此事谁见了？没有人见，是高祖爷自己说的，难道有问题么？身为汉朝史官的司马迁当然不敢对高祖爷的自传体小说表示怀疑，但他却用陈胜的篝火狐鸣来含沙射影，让后代的读者去连类推及，想入非非：“既然篝火狐鸣是人搞的把戏，那么所谓白蛇当道的故事，以及后世所有那些帝王自称得了什么天命的故事，也不过是陈胜故伎的重演而已。”

【西汉】

宝文出，刘季握。汉高帝刘邦本是个无赖，但他编出的天命故事虽然难免无赖气，却也有些可爱处。除了那个斩白帝子的故事外，还有他自觉出身平民，就是编祖宗也编不出个名人来，索性就更直捷些，说自己是老娘与天龙杂交出来的，这样一来，他就是天龙的儿子，而那天龙自然就是天帝爷的变形了。后代的暴发户就少有这样的气魄，只能爬到一千年之前，到同姓的历史名人中去找祖宗。

但也有一些不怎么高明的预言汉家天命的谶语，可是那都是出自后代儒生之手，高祖爷是不负责任的。下面介绍的是汉代纬书《孝经钩命诀》中编造的故事，是用神化的孔子来论证汉朝天子的君权天授的。

鲁哀公十四年（前四八一年），也就是有名的“西狩获麟”之后，孔子结束《春秋》写作的那一年。孔子夜里梦见在丰、沛，即后来汉高祖刘邦的老家，出现了一股赤色的烟气。大约是突生预感，他一下子就惊醒过来，然后立刻招呼颜渊、子夏两个得意弟子，驾车从鲁国跑到了楚西北的范氏街前观看。

这车跑得真够快，从曲阜到楚西北，起码也有四五百里吧，这师徒三人居然及时地赶到了案发现场。只见一个打柴的孩子捉到了一头麒麟，而且砍伤了它的左足，那孩子也许是自知惹了麻烦，见有人烟尘滚滚地乘车而至，就赶忙用柴草把那晦气的麒麟盖了起来。

孔子说："孩子，你过来。汝姓为赤诵，名子乔，字受纪。你是不是见到了什么？"孩子说："我见到了一只野兽，大如羔羊，头上有角，角的顶端有肉。"孔子听了便道："天下已有主也，为赤刘，陈项为辅，五星入井从岁星。（天下已经有了主人了，是赤刘，有陈、项二人为辅佐，那是金木水火土五星进入井宿的那一年的事了。）"这孩子也居然听懂了这一串莫名其妙的山东话，便揭开柴草，让孔子看那只羊形怪物。

孔子急匆匆地跑过去，只见麒麟耳朵一耷拉，口中就吐出了三卷图书，宽三寸，长八寸，每卷二十四个字，大致意思是说周朝要亡，赤气升起，有个"卯金"要作皇帝，孔丘要为这未来的皇帝提前定下制度。显然，这是老天爷给孔丘下达的指令。

于是孔子就赶忙为他写了多年的《春秋》草草收了尾，又写了一篇《孝经》，算是完成了上天交给的使命。然后他就率领着七十二弟子，面对北斗星，鞠躬九十度，让曾子怀抱着《河图》、《洛书》，向老天爷汇报说："在下已经把这几部为后世皇帝做经典的书完成了。"于是天上降下白雾，有赤色的长虹自天而降，化做一块黄玉，长有三尺，上面刻着一段预言，道：

宝文出，刘季握。

卯金刀，在轸北。

字禾子，天下服。

（《宋书·符瑞志》）

这里说的"刘季"，就是汉高祖刘邦，季是他的字。"卯金刀"是"刘"（劉）的拆字，"禾子"合起来还是个是"季"。老天爷唯恐凡人听不明白，说话很是啰嗦。

这故事可不是编出来为好玩的。编故事的儒生用孔子来证明汉天子的合乎天命，接着又证明孔子的《春秋》、《孝经》是汉天子必须尊崇的治国大典。说《春秋》、讲《孝经》就是这些儒生的本行，于是他们就证明了皇帝必须给自己一个铁饭碗。

这个故事有它更接近真实的故事原型，即所谓"西狩获麟"。那是在鲁哀公十四年的春天，鲁哀公和他的卿大夫们到鲁国的大野去狩猎，大夫叔孙氏的部下猎得一个怪兽，以为不祥。孔子看了，说："这是麒麟呀！"于是他叹息道："黄河不再出现《河图》，洛水不再出现《洛书》，没有圣人出世来拯救天下了，我的理想和事业也完了！"

按后人的附会，这麒麟是个瑞兽，它是为圣人孔子而出现的，但一出现就被打伤擒获，这只能像孔子哀叹的那样："吾道穷矣！"可是到了孔圣人的徒子徒孙手里，悲剧成了喜剧和闹剧，他们的祖师爷成了巫师。汉朝的皇帝还不至于无知到分不出历史和神话的地步，但既然神话是为他们捧场的，他们就宁肯被儒生哄骗了。

这些谈天命的预言听多了要出毛病的，还是插进点儿讲人命的吧。

柏人者，迫于人也。汉高祖八年（前一九九年），是刘邦很窝气的一年。头一年和匈奴人开战于平城（今山西大同），被围于白登（今山西大同东），要不是陈平用了有点儿下三烂的奇计，他可能就要彻底栽到那里。他从平城回都城时路过赵国。赵王张敖是刘邦的女婿，亲自低声下气地服侍刘邦。刘邦吃败仗的一肚子邪火，此时就拣好欺负的赵王发泄了，嘴里骂骂咧咧，至少也把张敖的三代祖宗都照顾到了。赵国的国相贯高实在看不下去了，就想立马把这个老无赖宰了。可是又怕连累了赵王，所以打定主意以后找机会和老东西单挑：以后你别过我这儿，再来就让你立着进来横着出去！

也是事有凑巧，到了第二年，韩王信的余党又在东垣（今河北正定）起兵。刘邦亲自出征，三拳两脚就把叛乱平了。在他回都城长安时，又要经过赵国的封地了。贯高料定刘邦要在柏人那里歇息，就预先在驿馆的夹壁墙中埋伏下武士，只要刘邦一住下，就把他宰了。

也是刘邦命大，他走到柏人，从人就准备安排住宿，但他心中一动，就问了一句："这是什么地方？"从人答道："这是柏人县。"刘邦道："柏人者，迫于人也！"（《史记·张耳陈余列传》）于是不宿而去，竟躲过了暗算。

"柏"字读音与"迫"字相近，柏人读成迫人也未尝不可，但"迫人"怎么就会成了"迫于人"呢？打人就是被人打，逼债就是被债逼，刘邦虽然不学，但话总是会说的，总不会掉文掉得翻了个吧。所以这刘邦的第六感，不过是别人的附会。以他的老谋深算，不会对贯高的阴谋一无所知的，所以他很快便发落了一切，灭了贯高及同党的三族。

因为地名不吉而心惊肉跳，对于好迷信的人不算什么稀罕，其实就是不迷信的人也不愿意搬到名字龌龊不祥的地方去，所以我们看到的地名大多是富贵吉祥。虽然人多忌讳，好以地名占吉凶，应验的事却是极罕见，但也不是没有。

五代后唐庄宗末年，魏博军乱，河北诸镇相继响应。庄宗派李嗣源前往征讨，结果到了邺城，嗣源反被乱军拥立为帝。庄宗只得亲自出兵，途中见一高台（或说为一高冢），便问从者这是什么台。从者说：西汉初，贾谊为梁王太傅，梁王早死，贾谊悒郁不乐，常登此台，悲吟愁苦，所以叫作"愁台"（《旧五代史•庄宗纪》）。庄宗这时正处在众叛亲离、孤家寡人的地步，听了这台名，自然要有感触，于是郁郁不欢。果然，他到了洛阳之后，又发生兵变，最后自焚而死。

"愁台"的名字本身就不吉利，但有些吉利的名字也会因人而变得不吉利。北宋仁宗皇帝没有儿子，便以他兄弟濮安懿王允让的儿子赵曙为嗣子，养于宫中。到了嘉祐（一零五六～一零六三年）末年，仁宗身体一直不大好，这一天觉得轻松一些，就乘着小辇到御花园里闲游。见东面假山上遥立一亭，走近一看，上面的匾额题着“迎曙亭”三字。仁宗心中一震，便觉得这不是好兆头：“迎曙就是要迎赵曙作皇帝，难道我的命要到头了？”可能在第二天，仁宗就龙驭上宾了，赵曙即位为宋英宗（宋•张师正《括异志》卷一）。另外一说，就是那“迎曙亭”三字本来就是仁宗自己题的。

与此相类的是宋哲宗的事。宫里新造一堂，是为了退朝后继续办公所用。让翰林学士们给起个好名字，多次拟进，哲宗都不满意，最后的名字是他自己起的，叫“迎端”，其意本谓“迎事端而治之”。可是没想到，时间不久，哲宗就病死，朝廷迎哲宗之弟端王赵佶为帝，就是宋徽宗（周密《癸辛杂识》）。

用地名占吉凶的方法，本身就是很随意的，那吉凶占的是自己还是对方，也是因结果而定。还是北宋仁宗时的事，贝州的王则造反，先派明镐去镇压，结果劳师无功。后来文彦博自报奋勇，要去征讨。仁宗欣然应允，并说：“贝字加个文字，不就是败字么？看来王则必将就擒了。”（王辟之《渑水燕谈录》）但这话听着总是很别扭，“文”入贝州就是个“败”，看那意思，要败的似是文彦博才对吧。想当年，唐末黄巢造反，打到了金陵，有人就劝他：“大王千万不要打金陵。您的名字叫‘巢’，‘巢’要是进了‘金’，不就成了‘鏁’（即‘锁’字）了么？”（陈师道《后山谈丛》）于是黄巢就撤兵而去。以此推论，文彦博入贝州只能打败仗。当然这只是个虚构的故事，如果宋仁宗真的在当时这么联想起来，可能就会另派他人了。

三七末世，九虎争帝。汉武帝太初二年（前一零三年），大月氏国进贡双头鸡，四足一尾，显然是二鸡连体的一只怪胎。把这只雄鸡放进它的同类之中，它总是不肯啼鸣。按灾异学说，雄鸡不鸣而牝鸡司晨，这是阴阳反常、家道衰落的预兆。武帝觉得不祥，就让使者把鸡带回月氏。等走到西关的时候，这鸡突然掉过头，朝着汉朝的宫阙哀鸣起来。于是当时就出现了一条谣言，道：

> 三七末世，鸡不鸣，犬不吠，
>
> 宫中荆棘乱相系，当有九虎争为帝。

这事只见于几百年后十六国时期王嘉的《拾遗记》，所以汉武帝时是否真有这条谶语，别无旁证。但据《汉书》记载，这里的“三七末世”一语，在汉元帝以后确实存在。

路温舒在元帝之世上封事说“汉厄三七之间”（《汉

书·路温舒传》），谷永在成帝之世上书说“涉三七之节绝”（《汉书·谷永传》），都是关于汉朝衰没的预言。路温舒明天文历算，这个“三七”大约是根据天文推算出来的。至于这个“三七”是什么意思？可以有不同的解释，可是当时那些人都没有，也许是不敢明确解释。等到了王莽篡位，这才恍然：三七二百一，是从汉高祖开始，过了二百一十年，汉朝的末运就要到了。刘邦称帝是公元前二零二年，过二百一十年是公元八年左右，而王莽宣布即皇帝位正是公元八年的事。《汉书》记载“三七末世”时所以不敢多做解释，大约就是因为一说是二百一十年，就好像承认了王莽的天命。

这似乎是很灵验的了，汉朝果然存在了二百一十年就亡了，其实又不尽然。因为正是先有了“三七之厄”这一谶语，而王莽恰好在那时很得人心，所以这谶语给王莽代汉自立打实了舆论基础，也就等于给王莽代汉选定了好日子。不只是王莽集团，就是全国也有不少人认为天意如此。

另外，王莽即皇帝位之时，中国并没有发生大乱，“宫中荆棘乱相系”这句是完全落空的。而王莽的将军虽有“九虎”之号，却也没有“争为帝”的事。那时正是“人心厌汉”，王莽是在万众欢腾声中上台的。

但没有多久，万众欢腾声中建立的新朝，就又被那些曾经欢腾的万众推翻了。东汉的建立，似乎让火德得到了新生，可是“三七之厄”并没有摆脱掉，因为第二个“三七之厄”又来了。干宝《搜神记》中有这么一段：“自光武中兴，至黄巾之起，未盈二百一十年，而天下大乱，汉祚废绝，方应三七之运。”

两个“三七”加在一起就成了“六七”，而西汉的“三七之厄”也就成了全汉的“六七之厄”!假借班固之名所编的《汉武故事》中，留下了这么一个故事：汉武帝行幸至河汾，泛舟于中流，与群臣饮宴。武帝酒喝得有些高，身不自主，好像被什么神灵附了体，醉醺醺地对群臣说道：

> 汉有六七之厄，法应再受命。宗室子孙谁当应此者？六七四十二，代汉者，当涂高也。

对于“代汉者，当涂高”，后面还有一节专讲，这谶语估计也许是汉魏间人所造。但需要说明的一点是，汉朝的儒生确实有一个“七”的神秘数字情结。《后汉书·光武帝纪上》中记录了有名的《赤伏符》，其中一句谶语便是“四七之际火为主”，讲的是从汉高祖到刘秀中兴为四七二百八十年，而《后汉书·杨厚传》中杨厚也曾说过“汉三百五十年之厄”，则是“五七”了。三七、四七、五七都有了，东汉社会面临危机的时候再造个“六七之厄”不就是顺水行舟的事了么。

公孙病已立。汉武帝在位时，好像没有什么可靠的谣言流传下来。但他死后，穷兵黩武、劳民伤财的后果越发突显，汉朝政权出现了危机，而谣言也就多了起来。

下面的两条材料都是儒生眭孟向朝廷提供的，他也并因此而丢掉了自己的脑袋。

一件是汉武帝的儿子汉昭帝元凤三年（前七八年）的事，那年的正月，在泰山附近的莱芜山的南面，突然出现一片嘈杂，好像有几千人在哄嚷着什么。当地百姓跑去一看，什么人都没有，却发现一件怪事：一块很大的石头，高有一丈五尺，粗有四十八个人才围得起，本来是躺着的，此时却立了起来，入地八尺，但石头着地之处却只有三尺之径。就在石头挺立的地方，还集合了几千只白色的乌鸦。这事情确实是怪得不可思议，不要说别的，只说那白色的乌鸦，几百年也碰不到一只的，此时却一下子来了几千只。这事眭孟并没有看见，却很是相信，而且据此推论道：

> 石是阴类，象征着平民百姓，而泰山是历代帝王封禅告天、改朝换代的地方。所以这件怪事就预兆着将有平民来取代汉天子的皇位。

第二件怪事发生在皇帝的园林上林苑中。那里有一棵大柳树，本来已经折断倒地了，这一天突然自己立了起来，而且很快长出了枝叶，又很快地出现了虫子，把树叶咬出了一串文字，写的是："公孙病已立。"（《汉书·五行志》）上林苑方圆数百里，究竟有多少柳树，哪一棵曾倒下，只有老天爷才会知道。而且能在窄窄的柳叶上像绣花一样地咬出一行字，或者仿佛是一行字来，这样的虫子该有一张多么灵巧的嘴巴！这样的怪事眭孟当然也相信，而且依旧当成是平民要取代汉天子的预兆。于是他把这上天的指示上书给皇帝，要求皇帝顺从天意，主动下台。当时汉昭帝年岁还小，正是大将军霍光执政，他说："这呆子的脑袋有问题，把它砍下来吧！"于是眭孟就被砍了头。

然而，史书上却说，眭孟的推论是正确的。因为不久昭帝就病死了，也没有留下儿子。朝廷大臣们商量，请了昌邑王来当皇帝，这位王爷带着自己王国的臣子们进了京，想搞个一朝天子一朝臣，结果霍光趁着手里的权还没夺走，赶紧把这皇帝和他的亲信们轰了下来。

霍光明白了，要扶立新天子，还要保持自己的地位，必须让这候选天子来自下层。于是他就找到了汉武帝被废死的戾太子的孙子，当时正流落在民间的刘询，让他当了皇帝。而刘询的小名正叫“病已”。眭孟所揭出的预言终于被证实了。但霍光的“不学无术”也受到了惩罚：就是这个来自下层、孤立无援的汉宣帝，在霍光死后，就找了个碴儿，把霍光的全家杀个净光。

如此看来，眭孟好像是冤枉了。其实也未必。那块突然如黄山飞来石一般立起的巨石，谁也没有见到过，不仅眭孟没有见到，就是后来的任何书本都没有被人见到过这样的记载。而且如果那块巨石真的存在的话，现在也应该依旧在那里立着，但是此后两千多年，至今也没有任何人想去证实一下。这是为什么呢？因为都知道那本来就是一个谣传。

灌玉堂，流金门。“井水溢，灭灶烟，灌玉堂，流金门。”（《汉书·五行志》）这是汉宣帝的儿子汉元帝在位时的童谣。这童谣通俗易懂，意思是：井水溢出来，浇灭了灶里的火，灌进了玉堂，流进了金门。

到了元帝的儿子成帝在位的时候，果然出现了童谣里说的现象，北宫中一个井的井水溢了出来。这正和春秋时期鲁国的鸲鹆歌一样，先有歌谣，后来就出现了应验。但这童谣预兆着什么呢？井水是阴类，玉堂、金门是皇帝的住处，现在井水灌进了玉堂，就预兆着要有臣下占有宫室，也就是篡位。后来，王莽以外戚为大司马，终于取代了汉朝皇帝。

但这似乎不是唯一的解释，因为这里提到了“灶烟”，“金门玉堂”里怎么会有“灶烟”，难道大殿里还砌什么炉灶，起火做饭不成？所以我认为这“灶烟”正是“赵燕”的谐音，赵燕自然是指赵飞燕了。这个童谣讥刺的就是这个女人。但赵飞燕是元帝儿子汉成帝的皇后，所以这童谣更可能是成帝时才出现的。参看下条：

皇孙死，燕啄屎。汉成帝时有童谣曰：

燕燕，尾涎涎。
张公子，时相见。
木门仓琅根，
燕飞来，啄皇孙。

皇孙死，燕啄矢（即“屎”字）。

（《汉书·五行志》）

汉成帝是历史上有名的好色之徒，大美人赵飞燕和她的妹妹合德，就是他的宠妃。这人当着皇帝，却羡慕着纨裤子弟的浪荡生涯，经常换下皇帝的衣服和几个大号“衙内”去红灯区逛。其中一位“衙内”就是富平侯张放。

这一天，成帝到阳阿公主家闲玩，见到了轻盈善舞的女郎赵飞燕，这个色鬼皇帝立刻酥了半边，把飞燕带回宫中，宠冠三千。赵飞燕这女人品质不太好，她自己大约为跳舞而把腰束得过细，于是不能生育，但她又怕别的妃嫔生下皇子，夺去了自己的恩宠，就想方设法让那些怀孕的妃嫔生不出孩子，如果生下，也不能让婴儿存活。据说，汉成帝到死也没一个后嗣，就是赵飞燕姐妹把别人生下的孩子都秘密处决了。这便是“燕飞来，啄皇孙”。

这姐妹俩都很放荡，淫欲无度，据史书上记载，汉成帝就死在合德的床上。但这姐妹的下场都很惨，一个在汉成帝莫名其妙地死在床上后被追究责任而自杀，另一个皇后赵飞燕活得时间长些，在王莽掌权后被废自杀。其罪名应该与暗害皇子有关，这就是“皇孙死，燕啄矢”。

这首童谣所说，除去事实中的皇子在歌谣中成了“皇孙”之外，几乎句句应验。现在的问题就出在，这首童谣是什么时候流传的？如果是在赵飞燕受宠之前，它就是极灵的预言，如果在赵飞燕死后呢，那不过就是一首很不错的讽刺诗罢了。

邪径败良田

邪径败良田，谗口乱善人。

桂树华不实，黄爵巢其颠。

故为人所羡，今为人所怜。

（《汉书·五行志》）

这也是汉成帝时的童谣，意思是人们为了抄近路，不走大道，在田间踏出了一条小路，这就叫“邪径”。邪径把好好的一块良田破坏了。而奸人的谗言总是要把正人君子的前途败坏。芬芳的桂树开了花而不能结实，是因为有一只黄雀在树顶上搭了窝。当年为人所羡慕，现在却为人所可怜了。

这是一首很好的讽喻诗，对怀才不遇的仁人志士表示了深切的惋惜和同情，同时也诅咒了那些进谗言的邪佞之人最终不得好报。但现在这首诗却被人当作是预言了，解释道：

桂，赤色，汉家象。华不实，无继嗣也。

王莽自谓黄象，黄爵巢其颠也。

桂树是红色的，象征着火德的汉朝，而王莽是土德应命，黄雀就象征着土德。

但问题又来了，第一，为什么说桂树是红色的？不大清楚，也许是指桂树的树皮吧，但桂花却是黄色的，难道就不能把桂树当成是土德的象征么？其次，王莽是土德，那是王莽自己宣传的。因为按当时的五行相生学说，木生火，火生土，土生金，金生水，水生木，土德代火德是符合天命的，承认了王莽是土德，就等于承认了王莽代汉的符合天意。可是东汉时皇帝和他的儒生们并不那么看，他们认为，王莽是个窃国大盗，虽然成立了新朝，但根本不是正统，所以他也没有什么德运；汉朝的火德并没有衰亡，东汉依然是火德当运。既然如此，那么这首童谣还算什么天降的预言呢？

【新莽】

刘秀发兵捕不道。新莽时期的最重要的谣谶就是《赤伏符》。从这名目上就可以看出，其内容是“赤”即炎汉势力正在潜伏着准备腾起。这《赤伏符》在后来做了光武帝的刘秀生涯中屡次遇到，让人觉得这谣谶的制造和他有很大关系。而且既然说是“伏”，那么这谣谶的产生时间也就是炎刘不得势而只能潜伏着的时候，所以它只能产生于新莽时代。

第一次，据说在王莽末年，刘秀还做着太学生的时候，有个叫蔡少公的向他透露了社会上正流传着的一首谶语：

刘秀发兵捕不道，

卯金修德为天子。

（《宋书·符瑞志》）

那时的刘秀自然还是无声无息的小人物，而另一位刘秀，即刘歆，字子骏的，当时是王莽的国师公。所以蔡少公就说：谶语中的“刘秀”就是刘歆，他是最有希望取代王莽的人。关于刘歆改名刘秀的事，今天的学术界中还有人沿用着一个错误的解释，即刘歆听说了那条谶语，于是自己就赶忙改名为刘秀，以应合谶语，企图自己当天子。其实这是汉光武帝的帮闲文人编造的诬陷之辞。据钱穆先生说：刘歆的改名刘秀，是汉哀帝即位时的事。哀帝名叫刘欣，歆、欣同音，说起来刘歆和刘欣分不清，于是刘歆为了避讳，只好改了名。而那时王莽是个被哀帝赶下台的失意政客，社会上口碑不错，而且很受人同情，当然无“不道”可言，另外当时的天子本来就是“卯金”，也用不着“预言”的。

所以这条预言如果不是南阳刘秀企图当天子之前，他的党羽所造，那也只能是在王莽改革失败，民心从“厌汉”转变为“思汉”的时候。而那时国师公刘秀（即刘歆）作为“王莽－刘歆”改革集团中理智派的代表，与王莽的矛盾日益加深，民众是有可能把改变现状的希望寄托于他，而造此谶语的。

蔡少公说这条谶语是指国师公刘秀，而南阳刘秀却说：“你怎么知道这刘秀不是指我呢？”这一问一答，使人觉得南阳刘秀真有些他祖宗刘邦的豪气：刘邦还是老百姓的时候，到了秦都咸阳，见到秦始皇的气派，喟然叹道：“大丈夫就应该如此！”如今刘秀公然说自己要“为天子”，能当面说这话的人只能是至亲至近的朋友才行。如此可以看出蔡少公与刘秀的关系，但由此也可以看出，所有这些对话全是后来编出来骗人的。

而此事过去多年之后，《赤伏符》第二次出现了。此时作为更始政权大司马的刘秀平定了河北，已经准备颠覆更始政权而自己称帝了。一个叫万修的将军“及时”地得到了一种叫《赤伏符》的“天书”，其中说刘秀应该当天子。这还没完，又来个叫强华的向刘秀献了一种叫《赤伏文》的“天书”，文字与《赤伏符》相合，而这位强华是刘秀在太学读书时住同屋的同学！

那么《赤伏符》是个什么宝贝呢？其实就是前面说的那条让预言刘秀要做皇帝的谶语，只不过文字略有差异而已。

如此看来，这条谶语似乎不是在“光武微时”出现的，而是在刘秀正筹谋着要当皇帝时，由他早年在长安读书时的同学献来的了，而那位蔡少公不过是后来补写的故事人物。

白水真人。《宋书•符瑞志》中说：“王莽忌恶汉，而钱文有金，乃改铸货泉以易之。既而光武起于舂陵之白水乡，货泉之文为‘白水真人’也。”

这条材料确实很有趣。王莽即真称帝之后，进行了一系列的政治和经济改革，其中很重要的一项就是货币改革。对古货币有兴趣的朋友都知道，王莽所造的一系列货币是中国历代所造货币精品中的精品。王莽为什么要改币制呢？原来是王莽篡汉之后，对汉朝的一切东西都带有病态的敏感。汉朝的货币叫“钱”，而“钱”字里有个“金”字，而汉天子姓刘，“刘”（劉）字里也有个“金”字。王莽讨厌“钱”字，于是他就下令废除汉五铢钱，改铸货币五大类二十八种，然后起名叫“货泉”而不许叫“钱”。可是他万万想不到，这却成了刘秀兴起的谶语。刘秀出生于南阳的白水乡，篆书的“货泉”二字拆开，正是“白水真人”，意思是出生于白水的真命天子！

可是《宋书》说的并不准确。其实，王莽居摄称“假皇帝”在公元五年，在公元七年他就实行了第一次货币改革；及至公元九年，他“即真”为皇帝，当年他就实行了第二次货币改革，第二年又进行了第三次货币改革。这三次他并没有忌讳“钱”字。王莽对“钱”字的忌讳，汉代史书中并没有记载，倒是记载了另外一件事：他第一次货币改革时造了一种叫“契刀”和“错刀”的钱币，形状如刀，顶端为环状，文字是用黄金嵌成，是古币收藏中的至宝。等到他成了真皇帝，便决定废除这种刀币，因为“劉”字拆开就是“卯金刀”，实在是不大吉利。可是“人算不如天算”，到了公元一四年，他又进行了第四次货币改革，改铸“货布”、“货泉”二种。这种货泉直径一寸，重五铢，右边铸“货”字，左边铸“泉”字。于是就出现了“白水真人”的预兆。

这种拆字法的附会，覆盖面是很广的。比如“货”字拆成“真人”，那么凡是与“货”相关的东西都可以附会成即将出现“真人”的预言。于是借谣谶而生事的野心家，或借谣谶而诛除异己的权势者，就可以随意施展手段，社会想不乱都不成了。造谶虽然荒唐，但尚不至此，所以“货”之为“真人”，也只是一用而已。

用拆字法来制造谶语，虽然在此后的历朝历代都是屡见不鲜的手法，但“白水真人”和下面将要提到的“八厶子系”却是最早出现的两例。它们都出现在新莽末期。

谐不谐，在赤眉。新莽末年，农民起义军的两大分支，一个是赤眉，一个是绿林。绿林军又分成两路，一路是平林兵，另一路是新市兵。平林、新市会合之后，扶立汉宗室刘玄为帝，年号更始，所以历史上就称刘玄为更始帝。这个农民政权存在了将近三年，后来被赤眉军吞灭，而刘玄也被赤眉军所杀。就在更始帝时，南阳，也就是刘秀的老家，出现了一首童谣：“谐不谐，在赤眉。得不得，在河北。”（《续汉书·五行志》）

这个童谣流传的时间，是更始政权在长安的时候，也就是更始二年（公元二四年）的事。此时刘秀正作为更始政权的大司马经略河北，并且势力扩大得很快。而在长安的更始政权却日渐腐败。当时的形势如此，所以童谣就预见到了即将发生的变化：到更始三年，赤眉军攻入长安，更始政权覆灭，但这对于刘秀却不是坏事，他正想摆脱掉更始政权自立门户，现在赤眉军替他把自己的主子干掉了，所以说“谐不谐，在赤眉”，也就是对于刘秀来说是很“谐”了。而刘秀能够自立门户，就在于他在河北已经养得羽翼丰满，所以适时地出兵南下，到洛阳称了皇帝，这就是“得不得，在河北”了。

很明显，这童谣完全是站在刘秀的立场上讲话的，“谐”也好，“得”也好，都是指的刘秀。那么这童谣是谁编的还不清楚么？

【东汉】

见一蹇人，言欲上天。这是关于新莽末年一家“割据势力”隗嚣的谶言，据说是流传于天水的童谣：

出吴门，望缇群。

见一蹇人，言欲上天。

令天可上，地上安得民。

（《续汉书·五行志》）

吴门，是汉朝天水郡的郡治冀县的北门，而缇群是冀县北面的一座山。隗嚣是天水郡成纪县人，成纪县在冀县以北一百多里。“蹇人”，就是腿有残疾的人，隗嚣是个瘸子。隗嚣在更始元年刚起兵时，一心想恢复汉室，并没有自己当皇帝的意思，所以他虽然据有陇西等七郡，却主动入长安向更始帝称臣。即使在更始帝被杀之后，他也不过在天水自称“西州上将军”，后来又归附刘秀。只是在刘秀企图让他离开天水到洛阳，以夺取他的兵权的时候，他才不得已而起兵拒汉。但他从来就没有“欲上天”过。隗嚣通经书，识大义，礼贤下士，没有称王称霸的野心，在西州起事，很受当地人的拥戴。除了农民领袖之外，他是被刘秀诛杀的群雄中最令人同情的一个。所以童谣说他“安得民”（怎么得民心）是不对的。

这个谴责隗嚣有“欲上天”的野心的童谣，很可能是刘秀一党的杰作。这童谣的政治作用就是指明隗嚣根本就没有资格称王称霸，百姓们不应该支持他。用散布谣言来瓦解敌方，这是常用的手段。只是刘秀做了皇帝，他就有权力把假的说成是真的，然后写进历史。

八厶子系，十二为期。王莽末年，政治昏乱，随着绿林赤眉的农民起义风暴，各地豪强和野心家们也闻风而起，纷纷称王称帝。公孙述即是其一。这人后来自称“白帝子”，因为按五行相生，土生金，金为白色，他既是白帝之子，王莽的土德就理应由他来取代。但他最终却为汉光武帝刘秀所灭，只是留下了四川的白帝城，靠着刘备托孤的故事，至今为人所知。就是这位白帝子，他在割据蜀郡时做了一个梦，梦见有人对他说：“八厶子系，十二为期。”（《后汉书·公孙述传》）

“八厶”合文为“公”字，“子系”合文为“孫”字，这是最简单的拆字游戏了。公孙述立刻猜出了这谜语，问他妻子：“我虽然能当皇帝，但只有十二年，你看怎么样？”做十二年皇帝，然后就是破家灭族，公孙述算不清这笔买卖值不值得一做。不想他妻子想当皇后的劲头比公孙述想当皇帝的劲头还大，说：“早晨当了晚上死都值得，何况有十二年呢！”正好他的府里出现了一条龙，夜里还不时有光明出现。公孙述认为这都是他要当皇帝的符瑞，就在刘秀称帝的同一年，在成都也自称天子了。但他还觉得有些心虚，就又在自己的手心上刻了“公孙帝”三个字。

“十二为期”是只做十二年皇帝，这是公孙述的对头刘秀们的解释；如果公孙述自称只能做十二年皇帝，可能他的部下用不了十二个时辰就散光了。如果公孙述确实造了此谶，那么这“谶”的原意似乎应该是：“十二”合文为“王”，“十二为期”就是他“王天下”的时机到了。可是他碰上的对头刘秀是个知识分子出身的军阀，他不但精通制造有利于自己的谶，还精通曲解政敌的谶以为自己所用。于是公孙述自己造的“王天下”的谶成了“短命皇帝”的谶。

但公孙述真的造了这么一个蠢谶么？这事本身也是很值得怀疑的。

黄牛白腹。公孙述称帝后的第六年，他废除了汉朝一直使用的铜钱五铢钱，开始铸造铁钱。结果商人们谁也不肯收这种粗劣的铁钱，铁钱买不成东西，也就流通不成。这时，蜀中就流传着一首童谣：“黄牛白腹，五铢当复。”（《后汉书·公孙述传》）

如果由我们来理解，这童谣不过是表达了百姓要求废止铁钱、恢复铜钱的愿望而已。但好事之人却开始解释说：王莽据土德，是黄；公孙述占西方，是白；而五铢钱是汉朝的铜钱。这个童谣就预兆着汉朝要复兴了。

至于那黄牛的白肚皮预兆着什么，却没有细说。如果只看那两句童谣，最容易让人产生预感的是：当出现黄牛白腹的时候，五铢钱就要重新流通了。假如按照黄白二色的影射，那就是说五铢当复兴于王莽时代公孙述割据的时候，这不是成了公孙述要铸五铢了么？显然这是大悖事理的。这“黄牛白腹”中的重点是“白腹”，即“白帝的覆灭”。看来公孙述的货币政策对四川百姓的掠夺是够狠的，招来民众的诅咒也是理所当然。

在王莽末年，群雄割据，都以天命所在自居，所以除了攻城略地的征战之外，他们还要进行关于天命的“理论”大战。这里只介绍和公孙述有关的一些。

当时刘秀已经称帝，声称赤帝的天命还没有终结，而他就是赤帝的代表。公孙述说：“这是胡扯。谶书中说：‘孔子为赤帝故作《春秋》’，既然孔子著《春秋》是为赤帝而作，那么他的《春秋》写了鲁国的十二个国君也是有深意的，即预示着汉朝只能有十二个皇帝。汉朝从高祖到平帝，已经够十二个了，这一姓就不该继续做皇帝了。”公孙述手下的秀才也真多，他们引证纬书《河图录运法》中的一句话：“废昌帝，立公孙。”（《后汉书•公孙述传》）又引用《河图括地象》中说的“帝轩辕受命，公孙氏握”，说：“这不明明是说公孙述应该当皇帝么！”

汉光武帝刘秀听了公孙述的宣传，很是头疼。但他自己就是儒生出身，对谶纬也是很精通的，所以立刻想出了破解对方的招数，便亲自写了一封致公孙述的公开信，说：“你这是曲解图谶。《录运法》中说的‘废昌帝’，是指霍光的废昌邑王，而‘立公孙’中的公孙，是指汉宣帝。谶书中说了，‘汉家九百二十岁以蒙孙亡，受以承相，其名当涂高’。以后要取代汉朝的那人要姓当涂名高。你难道是当涂高么？”

两个皇帝互相通信，各自陈述有利于自己的天命，以证明自己是正统，对方是冒牌货，这本身就很好玩。如果当时有报纸，有广播，刘秀的军队听起电台里天命大论战的文章，也一定会很兴奋的。当然，最后要决定谁有“天命”，还是要到战场上见。

彭亡。汉光武帝得陇即望蜀，灭了隗嚣之后，就发兵攻打割据蜀地的公孙述。战争进行得很顺利，岑彭统帅的汉军已经逼近成都城下，公孙述感到大势已去，就派刺客去行刺岑彭。

这日岑彭所驻的营地正好就叫“彭亡”（《后汉书•岑彭传》）。岑彭一听这地名，心里觉得很不吉利，就要迁移到别处，可是此时天色已暮，只好等明天了。也就是在这天晚上，公孙述的刺客诈做逃亡的家奴来投奔汉军，然后刺杀了岑彭。

这当然是很凑巧的，就和戴笠乘坐的飞机撞到了戴山上一样。但这终究只是凑巧，蒋介石在南京多次乘飞机，南京的锺山就叫蒋山，可是他一次也没有撞上。另外这“彭亡”，只是地名的音，也许原本叫作“彭王”或“彭旺”，显然不会让姓彭的进村就断气的。可是不知从什么时候开始，大将出师，对行军、驻防或战场的地名非常敏感。比如大家熟悉的《三国演义》中庞统死于“落凤坡”，以及《金史•耶律斜轸传》中记载的杨继业被擒于“狼牙村”（京剧中则改为“两狼山”，总之羊入狼口，就是杨无敌也没了辙。），就是这一过敏症在小说中的表现。而“彭亡”则是见于记载的最初一例，此后史书中还记载着不少。

唐高祖武德三年（六二零年），秦王李世民攻打盘踞洛阳的王世充，王世充势危，求救于河北的窦建德。次年，窦建德援军进至成皋（今河南荥阳）。李世民立刻据守虎牢关，抵御窦建德。两军在汜水大战，反复四五合，最后建德中枪，败退于牛口渚。而在此之前，据说军中就有童谣道："豆入牛口，势不得久。"（《旧唐书•窦建德传》）建德一听此地就是牛口渚，心里就发堵，豆子进了牛嘴里，岂不要被嚼变大粪了？于是接连战败，终于被唐军生擒。依照此说，姓窦的就不能打仗，因为地名中带"口"的实在太多，而喜欢嚼豆子的又不只是牛，反正豆子进了什么张家口、喜峰口、腊子口都是要被嚼的。可是话又说回来了，姓窦的既然是豆子，那么姓李的更应该是李子了，李子进了口不也照旧要被嚼么！

在此之前，也就是武德元年（六一八年），瓦岗寨的山大王李密因被王世充击败，投奔唐朝，被封邢国公。但时间不长，他就又引兵叛唐，想另立山头。唐高祖派兵追击，至陆浑，李密中了埋伏，而那座山就叫"邢公山"。山脚下乱石纵横，车行极为不便，当地人称为"邢公阬"（宋•秦再思《洛中记异录》），而据说李密就射死在那乱石丛中。但此事不见于正史，大家姑妄听之，就和京剧里说李密死的地方叫“断密涧”一样。

不知是由于对地名过敏影响着大将的战时心理，于是而有了专改地名以配合战争的心理战呢，还是双方全是鬼迷心窍，都想让地名成为助战的巫术，总之，地名问题在唐代已经正式引入到战争中了。下面是其中最典型的一例。

唐玄宗天宝十四载（七七五年）十一月，安禄山在范阳起兵，以讨杨国忠清君侧为名，率十五万大军直指京师。河北郡县土崩瓦解，只剩下常山（今河北正定）等几个城池坚守不降。到了十五载正月，虽然安禄山已经在洛阳称帝，但河北仍是他的后方基地，所以用精锐血攻常山，最后常山太守颜杲卿被俘，不屈而死。但很快，唐朝大将李光弼便率军由山西出井陉口，收复了常山，与郭子仪全力图谋恢复河北，迫使安禄山回师自救。就在这时，唐玄宗发布一个在现在看来极为可笑的诏令，那就是改动河北的几个地名。河北原有涿鹿和钜鹿二地，又是拒禄，又是捉禄，在当前真是大吉之兆，不知哪个朝臣出的主意，索性再多添几个吧，于是鹿泉县有“禄全”的嫌疑，就改为获鹿（这地名延续了千年，直到前几年才恢复为鹿泉县），而鹿成县更是糟糕，怎么能让“禄成”呢，于是改为束鹿。一个捉获禄山，一个束缚禄山，这还不够，常山郡是战略要地，可不能“常”为安禄“山”所据，于是改为平山郡，而房山县也改成平山县（此名延续至今，就是革命圣地西柏坡的所在地）。地名这样一改，从心理上好像在河北撒下一张大网，安禄山这头鹿只能在里面被拒、被捉、被获、被束，唐明皇就等着吃鹿鞭了。可是事情出现了大的变局，安禄山不想在河北与唐朝纠缠了，他索性甩掉河北，率大兵直趋潼关，要取唐朝的都城长安。最后的结果大家是知道的，那就是唐明皇唱起了《长恨歌》（以上俱见《旧唐书·玄宗纪》）。

后来唐朝的大将马燧讨伐藩镇李怀光，驻一地，名叫“埋怀村”，就大喜道：“擒贼必矣。”五代时契丹主帅耶律德光南侵，攻灭后晋，凯旋而归，行至鄗县的“愁死岗”（唐·戴孚《广异记》）就得了重病，再走到栾城的“杀胡林”（《新五代史·四夷附录》，《广异记》作“杀狐林”），便一命呜呼了。还有宋将吴璘大败金人于“杀金坪”（《余冬序录》），明朝的马参议与司马将军征瑶，行至“双倒马关”，就双双被瑶人活捉。正德时宁王朱宸濠造反，舟行于江中，见风不顺，就想掉头，宸濠问这里是什么地方，行船的说是“黄石矶”。宸濠听着像是“王失机”，气得把行船的杀了（明•李诩《戒庵老人漫笔》）。当然他的造反是被王阳明平定了，而王阳明走到这里时却没有那么多联想。这种巧合的事也真有不少，但多是半真半假，只可做故事听了。可是却有一件事是真的，就是南宋时金人南下，所过之处无不残破，可是偏偏不入最为富饶的舒州。人们开始觉得奇怪，后来一想，舒、输同音，原来骚鞑子也文明到懂得忌讳，怕输在这里啊。

车班班，入河间。东汉到了桓帝时，政治已经昏乱至极，百姓不能聊生，往往把愤懑形之于诗歌。在《续汉书·五行志》中记录了两首民谣，都是汉乐府中的杰作，可是却很少见诗歌选本选录的。其中一个原因，也许是因为它们被蒙上了“预言”的头巾，再加上朦胧隐晦，让很多文学史家不把它们当作诗歌而当成谣言来看了。先看第一首：

城上乌，尾毕逋。

公为吏，子为徒。

一徒死，百乘车。

车班班，入河间。

河间姹女工数钱，

以钱为室金为堂。

石上慊慊舂黄粱。

梁下有悬鼓，我欲击之丞卿怒。

全诗以“城上乌”一句起兴，后面采用“顶针”格频繁换韵，而内容也随着韵脚的跳跃而变动，让人读时扑朔迷离，不知所云，却又明显地感到是对上自皇帝下至官吏的怨刺。这首诗不光诗题《城上乌》在后代屡屡为诗人采用，就是其隐晦迷离的写作风格也影响着不少诗人。可是预言家们却对这首诗做了洗心革面的改造：

“案此皆谓为政贪也”这没有错，此诗确是对当政贪腐的讽刺。但把“城上乌，尾毕逋”解释成“处高利独食，不与下共，谓人主多聚敛也”就有些牵强了，因为这首诗讥讽的对象不只是皇帝。下面说“公为吏，子为徒”，是蛮夷将叛，父亲既为军吏，其子又为卒徒，前往出征。“一徒死，百乘车”是说前面战死了一个人，朝廷就派更多的人前去送死。这几句解释的总能说得通。可是下面又转到了皇帝身上，便开始附会了：“车班班，入河间”，是说桓帝将崩，乘舆班班入河间迎灵帝；“河间姹女工数钱，以钱为室金为堂”，是说灵帝既立，其母永乐太后好聚金以为堂；“石上慊慊舂黄粱”者，言永乐太后虽积金钱，慊慊常苦不足，又使人舂黄粱而食之。这就有些胡扯了，已经黄金为堂了，舂些黄米做年糕吃又算什么？而且姹女是少女，太后就是徐娘，也已半老，不能如此装嫩的。

这里的胡扯，关键在于预言家先把桓帝时的童谣看成是对灵帝政治的预言，然后胡拉乱扯，最后把一首好诗糟蹋了为止。第二首写得更好，据说是桓帝初年的童谣：

小麦青青大麦枯，

谁当获者妇与姑。

丈人何在西击胡。

吏买马，君具车，

请为诸君鼓咙胡。

它预言了几年之后，桓帝元嘉年间（一五一～一五二年）的一件事，即凉州的羌人造反，“南入蜀、汉，东抄三辅，延及并、冀，大为民害”。朝廷命将出征，打一仗败一仗，只好大量征兵，往前线上送。结果麦子熟了，只有妇女来收割。很明显这是一首讥刺时政的诗，但只要把它的写作时间向前一提，便成了“预言”。

李商隐写了“折戟沉沙铁未销”，是在赤壁怀几百年前的古，等林彪坐着三叉戟栽到沙漠里，预言家就说：“李商隐在一千年前就写下这事了。”这虽然好笑，却还有些可资一笑的内容。而如果你把李商隐的诗硬说是孔子写的，然后说孔子早在几百年前就预言了赤壁大战，那可就一点也不好笑了。但古代的很多预言就是用这办法造出来的。

这首“小麦青青大麦枯”在近代不为诗歌选本录入，大约还有另外一个原因。彭德怀在大跃进期间下乡调查，湖南平江的一位伤残老红军给他寄去一首诗：“谷撒地，禾叶枯，青壮炼铁去，收禾童与姑。来年日子怎么过？请为人民鼓与呼！”彭德怀为老百姓“鼓与呼”的结果是成了右倾机会主义分子，而且还不能消雷霆之怒，最后被诬陷为反党集团“军事俱乐部”的头子。从那以后，谁要是见了“小麦青青大麦枯”这首一千多年前的古诗，恐怕都要难免心惊肉跳，弄不好多看一眼就要招来“大灾星”了吧。

侯非侯，王非王。东汉王朝到了桓帝、灵帝之时，政治昏乱，天怒人怨，一场翻天覆地的大动乱一直在酝酿着。及至灵帝光和七年（中平元年，一八四年），张角兄弟领导的黄巾起义暴发。虽然黄巾军主力在当年就被镇压，但黄巾残部的斗争从此连绵不绝，而各地靠镇压黄巾起家的豪强势力发展成独霸一方的军阀，又拉开军阀割据混战的序幕，所谓灵帝之末的童谣，就是在这样的背景下出现的："侯非侯，王非王，千乘万骑上北邙。"（干宝《搜神记》）

在这个时候，稍微有些头脑的人也会感到，东汉统治者的末日就要到了。"北邙"，又作"北芒"，是在洛阳城北的一片山，城中的人死了，都要埋葬于此。所谓侯王上北芒，就是诅咒着他们的覆亡，一个一个都要进坟堆里。到了中平六年（一八九年）四月，只有三十四岁的汉灵帝病死，皇子刘辩即位，是为少帝，年仅十七岁。少帝的母亲何太后临朝听政，其兄何进为大将军。何进与袁绍筹谋尽诛宦官，召军阀董卓入朝，事泄，宦官杀何进，袁绍起兵诛杀宦官。宦官段珪等胁迫少帝与陈留王刘协逃离洛阳，经北邙山一直跑到一个叫小平津的地方，才被朝臣追到。这正应了童谣中说的"千乘万骑上北邙"。

但这童谣中有一点很巧合。刘辩的名字本来叫"史侯"，但此时他已经是登基的皇帝了，所以说"侯非侯"。

而和他一起逃跑的弟弟刘协，当时虽然是陈留王，但很快便被董卓扶立为天子，就是后来的献帝，所以说“王非王”。

董逃。《董逃歌》所说出现在灵帝中平年（一八四～一八九年），而董卓被召入京师则是中平最末一年，灵帝已经去世，所以董卓的逃跑晚于《董逃歌》的出现。先看看这首歌：

承乐世，董逃。
游四郭，董逃。
蒙天恩，董逃。
带金紫，董逃。
行谢恩，董逃。
整车骑，董逃。
垂欲发，董逃。
与中辞，董逃。
出西门，董逃。
瞻宫殿，董逃。
望京城，董逃。
日夜绝，董逃。

心摧伤，董逃。

（《续汉书·五行志》）

据解释者说，这里的“董”就是指董卓，歌中说董卓虽然“跋扈，纵其残暴，终归逃窜，至于灭族也”。

“董逃”，在这首民歌中是类似今天的“呀呼嗨”的衬句，本来没有什么实在的意义，写成什么字都是可以的。另外，这首民谣如果除去所有的“董逃”二字，再细读下去，似乎与董卓也没什么关系。民谣里主角好像是一个贵族子弟，游手好闲，在京城中逍遥自在，但依仗门荫，居然当了大官。现在他要离开京城去外地上任了，于是回望壮丽繁华的京城，心里好不伤感。这哪里有什么跋扈、残暴的意思？

关于董卓，大家可以从《三国演义》中知道这个人的最后下场：正美滋滋地去上朝，突然发生了兵变，还没有明白过来，身上就被干儿子吕布刺了个窟窿，然后脑袋也搬家了，他哪里还能“逃”呢？如果说这民谣不是说董卓的被杀，而是指袁绍、曹操等十八路诸侯兴兵讨伐时，董卓的撤离洛阳，那也不大对劲。当时是董卓逼迫汉帝和群官撤离洛阳的，临走之前，他放了一把火，把洛阳烧成一片废墟。如果这时有人“心摧伤”的话，那人只能是汉献帝和被挟持而去的官民了。

还有一条材料，见于汉末人应劭的《风俗通义》，说董卓听到这首歌，认为是在诅咒他，便下令禁止人们唱，而且为此还杀死了上千人。按这条材料所载，《董逃歌》的出现是在董卓入京之后的事了，所以算不上什么预言；而且把这歌与董卓联系到一起的，正是董卓自己，是他跋扈残暴，自己也知道会惹得天怒人怨，所以才神经过敏，动不动就要抓反董分子的。

还有一种说法，据说见于杨孚写的《董卓传》。就是董卓让人把这首歌谣中的“董逃”全改成“董安”来唱。可是“日夜绝，董安；心摧伤，董安”，这算是什么话呢？

千里草，何青青。董卓率步骑三千进入京师，然后把何进、丁原等人所掌部曲也兼并过来，整个京城就成了他的囊中之物。他看少帝刘辩窝囊，而陈留王刘协却很机灵，而且是董太后所养，既然都姓董，那就是一家人了，所以竟把少帝废了，立刘协为帝，也就是汉献帝。

董卓放纵自己的部下，闯门踏户，淫掠妇女，强夺资财，把这叫作“搜牢”。他自己则奸乱公主，淫掠宫女，虐刑滥罚，睚眦必死。有一次他派军队至阳城，当时地方正集社欢会，董卓就下令把所有男子全部杀了，把脑袋拴在车辕上，车上载满了妇女和财物，凯歌而还。就在这个时候，黎民百姓编了首歌谣来诅咒他：

千里草，何青青。

十日卜，不得生。

（《续汉书·五行志》）

“千里草”是“董”的拆字，“十日卜”是“卓”的拆字，影射是很直接的，“何青青”就是说要枯黄了，“十日卜”，就是说算起来没有几天活头了。但什么东西到了秀才手里就变得复杂起来，于是他们分析说：字的“离合”一向都是从上而下的，但这首歌谣却是从下而上的拆字，“董”字按顺序本是“草千里”，“卓”字本是“卜日十”，现在却颠倒了，这就隐喻着董卓的以下欺上，以臣凌君；而这一暗示则来自天意。

叁　魏晋南北朝时期

【三国·魏】

代汉者，当涂高。这是汉代谶书中的一句很有名的谶语。据说这句谶语在西汉武帝时就曾出现过，但那是小说家言，不大靠谱。而见于史书，则是在刘秀与公孙述的谣言大论战中，已见前面的“黄牛白腹”一节。刘秀问公孙述：“代汉者，当涂高。你难道就是当涂高么？”刘秀的意思是承认这条谶语的，但公孙述你却拿不出自己就是“当涂高”的证明，所以你就别想当皇帝了。

这句话说过一百多年，也没听说有人自认为“当涂高”。直到东汉末年，黄巾起义之后造成了全国性的军阀割据，正如曹操所说，这些家伙个个都想当皇上，于是这句谶语又走红起来。

当时的一位野心家袁术认为，“当途”就是大路，自己的名字叫“術”（繁体“术”字），術就是大路的意思，而自己的字是“公路”，那更是明白无疑。正好他从孙坚手里得了玉玺，于是不自量力，在淮南称了皇帝，没过多久，就被曹操派来的他最瞧不起的刘备打得一塌糊涂，心中一气，得了噎食，饿死了。至于当时势力最大的袁绍和曹操，他们的名字就没有那么幸运，很难与谶语附会得上。

后来，曹操吞灭了袁绍，挟天子以令诸侯，这时如果有人能“代汉”的话，连小孩子也知道只能是曹操。可是要从“理论”上论证“当涂高”就是曹操，那就不是一般人能做到的了，这需要懂得“内学”，即谶纬之学，现在看来，就是一种能拐弯抹角地附会谶语的学问。

当时的内学大家是周舒，他说：“当涂高，指的是魏。”但他没有细做解释，因为他不敢。如果他明白指出，魏就是曹操受封的魏公，那就等于骂曹操是准备篡位的奸臣了。但周舒把他的解释告诉了术士杜琼。杜琼后来告诉了谯周，说：“魏，就是阙，（按阙又称“象魏”。）阙立在当途大道上，而且很高，那不就是‘当途高’么？”谯周说：“这还不太说得通。”杜琼就从另一个角度来解释说：“从古以来，没有把官叫作曹的，可是到了汉代，官名尽用曹字，什么左曹、右曹、功曹、户曹等等，而且掾吏称作属曹，卒史称作待曹。又是‘属曹’，又是‘待曹’，这不是天意让朝廷归属于曹家么？”谯周便也附合说：“对。另外，魏，也有大的意思，曹，则是众多的意思。又多又大，这不是天下都要归附么？”

这二位的附会其实并不大高明。汉的官名并不都叫“曹”，此其一；汉朝的以曹名官是西汉初年就有的事，总不能说汉朝刚建立就埋下了曹操篡位的种子吧？此其二；就是三国之后，历代仍保留称官为曹的习惯，难道他们都在等着姓曹的篡位？至于魏有大的意思，国名为魏，就意味着国家要强大，这是春秋时就有的论调，但可惜的是，历史上并没有叫魏国“众而且大”地把中国统一起来。

鬼在山，禾女运。建安二十五年（二二零年），只想当“周文王”的曹操死后，他的儿子曹丕袭位魏王，不久就和谋臣们筹划着取代名存实亡的汉天子，要做“周武王”了。他们逼着汉献帝“禅位”，装模作样地演一出“尧舜禅位”的戏。于是汉献帝在魏王臣僚的授意下，不得已地要让出帝位，而曹丕还要做出谦让的表示，一个要让贤，一个死不接受，而群臣便把早已准备好的“上帝的意旨”宣布。这样反复三次，于是曹丕“只好”顺应天命，很不情愿似地把汉朝的天下装进自己的口袋。

首先是博士苏林、董巴的上言，这是在曹丕第一次谦让之后。他们首先从天文历象上提供了一条规律：岁星（即木星）在天空运行，每十二年行一周天，所以天穹上的黄道就按岁星的运行划分成十二等分，这就是“十二次”。而古人又把地上的州域或王国个个对应于天上的十二次，天上十二次中的某次发生了什么变异，那么与它对应的那个地区或王国也就会出现吉凶灾祥。按照《周礼》郑注，这十二次和十二分野的对应如下：

星纪—吴越；玄枵—齐；诹訾—卫；降娄—鲁；
大梁 — 赵；实沈—晋；鹑首—秦；鹑火—周；
鹑尾 — 楚；寿星—郑；大火—宋；析木—燕。

这里的十二分野中没有魏，但曹操所封的魏在赵地，所以就把魏的分野定为大梁。曹操在世时，诸侯们都说他要篡位，他辩解说：“我自己只想做汉朝的丞相，如果天命归我，那么我就做周文王吧。”所以苏林就用周与魏相比。周文王开始受命为西伯，正是岁星在鹑火的那年，而周武王伐纣，也是岁在鹑火。可见岁星在某次，对应的那国就要兴旺发达、接受天命。这种说法是对古代十二分野说的大创新。试想，岁星每十二年要把十二次运行一周，如果按此说法，那十二个国就要轮番受命一次，这天下岂不大乱？但这个理论对此时的曹丕却很有用：光和七年，岁在大梁，曹操开始靠讨黄巾起家，十二年后，即建安元年（一九六年），曹操开始迎献帝至许昌，拜大将军，开始“挟天子以令诸侯”，又过十二年，即建安十三年（二零八年），曹操官为丞相。再过十二年，即今年，就该曹丕受命为天子了。

只从表面上看，这个时间表确实很有意思，每过十二年，即每逢岁星在大梁之时，曹操的地位就上升一次，这可真是神了！但如果细细思考一下：除了岁在大梁，是不是其它年份曹操的地位就不上升或者下降了呢？其实不然，建安十八年曹操封魏公，加九锡，以冀州等十郡为魏国；建安二十一年曹操晋封为魏王，次年魏王设天子旌旗，这几次曹操的大腾达，都不是“岁在大梁”。原来这里只是玩了一个骗人的小把戏。

苏林、董巴的另一个魏应受命为天子的根据是从“纬书”中摘下两句话，加以附会而成。

第一，建安二十五年，是庚子年。《推度灾》中说：

“庚，就是更换；子，就是此。庚子就是要对眼下的政权进行更换。”（“庚者，更也。子者，兹也。圣人制法天下治。”）但这个根据实在勉强。每过六十年就是一个庚子年，难道每次都要“更兹”一次么？

第二，《推度灾》中还说：“王者布德于子，治成于丑。”这句话的意思就是说今年老天爷要更换天子。但我们看了半天，也不能从这句话中悟出“更换天子”的含义。

苏林、董巴这二位博士是一对笨蛋，连一条像样的理由也拿不出，于是曹丕便不答应接受禅让。当然，在这场精心导演的禅让喜剧中，苏林二位不过是一对充当呆鸟的小角色，重头戏还在后面。于是太史令许芝出场了：

许芝先排列了一大堆天文星象中的预兆，因为意思不大，我们不去管他。而他列举的那些也是从谶纬图书中摘下来的预言，却对民众有相当大的说服力。

第一，当时有凤凰、黄龙、麒麟出现的“祥瑞”，而《易传》即《易纬》中就说过：“上下流通圣贤昌，厥应帝德凤凰翔，万民喜乐无咎殃。圣人受命，厥应凤凰下，天子虏。黄龙见，天灾将至，天子绌，圣人出。”（《宋书·符瑞志》）也就是说，只要这些“祥瑞”一出现，就会“天子虏”、“天子绌”，而真命天子即“圣贤”、“贤人”、“圣人”就要出来受命。

第二，《春秋玉版谶》中说：“代赤者魏公子。”代替赤帝而有天下的是“魏公之子”，魏公就是曹操，他的儿子就是曹丕。

第三，《春秋佐助期》中说：“汉以许昌失天下。”即汉朝将要在许昌丢失天下。现在汉朝的都城就在许昌。

第四，《春秋佐助期》还说：“汉以蒙孙亡。”汉朝到了“蒙孙”时就要亡了。汉朝传了二十四帝，现在的献帝早已被曹氏父子折腾得昏昏蒙蒙、糊里糊涂了。

第五，《孝经中黄谶》中说：“日载东，纪火光。不横一，圣明聪。四百之外，易姓而王。天下归功致太平。”“日载東”，隶书中“日”字上有两个“東”字，就是“曹”字。“不横一”，就是“丕”字。已经把曹丕的名字都写明白了。汉朝从汉高帝传到献帝已经四百年，就应该“易姓而王”了。

第六，《易运期》中说：“言居东，西有午，两日并光日居下。其为主，反为辅，五八四十，黄气受，真人出。”“言居东，西有午”，是“许”字；“两日并光日居下”就是“昌”字，这就说明汉朝到了建都许昌就该亡了。而魏受土德，气色为黄，曹丕就是要受命的圣人。

第七，《易运期》说的：“鬼在山，禾女运，王天下。”“鬼在山，禾女运”，就是“魏”字，这就是说曹魏要“王天下”。

谶纬就是上天意旨在人间的一种发布形式，这一回已经公开点名要魏王曹丕当天子了。

于是曹丕违拗不过“天命”，只好把亲爱的妹夫汉献帝赶下台，让自己这个大舅子坐上了龙床。

顺便讲一下，当时江东的孙吴也有不少会造谜语的人才。据说孙权听说曹丕受了汉帝的禅让，做了皇帝，有些丧气，对群臣说：“这小子比我岁数还小，就先做了皇帝，我是赶不及了。”于是那位在《三国演义》中能言善辩，在赤壁之下假扮渔夫把曹操骗苦了的阚泽便说了：“主公虽然比曹老大做皇帝晚，但做皇帝的时间却比他长。”孙权问：“你怎么知道的？”阚泽道：“他过不了十年，就该归天了。您就看他的名字，丕字拆开就是‘不’‘十’二字，不十就是不到十年么。”（宋•邢凯《坦斋通编》）阚泽的嘴真厉害，当时先哄了孙权高兴，而后来呢，也真巧，曹丕只做了七年皇帝就伸腿了。

其奈汝曹何。《晋书•五行志中》中记载：魏明帝太和年间（二二七～二三二年），京城里唱起《兜铃曹子》歌，其中有一句是一唱三叹，道："其奈汝曹何!"后来有人认为这是对司马懿杀曹爽，曹氏从此衰废的预言。

魏明帝曹叡的父亲是大诗人曹丕，母亲则是有名的大美人甄皇后（传说她与才高八斗的小叔子曹植暗中相恋，于是曹植就写了《洛神赋》。这自然是要故意给曹家戴绿帽子，但可惜并无其事），曹叡自然不是庸才。他在位十三年，年号为太和、青龙、景初。太和共六年，即二二七至二三二年。此时曹魏国力强盛，又用了司马懿做都督荆、豫二州诸军事，专门对付诸葛亮。我们看《三国演义》中，蜀汉降将孟达图谋归蜀，诸葛亮以为得了内助，结果司马懿破了新城，杀死孟达；接着是诸葛亮首出祁山，又被魏将张郃破马谡于街亭，逼得诸葛挥泪斩马谡，上疏自贬，就都是太和年间的事。如果当时民谣中唱了"其奈汝曹何"（"汝曹"，意同"尔等"、"你们"），又要把"曹"字与曹魏联系起来解释，只能说蜀、吴二国对付不了大魏，诸葛亮五伐中原，徒耗国力，也是“无奈曹魏何”，却无论如何也不能颠倒着理解成“曹奈汝何”的。

可是明帝死后，其子曹芳即位，时年八岁，大将军曹爽与司马懿共同辅政。曹爽用丁谧之计，以司马懿为太傅，削其实权。过了将近十年，司马懿突然发动政变，杀死了曹爽，从此曹魏的朝政大权全部归于司马氏之手。又过了十几年，魏帝就照着汉献帝的样儿把政权“禅让”给司马氏了。从太和年间至司马诛曹爽，其间经历了大约二十年。把二十年前的民谣颠倒着附会曹爽的事，也未免太牵强了。而且太和年间曹爽官不过部郎，资格还不配由老天降下什么预言诅咒他呢。

阿公阿公驾马车。《晋书·五行志》中还记录了魏明帝景初初年的一个童谣，道：

阿公阿公驾马车，

不意阿公东渡河，

阿公来还当奈何。

作为童谣，这真是一首好作品，但如果把它附会成预言，就很牵强了。

景初，是曹明帝曹叡的最后一个年号，一共也不过两年。景初元年（二三七年），辽东公孙渊拒绝入朝，自称燕王。魏明帝派司马懿率军征讨辽东。到景初二年（二三八年），司马懿攻破辽东襄平，杀死公孙渊。司马懿回师，本应该直接西行至长安以抵御蜀汉，但他才走到白屋，曹叡就因病重紧急召他回都城。这是景初二年年底的事。于是司马懿赶忙乘一种当时最快的马车“追锋车”，渡过黄河，一夜之间跑了四百里，回到都城洛阳。这样他就赶上了明帝的“托孤”，与大将军曹爽一起做了辅政大臣。这事在司马氏的发家史中是很重要的一个关键环节。如果司马懿不能在明帝死前赶到京城，后来的政局很可能就是另一个面目。

但是有两点必须说明。首先，当时全魏上下都把司马懿当成国家的栋梁，只有他才能对付蜀汉。明帝咽气之前还拉着司马懿的手，流着泪把儿子曹芳交给他，说：“我本来早就该咽气了，可是一直忍死等着你，现在我亲自把儿子交给你，就是死也瞑目了。”其次，当时朝廷的大权还是掌握在曹氏手里，即使司马懿当了辅政大臣，曹爽依然有能力把他干掉，还不至于“徒唤奈何”的。

“阿公来还当奈何”，无限感叹，似乎是替曹魏政权未来的噩运叹息。此时距曹丕篡汉不过二十年，百姓对可怜的汉献帝的同情还没有泯尽；而曹睿死时虽然才三十多岁，但晚年大兴土木，民不聊生，老百姓也不会为这个政权的衰亡叹息的。

白马素羁西南驰

白马素羁西南驰，
其谁乘者朱虎骑。

（《三国志·魏书·王传》）

据说这是魏帝曹芳时流传在东郡的一首童谣，但把它与“阿公阿公当渡河”一首相比，这两句实在不太像是民间的歌谣，文人的痕迹太重了。

但这首童谣却牵扯到曹魏时期一场企图扶助曹氏对抗司马氏的政变。魏正始十年（二四九年）司马懿策动政变、诛灭曹爽一党之后，全面控制了朝政大权，魏帝曹芳（即齐王）形同傀儡。隔了一年，即二五一年，镇守淮南的王凌决定起兵锄灭司马氏。当时在东郡流传着谣言，说白马河出现了一匹怪马，夜间驰过官家牧场时就发出嘶鸣，结果官马都一齐呼应起来。第二天再看这马的蹄印，竟然如斗斛一般大。（“白马河出妖马，夜过官牧边鸣呼，众马皆应，明日见其迹，大如斛，行数里，还入河中。”）“马”就是“司马氏”，“官马”呼应就是朝政归于司马氏，朝官都成了司马氏的党羽。这在当时已经是现实，如果把它看成预言，那就是预示了司马氏要取代曹魏。

这匹“马”能否被控制呢？这时出现了一首民谣，说是只有“朱虎”才能驾驭这匹“马”，而楚王曹彪的小名正叫“朱虎”。这曹彪是曹操的儿子，也就是当朝天子曹芳的叔祖父，年岁已经不很小了。曹丕对兄弟最为嫉恨，不给任何参政的机会，对这个小兄弟曹彪也不例外，所以曹彪名为楚王，其实只不过是个受朝廷监视的寓公而已，哪里有什么能力对付那个司马懿？但这童谣的意思很明显，就是说只有曹彪当了皇帝才能遏制住司马氏的势力膨胀。据史书说，王凌是因为听到了这首童谣，才决定扶立曹彪起兵的。但更为可信的是：王凌正是为了扶立曹彪以做起兵的资本，才自造了这首童谣！

可是王凌尚未来得及起兵，司马懿便以迅雷不及掩耳之势突袭淮南，生擒王凌。结果王凌自杀，楚王曹彪也牵连被害。从此分居各地的曹氏宗族全部被迁至洛阳，集中监视起来。“其谁乘者朱虎骑”，这是一首典型的用来为政变造舆论而又无济于事的童谣。

大讨曹。这是一条据说相跨二百多年的预言。晋•干宝《搜神记》中说：早在西汉元帝、成帝时期（前四九～前六年），有一位能预测未来的先生就说过：“到魏朝有带‘和’字年号的时候，将在西方三千里之处，有石裂开。石上系有五匹马，刻有‘讨曹’二字。”（《三国志•魏书•明帝纪》）果然，到了曹魏刚刚兴起的时候，张掖郡删丹县金山的柳谷中突然生出一块巨石，周围有七寻（一寻八尺），高有一仞（一仞七尺），黑石而白纹，上面隐约有五匹马以及麟、凤、仙人之象。这些图象在汉献帝建安年间开始朦胧出现，到魏文帝黄初年间已经大致形成，而最后的完备则是在魏明帝太和年间。

到了魏明帝青龙年间（二三三～二三六年），柳谷中的一条叫玄川的河流暴涨，山水冲激，使石头的形状发生变化，结果样子变得像只乌龟，上面的图像也有了新花样，而最令人惊奇的是，石头上出现了“上上三天王述大会讨大曹金但取之金立中大金马一匹中正大吉关寿此马甲寅述水”（《宋书•符瑞志》）三十五个字。石头是黑的，字和图像则是白色而且隆起。这些字连不成句，中间却有“讨”“曹”二字，很让魏明帝不安，就命人把“讨”字的一点凿去，填上黑石，成为“计”字。可是过了一夜，那凿去的地方又被白石填满了。当时还把这当成祥瑞，颁布天下。可是等到司马氏夺取了魏的江山，人们才明白，这块怪石的出现是预言司马氏要得天下的。

根据记载的那三十五个不相联属的字，这条材料应该是真实记录。略可怀疑的只是，那些图像未必如此明晰，总是要有一些想象的成分在内。而文字也不会是真像书写的那样清楚，其中也许有些是模棱两可而需要人来猜测的。但这无关紧要，所有的“天降祥瑞”都是像大理石或雨花石上的花纹一样，要人的想象力来升华的。我们总不能要求天上落下个刻有梁山一百零八将座次的石碣来吧。可是人们的想象力促发了创造力，不相联属的“讨”“曹”不大能说服人，索性再编个故事：

氐池县大柳谷日夜激波涌溢，其声如雷，一日清晨，忽有苍石立于水中，长一丈六尺，高八尺，上面有白石成画，为十三马，一牛，一鸟，还有八卦之象，上面现有文字，曰："大讨曹，适水中，甲寅。"（东晋•习凿齿《汉晋春秋》）于是那三十五个字就简化为八个字，而到了司马氏夺取了天下，更是简化为只有"大讨曹"三个字，称作"石瑞文"了。

问题在于，不管是不相联属的"讨""曹"也好，语意明显的"大讨曹"也好，怎么也不能说成是司马氏取代曹魏的预言。如果要用"讨"字，似乎只能是站在汉朝遗臣的立场对篡位者进行讨伐，比如四川的刘备、西凉的马超等等。司马氏"依样画葫芦"地夺了魏的天下，怎么能讨曹呢？

【三国· 蜀汉】

益州分野有天子气。曹丕篡汉做了皇帝，刘备也沉不住气了。他本来打着复兴汉室的旗号，如今汉室都没了，只有自己打自己的旗子了。既然曹丕受禅之前，手下的大臣、博士们从谶纬书中找了不少曹魏受天命的根据；现在刘备要称帝了，他的大臣、博士们也照旧能从谶纬书中找到不少刘备受天命的根据。（可以很有把握地说：如果阁下有意关起门来当一当皇帝，也会从谶纬书找到根据的。）

《洛书甄耀度》曰："赤三日，德昌九日会备，合为帝际。”又是赤，又是德、备，不是把刘备的姓、名、字都包括了么。《洛书宝予命》曰：“天度帝道备称皇，以统握契，百成不败。”这索性就直接讲明“备称皇”了。《洛书录运期》曰：“九侯七杰争民命，炊骸道路，谁使主者玄且来。”备字玄德，所以“玄且来”就是说刘玄德要来解救黎民于水火之中，但我总觉得这句更像是王莽末年更始帝刘玄子手下所造。

谶纬的证据是天意，此外还有“地利”，就是成都这地方就应该出皇帝。据说早在几十年前，在都城洛阳的董扶就对太常刘焉说过：“京师将乱，益州分野有天子气。”（《三国志•蜀书•刘焉传》）刘焉是皇帝的宗室，此时就打主意自己做益州牧，准备应这个“天命”。刘焉死后，儿子刘璋领了益州牧，而没家没业的枭雄刘备就用了诸葛亮的诡计，硬与刘璋攀亲戚，结果把成都骗到手。刘备占了成都，自然就正应了益州分野出天子这句谶。但这些故事是刘备自己编的，而刘焉做益州牧是为了自己当皇帝，那完全是栽赃的话。刘焉看到中原将要大乱，本来想躲到交趾去做官的，已经准备动身了，正好益州刺史昏暴，民心不附，所以临时决定，改派刘焉到了益州。所以“益州有天子气”这话就很可怀疑。

除了天命和地利之外，刘备还有一点可以证明自己应该做皇帝，那就是众所周知的“双手过膝，自见其耳”，耳朵大到可以自己看见，虽然不能证明这是与什么神物杂交的结果，但也算是异相了。就这样，刘备说服自己当了皇帝。

备和禅。谯周是蜀汉朝臣中有名的术士，但他的有名却都是靠预言蜀汉祚运不长而得来。此人在刘禅时期是个投降派，从《三国演义》中就可以看到他的嘴脸。蜀亡之后，他随着刘禅进了洛阳，他的那些糟蹋蜀汉的“预言”可能都是在这时才发表的，因为这可以使他得到新主子的欢心。

景耀五年（二六二年）是蜀汉灭亡的前一年。宫中大树毫无理由地自己折断了，这棵树有多粗，史无记载，但既称大树，起码也有一搂粗吧。谯周据此推算，蜀国国运要终结了，但这话又无法对人说，就在柱子上写了这么两句：“众而大，期之会； 具而授，若何复。”（干宝《搜神记》）“众而大”，是指曹魏；天下要会合于它，即“期之会”。可是此时魏国的皇帝早已名存实亡，对司马氏要极力逢迎才能保住性命；而且魏国的寿命也不过比蜀汉长上两年多一点，还谈什么“期之会”！至于“具而授”，就是刘备准备好了再让刘禅送给别人，这要在下面详谈。而“若何复”，就是天命如此，谁也别想反抗，就老老实实地做亡国奴吧。

谯周预言的特色是“测字”。据说早在阿斗即位时，谯周就说过：“刘备名备，‘备’的意思就是准备；刘禅的‘禅’，意思则是授予。连起来一解释，就是刘备准备好的江山，刘禅再送给别人。所以人的命名，不可不慎。刘备给儿子起名的不慎重，比过去晋穆侯、汉灵帝还严重。”

晋穆侯、汉灵帝是怎么回事呢？晋穆侯是西周末年晋国的国君，他的夫人姜氏在条戎之战时生了大儿子，因为在这一对条戎的战争中，晋穆侯与周王的联军吃了败仗，所以他就给儿子起名叫“仇”，意思是记住这笔仇恨。等到千亩之战时，姜氏又生了个儿子，这场战争晋国胜了，所以他就给儿子起名叫“成师”，表明战争的胜利。当时晋国的大夫师服就说：“这名字起得不对劲儿，恐怕要为晋国埋下祸乱的种子，而长子的后代将要衰替。”穆侯死后，仇即位为文侯。文侯死后，其子伯即位为昭侯。昭侯封叔父成师于曲沃，称桓叔。没过几年，晋大夫潘父杀死了昭侯，要迎曲沃桓叔为晋君。这一企图虽然当时未能实现，但从此曲沃已经逐渐比晋强大，几次弑杀晋君，终于占有了晋国。

还有人说：汉灵帝的长子出生之后，起名叫“史侯”。古代皇帝的嗣君讲究立长立嫡，现在长子出生，将来就是储君，却起名为“侯”，不要说“帝”，连“王”都不是。后来灵帝死后，史侯即位，改名为辩，但很快就被废为弘农王了。这也是起名不慎的恶果！

这种观点在后世也有。隋文帝的皇太子名曰勇，晋王曰英，秦王曰俊，蜀王曰秀。这些名字让正常人听了不会感到有什么不妥。但怪物无时不有，当时就有人上书道：

勇者一夫之用。又千人之秀为英，万人之秀曰俊。此乃平民百姓之美称，非帝王之嘉名也。

依此人之说，最好把几个儿子都起名叫大皇、二皇之类。隋文帝没有搭理他，要是在雍正乾隆的盛世，准会赏他一刀。

但这种说法却与中国历来给儿子起名的习惯大为相反。不光近代怕儿子生下来不易养活，就变着法给孩子起“贱名”，什么秃子、铁蛋，就是矛坑、猪圈也可以做名字的，即是古代，也是如此。齐国的公孙叫无知，越国的国王叫起来像“狗贱”（勾践），就是六合诸侯一匡天下的齐桓公叫小白，今天可是当作狗名的。如果说我这是无理取笑，那么晋成公的大名可是叫黑臀，也就是黑屁股蛋，周顷王的名字叫壬臣，佥壬小人的，还有黑獭、丑奴之类，后世缕缕不绝。所以皇帝给儿子起名叫“侯”，并无什么不可，要是叫成“玉皇大帝”，倒是脑袋有些毛病了。

【三国·吴】

开昌门，出天子。魏、蜀两家都已经称帝，吴国的孙权自然不甘心，于是也在刘备称帝的第二年称帝。不知道为什么，孙吴的谋臣宿儒也不少，却没有在谶纬书中给自己找天命，大约是觉得这些东西对江南尚处于蒙昧的黎民没什么说服力，倒不如来些通俗易懂的吧。所以他们主要宣传的是一首老民谣。据说这民谣是汉献帝兴平年间（一九四～一九五年）开始流行于吴中（今苏州一带）的，唱的是：

黄金车，班兰耳，
开昌门，出天子。

（《三国志·吴书·吴主权传》）

昌门，即阊门，是苏州城的西郭门，传说为吴王夫差时所造。“开昌门，出天子”，这句预言现在要应验了，而且武昌、夏口都说看见黄龙和凤凰出现，这就说明老天降下祥瑞，为孙权称帝送花篮来了。于是孙权就做了皇帝。

可是孙权当时已迁都于武昌，苏州出天子，干卿底事？原来这里孙权耍了一个花招。汉献帝兴平二年，孙权的哥哥孙策正从淮南袁术那里借了兵，经略江东，占据了现在江苏省的南部，也就是吴中地区，而苏州正是吴地的中心。孙策有了自己的地盘，自然不甘心做袁公路的牛马走，就造了这首童谣，为自己的割据江东造舆论。过了二十多年，这首民谣已经成了老歌，百姓们耳熟能详，孙权就把阊门称为昌门，让人觉得好像是武昌城门一样，安在了自己的头上。

石子冈。吴大帝孙权去世，其子孙亮即位，年方十岁。诸葛恪掌吴国大权。诸葛恪是诸葛瑾之子，也就是诸葛亮的侄子，此人是少有的神童，长大了自是目无余子，如果只做你的才子，倒也无大妨碍，可是成了朝廷重臣，尽管是忠心耿耿，也会招来亲贵的忌恨。这一年，魏国利用吴国新君即位，形势不稳，兵分三路征吴，东路取东兴，中路取武昌，西路取南郡。诸葛恪自引大军救东兴，同时命弟弟诸葛融往南郡，抵御魏国的西路军。

诸葛恪大破魏东路军，其他两路军闻听败讯也慌忙撤退。此时诸葛恪本应见好就收，因为新君初立，政局不稳，孙峻等权贵们心怀不轨，他必须利用这一开局大胜赢得的威望回朝安定局势。可是诸葛恪不但不收兵，反而发兵反攻，进围合肥。合肥是军事重镇，魏国无论如何也要死保的。结果是吴军久攻不克，师老城下，将士多怨。而孙峻就利用民怨，在宴会上袭杀了诸葛恪。

诸葛恪死后，用芦席裹体，抛在一个叫“石子岗”的乱坟堆中。而据说在此之前，就有了一首童谣，道：

吁汝格，何若若，
芦苇单衣篾钩络，
于何相求常子阁。

（《晋书·五行志》）

而人们说，这童谣说的就是诸葛恪被杀的结局。所谓“芦苇单衣”，是说诸葛恪的芦席裹尸，而“篾钩络”则是用竹篾把那芦席拦腰一捆。这尸首抛在何处呢？就是“常子阁”。常子阁的“反语”是石子岗，而“反语”则是六朝以来的一种文字游戏，也是造谶的一种手法。

所谓“反语”，又叫“反言”，就是用首字的声母与尾字的韵母相拼，成一字；再用尾字的声母与首字的韵母相拼，又成一字；二字凑合，形成一个新词或者几个同音词，平时可以用来开开玩笑，但弄不好就成了“预言”。下面举几个例子。

东晋孝武帝太元年中（三七六～三九六年），造了个非常豪华的内殿，起名叫“清暑”，意思是这殿很清凉，可以避暑。当时就有人说了：“‘清暑’，反言就是‘楚声’”。（《宋书·五行志》）果然不久孝武帝就被他的宠妃用被子闷死在这殿中，所谓楚声，就是丧亡哀楚之声。可是另有人说了：“这‘楚声’不是这么个讲法，让我把它说透吧。最近不是有个谶语，说‘代晋者楚’么？我看是预兆这事的。”不久桓玄打入都城，篡取了帝位，立国号名“楚”。

齐武帝萧赜出生在建康（即今南京）青溪的一座宅子里，等他做了皇帝，不忘龙飞之地，就兴起土木，要把这老宅子翻修一下，号称“旧宫”（《南齐书·五行志》）。萧赜在六朝时算是比较节俭的皇帝，大约是有人嫌他穷酸吧，便道：“什么‘旧宫’，反语不就是‘穷厩’么？”厩是牲口住的地方，再加上一个“穷”，这就很不吉利了。据史书中说，这穷厩二字是应验了，一种说法是武帝死后他的宫人都移居于此，一种说法是武帝“果以轻狷而至于穷”，这两种说法都不足以服人。

萧赜的长子萧长懋，即后来追谥为文惠太子的，在锺山下立了一座楼馆，起名叫“东田”（《南史•郁林王纪》），听名字很是朴素，其实却是穷奢极侈，壮丽胜于宫苑。别人也给“东田”来了一个“反语”，说这是“颠童”。当时齐高帝在位，萧赜还是太子，文惠太子只是高帝的长皇孙，结果华年早折，好像应了“颠童”——“从高处栽下来的孩子”这句反语。但文惠太子死时已经三十六岁，似乎叫成“童”也不大合适的。

前面提到给孩子起好名字的事，现在说到齐武帝，想起一件与他有关的。武帝有个小秘书，姓皇，他爹倒是真给他起了个好听的名字，叫“太子”，连起来叫就是“皇太子”。武帝一听，不大高兴，说：“皇太子怎么能当名字呢！把太字下面那一点给你挪到外边吧。”这样一来，皇太子就成了皇犬子。外面有人听说了，便发挥起来，昨天还是皇太子，怎么今天就成了犬子了？看来这不是好兆头。果然，文惠太子早逝，文惠的两个儿子倒是相继做了皇帝，但也是相继被废杀。

这个皇太子早夭的事，并没有随着萧齐的完结而结束，梁武帝最喜爱的儿子昭明太子萧统，也是才三十一岁就死了。据说他死前流传着一首民谣：

鹿子开城门，城门鹿子开。

当开复未开，使我心徘徊。

城中诸少年，逐欢归去来。

（《南史·昭明太子传》）

翻来覆去就是一个“鹿子开”。昭明太子死后，人们说这歌谣就是个预言，“鹿子开”的反语是“来子哭”，就是梁武帝要来哭儿子了。而且不仅如此，昭明太子萧统的儿子叫萧欢，应该作为皇太孙为嗣君，但梁武帝对他有成见，又觉得他太年轻，不能遽授大业，所以犹豫了很多天，最后只封了萧欢一个豫章王，没让他留在朝廷内。这就是歌中的“心徘徊”和“逐欢归去来”。

南朝的齐、梁之后就是陈，陈后主名叫叔宝，反语则为“少福”（《南史·陈后主纪》）。于是国破家亡，六朝到他也就结束了。但了解历史的人都知道，陈后主本人可是一点儿福也不少的，穷奢极欲，享尽人间富贵，就是亡了国，丢了发长七尺、神彩照人的第一美女，但他“全无心肝”，也从无李后主“问君能有几多愁”的诗兴，老死于醉乡，感觉一直是很不错的。

反语之风一直延续到隋唐。隋炀帝最初不叫杨广，叫杨英，有人就对他父亲杨坚说：杨英反语就是“赢殃”（《隋书•五行志》），果然后来隋朝在他手里遭了殃。武则天时，魏仆射的儿子叫叔麟，反语就成了“身戮”（张鷟《朝野佥载》），后来果然被特务罗织进去，挨了一刀。武三思改封德靖王，专搞预测学的人就说了，德靖的反语就是“鼎贼”，窥鼎之贼，也就是窥伺神器，意图造反。这倒说得不差。

用“反语”造谶，周旋余地太大，如果都这样玩起文字游戏，可能大家就要提着脑袋过日子。所以到武氏败落之后，“反语”就渐渐消失不见了。

三公锄，司马如。吴孙休永安二年（二五九年），都城里一群小孩子在玩耍，忽然出现了一个样子怪怪的小孩子，高不过四尺多，六七岁的年纪，穿着一身青衣，跟着群儿一起玩。群儿没见过这孩子，就问：“你是谁家的小孩，怎么今天突然就出现了？”那孩子答道：“我见你们玩得高兴，就想一起来玩。”众儿仔细一端详，见这孩子眼有光芒，熠熠外射，就不禁有些害怕，便一再追问。那孩子道：“你们不要怕我，我不是人，乃是荧惑星下凡，要有话对你们说。”那孩子说的就是：“三公锄，司马如。”（《晋书·五行志》）

众儿听了大惊，就跑回家去告诉家里大人。大人们赶快来找，只见那孩子说一声：“不陪你们耍了。”耸身一跃，化为一条白练，渐渐消逝在天空。荧惑星下界化为小儿，通过童谣来传达天命，这大约是最早的记载了。

歌谣短短六个字，被预言家们解释为“三分归一统”，所谓“三公”，就是魏、蜀、吴三帝，“司马”是指司马氏。但我认为实际并非如此。童谣是有的，但所讲的只是吴国的时政，并不是什么预言。当时吴国政局极其不稳。先是孙峻杀死诸葛恪，自为大将军。孙峻死后，其弟孙綝继续执政，为大将军，大将军就是大司马。吕据荐滕胤为相，孙綝杀滕胤、吕据，独揽朝政，专横跋扈。吴主孙亮欲除孙綝，结果事情泄漏，孙亮被废，孙綝又立孙休为帝。在吴国的三公被杀，大将军专政的情况下，可不可以叫“三公锄，司马如”呢？而且魏、蜀、吴三国都已经称帝，童谣中就是不称“帝”，也应该叫个“王”吧，叫作“三公”，大不相称。而且这三国的国主并没有都被“锄掉”，刘禅过得很自在，还乐不思蜀呢。最后再指出一点：蜀灭于永安二年之后的第四年，魏灭于第六年，而吴国的灭亡则在二十年之后了。

楚，九洲渚。鄱阳郡的历阳县有一石山，高有百丈，下临深渊，就在离水面三十丈处，那石色变为黄赤，与石壁本体不同，当地百姓见它像个印绶，就称为石印，而且传言说：“石印封发，天下当太平。”（《三国志•吴书•三嗣主传》）就在那石壁下还建个小庙，庙中供着一个土神，号称“石印三郎”。到了吴孙皓天册二年（二七六年），历阳县长上言报告，说石印盒打开了，里面也出现了印文。

孙皓那时正痴着心想统一中国，做个货真价实的大皇帝，所以一直盼着天降瑞文。于是他就派使者前往历阳，用太牢祭告山神，求见天书。使者见了庙中巫师，巫师说：“三郎说了，天下就要太平了。”使者要亲自看印文天书，好回去交差，就搭了三十丈的高梯，战战兢兢地爬了上去，一看，什么也没有。使者知道，要是这样回去汇报，孙皓肯定说我祷告不诚，三郎神把天书收回去了，脑袋是保证要割去了。于是他灵机一动，自己用朱砂写了二十个字，然后爬了下来。那二十个字就是：

楚，九洲渚；
吴，九年都。
扬州士，作天子；
四世治，太平始。

（《晋书·五行志》）

使者回去一报告，孙皓果然大喜，道："楚要做九州之渚，就是天下之水都要归于吴国；所以吴自然就是天下之都。扬州士，自然是指我们孙家，从大皇帝传到孤家，正好是四世。太平之主，舍我其谁！"于是孙皓果然以真命天子自命，改元为天玺，从此更加肆虐骄妄，终于导致了灭亡。

《晋书•五行志》称这个假天书为"诗妖"，也是把它当成一种"天命"看待的，这种"天命"以相反的预言诱导骄妄之人走向灭绝，从而促成真命天子的受命。如此说来，这类预言天子出世的谶语，无论实现与否，都不影响它的神秘性了。这和那些江湖术士骗人的伎俩有什么两样？

不畏岸上兽，但畏水中龙。孙皓天纪年间（二七七～二八零年），吴国有个童谣，道：

阿童复阿童，衔刀游渡江。

不畏岸上兽，但畏水中龙。

（《晋书·羊祜传》）

这童谣传到晋朝的征南大将军羊祜耳中，他认为这是天开其智，只要顺应天意，就能平灭吴国。羊祜的平吴方略就是从长江上游顺流而下，直抵建业，所以益州应该是征南水军的基地。正好这时朝廷要征调益州刺史王濬入朝做大司农，羊祜一听，立刻想到："王濬的小名不是叫阿童么？他又是益州刺史，正好应了童谣。"便上疏请求晋武帝让王濬留任，再加官为监益州诸军事，另加号为龙骧将军，以应"水中龙"之谶。后面的事让刘梦得替我们说了：

王濬楼船下益州，金陵王气黯然收。

千寻铁锁沉江底，一片降幡出石头。

这是一种主动以人事迎合天命的例子。谶语中提到了"水中龙"，就任命王濬为龙骧将军，这样就能征服吴国了。如果王濬不叫"龙骧"又怎样？但古人就是有这种趋吉避凶的好恶，将军给马弁起名叫得胜、占标，商人给儿子起名叫连发、得富，明知未必会如意，但就是要取个吉利。后面我们还会看到一些类似的例子，但得到的结果却是相反。

青盖入洛阳。人贵有自知之明。而这个孙皓却是最缺少自知之明的。他的昏暴只举一事：这位皇帝爷常爱召集众臣会宴，而且宴会一开，非要把众臣灌得烂醉如泥不可。而他却安排了十几个人，专门盯着大臣们喝醉时的举止，有什么失当之处的就记录下来。等大臣们酒醒了，孙皓就让他自己做检查，讲清刚才有什么不当举止。如果这大臣交代不清楚，孙皓就在朝堂上剥下他们的脸皮，剜除他们的眼珠。就是那么一个混账东西，居然想统一中国，要做天下太平之主！

当时民间有个谣言，说“青盖入洛阳”（《太平寰宇记》）。青盖是皇帝用的青伞仪仗，这句话可以解释成孙皓占领洛阳，也同样可以解释成孙皓当了俘虏，被人献俘于洛阳。而孙皓手下有个马屁精叫刁玄的，他说他出使蜀国时见到了以往司马徽的预言，道“黄旗紫盖，见于东南。终有天下者，荆、扬之君乎”（《三国志·吴书·孙皓传》）。青盖又变成了紫盖，哄得孙皓更晕了。但他不知道这预言什么时候能兑现，所以总是让方术之士给他占卜，看他什么时候能吞灭晋国。术士们不敢说皇上不爱听的话，就占了一卦，道：“真是大吉大利啊。庚子之岁，青盖入洛阳！”（《三国志·吴书·三嗣主传》）

而这时也真有人爱拍他的马屁，就是石印开的那年春天，有人就上报告说：“临平湖从汉末一直淤塞着，老人们传言，说‘此湖塞，天下乱，此湖开，天下平’。最近这湖无故开了，这应该是天下太平、青盖入洛之兆吧。”孙皓更得意了，就告诉了奉禁都尉陈训，让他再加些佐料哄自己高兴。可是陈训说：“臣只会望气，对这湖通塞之事不太懂行。”等他出来后，就对朋友说：“什么青盖入洛，这可不是好兆头，弄不好是做俘虏抓到洛阳吧。”

晋灭东吴那年确是庚子年（二八零年）。晋军兵临城下，孙皓到阵前还想鼓舞士气。士兵们挥刀踊跃，喊着口号：“定为陛下决一死战！”孙皓一高兴，立刻拿出宫中的珠宝赏赐众兵。可是兵士们拿到珠宝就一哄而散了。王濬破了石头城，孙皓也是大丈夫能伸能屈，此时就自己给自己上了绑，让人抬着口棺材，亲自到王濬军门请降。到了五月，孙皓果然被押送到了洛阳。晋武帝司马炎对孙皓很是客气，因为君臣上下都明白，多亏吴国有那么一个浑账皇帝，要是位子换了别人来坐，还真说不清谁把谁灭了呢。

【西晋】

大石压之不得舒。自从司马炎上台之后，晋朝觉得谶纬之学实在是给国家添乱的一大祸害，因为任何人都可以从那些纬书中找出自己应该做皇帝的根据，哪怕是无赖瘪三也一样。所以自晋以后，纬书中的谶语很少再出现，而歌谣中的谶语却兴盛起来。

这是因为歌谣谶语而废免大臣的一例。石苞是晋武帝司马炎的开国功臣，官至大司马，爵为郡公，统领大兵镇守淮南，因为淮南是对付东吴的前线，所以士马强盛，为晋重镇。石苞虽然很能干，对晋武帝也是忠心耿耿，但因为出身寒门，为监军王琛所轻视，同时也为出身士族的晋武帝所提防（为他所取代的曹魏皇帝就是寒门出身）。王琛向武帝汇报了一首童谣：

宫中大马几作驴，
大石压之不得舒。

（《晋书·石苞传》）

而且有望气者预言，说东南将要发生大战事。“宫中大马”当指晋武帝司马炎，马虽大，但一变成驴就成了蠢物，其所以是蠢驴，就是因为他受到了臣下的欺骗。“大石”则影射石苞，这大石现在只是在淮南与朝廷怀有二心，以后还会对朝廷形成更大的威胁。由于自曹魏以来，淮南已经发生过文钦、毌丘俭、诸葛诞三次大的叛乱，司马炎对淮南的局势很是关切，所以这歌谣正触到司马炎的疼处。

我们姑且不把这童谣当成王琛为了陷害石苞而创作，但也可以猜想是吴人为了离间石苞而造，可是晋武帝竟然相信了这个编得很拙劣的假童谣，尽管羊祜极力为石苞开解，他仍然要撤掉石苞，甚至准备用大军来对付可能发生的意外。幸亏石苞用了手下孙铄的主意，解除了晋武帝更大的怀疑，否则就连命也保不住了。

中国当败吴当覆。吴国被灭之后，在江南流传着几首童谣：

1、局缩肉，数横目，中国当败吴当覆。

2、宫门柱，且当朽，吴当覆，在三十年后。

3、鸡鸣不拊翼，吴覆不用力。

三首内容大致相同，就是说吴国将要复兴，晋朝终将灭亡。这与战国时的楚国被灭后，楚地流传的“楚虽三户，亡秦必楚”民谣同出一辙。实际上，任何一个国家被灭之后，都会有类似的谣言，不管它是由哪个阶层的人所造。可是这个童谣与“亡秦必楚”的童谣结局不同，它的结局很出人意料：中国是破败了，但不是为吴人所败，而是亡在自己的“八王之乱”和五胡的趁机入侵手里；吴地是复兴了，但不是姓孙的吴国死灰复燃，而是晋朝的皇帝被赶过长江，在吴地建立了东晋。于是后人又解释道：“局缩肉”是指软弱的晋元帝是个窝囊蛋，“数横目”是“四”，指从吴亡到东晋元帝建立江东政权大约有四十年，当然也可以解释成从西晋开国至东晋元帝为四代。

舞杯盘。晋武帝太康年间（二八零～二九零年），举国都流行着一种舞蹈，叫《晋世宁》之舞，舞者手托着一套杯盘，边舞边反覆其手，由于反覆迅速，那杯盘在向下时也不能坠落，那自然是要很高的技巧的。一边舞，嘴里还要唱着：“晋世宁，舞杯盘。”（干宝《搜神记》）

这舞蹈在汉朝时就有，但那时的舞者只手中只托一个盘子，而且不是这样上下其手地反覆着，现在则在盘中又加了一杯，手里的杯盘如此危险，口中却高唱着太平，有识之士便认为这正预兆着晋朝面临的处境。

西晋统治阶级整体的侈靡淫佚、腐败堕落在历史上是有名的，从开国的晋武帝的后宫万人，太宰何曾的日食万钱，下至贵戚的以饴澳釜，以蜡代薪，人民的血汗被他们纵情地糟蹋着。而且西晋王公贵族根本就不把人当作人来看，石崇每邀客宴集，常令美人行酒；如果客人不肯一饮而尽，石崇就命人把美人杀了。而客人王敦冷面相对，就是连杀三个美人，他还是不肯喝上一口。这样的世道，只有瞎子才看不到它埋伏的危机已经是一触即发了。所以“舞杯盘”与其说是预兆，毋宁说是比喻。

折杨柳。晋武帝末年，京城洛阳流传了一首《折杨柳》的歌谣，歌辞缺载，只留下了大意：开始是叙述战争带来的苦难，结尾是“擒获斩截”（晋•干宝《搜神记》），至于被“擒获斩截”的是什么人，没有说明。晋武帝的皇后是杨氏，杨后的父亲叫杨骏，官车骑将军。武帝末年，元勋功臣死亡已尽，所以杨骏以皇后之父的身份，权势很大。武帝病死之前，在神志不清的情况下，答应了杨后提出的以杨骏辅政的要求。

武帝死，司马衷当了皇帝，即晋惠帝。这惠帝就是那位“何不食肉糜”的呆子，但细想起来，这事也不能作为他呆得不可救药的证明，居于深宫，不食人间烟火，弄不清这些庶政也是难免，三年困难时期，吃粮要粮票，吃肉要肉票，不是还有大干部让大家吃不要票的对虾么？惠帝听到太液池的蛤蟆叫，便问近侍：“这些蛤蟆是自己给自己唱着玩呢，还是官府里安排它们叫的？”近侍们觉得要是说蛤蟆自己擅自乱叫，弄不好就会让自己去捉蛤蟆，于是就回禀道：“这是宫里照规矩安排它们叫的。”惠帝说：“那可不能让它们白叫，要给它们一份口粮的。”

惠帝的话虽然有些可笑，但公私分明，颇有可取之处，倘若能有几个忠正贤明的大臣辅佐，做个守成之主还是可以的。但当时的朝廷已经烂透了，辅政的杨骏素无威望而又刚愎自用，他的弟弟杨济劝他引汝南王司马亮共同辅政，他不肯听。结果他从政不数月，弄得中外怨望。第二年即惠帝元康元年，惠帝的皇后贾后与东安公司马繇联手发动政变，杀死杨骏及其弟杨珧、杨济，杨太后被废为庶人，幽闭于金墉城，第二年断其饮食八天，被活活饿死。这就是《折杨柳》的应验。

《折杨柳》是乐府歌辞，古乐府中有《小折杨柳》、相《折杨柳行》、《月节折杨柳歌》、《折杨柳歌辞》和《折杨柳枝歌》，自汉以来，仅流传下来的此类歌辞就不下数十首。是不是每逢唱这曲子的时候姓杨或姓柳的都要倒霉呢？

两火没地，哀哉秋兰。晋永熙的年号只有一年（二九零年），也就是晋武帝死、惠帝登基的那一年，河内郡的温县出了个疯子，造了两首诗：

> 光光文长，大戟为墙。毒药虽行，戟还自伤。
>
> 两火没地，哀哉秋兰。归形街郵，终为人叹。
>
> （《晋书·五行志》）

河内温县不比别处，因为它正是司马氏家的祖籍，皇上的祖宗都埋在这儿，所以这写诗的疯子弄不好真是司马家的祖宗鬼魂附了体。可惜当时的人没有这么想，只觉得疯言疯语，不足为训。

可是有一个人很敏感，那就是杨骏的弟弟杨济。此人要比他老哥明智多了，一直对本族所处的地位有累卵之虑，听了这歌谣，觉得这朦胧诗写得一点儿也不朦胧，“两火”为“炎”，不就是晋武帝的名讳么，而杨皇后名叫季兰，既然“哀哉”，那就没好下场了。果不其然，此后不久朝廷发生了杨氏覆灭的大变故，人们方才明白，原来那第一首是预言了杨骏的被杀，第二首是预言了杨后的幽死，而且连死后的葬处都说了，武帝的山陵不让她进，找个郊外的驿亭附近，就埋掉了。

据史载，杨骏是逃到马厩中被杀的，死前是否用过毒药，杀死他的武器是戟还是刀，史书中都未说明。所以第一首附会起来就比较缺少可信度，而第二首又编得太实，让人觉得是事后的创作。

据说，古代谶语的传播，除了靠儿童传唱之外，还有僧道、癫狂者来唱或写。他们都是异于常人者，往往把很高的道行隐藏在癫狂的外表之下，而癫狂的语言最适于表达那些不为常人理解的谜语的。但这几种人也是最便于传播流言的，因为他们或者无知无识，或者行踪不定，把一首谣言或讥讽时政的讽喻诗让他们到处传播，追查起祸首就相当不易。“文化大革命”后期，民间中不利于“四人帮”的“谣言”不少，人们爱听也爱传播，但还是要奉命追谣。所以那时谣言的源头最后总要追到洗澡塘子里。

南风烈烈吹黄沙。晋惠帝元康（二九一～二九九年）年间，京城洛阳出现了两首童谣：

南风起，吹白沙，
遥望鲁国何嵯峨，
千岁髑髅生齿牙。
城东马子莫咙汹，
比到来年缠汝鬃。

这两首童谣的另一个版本是：

南风起兮吹白沙，
遥望鲁国郁嵯峨，
千岁髑髅生齿牙。
东宫马子莫聋空，
前至腊月缠汝鬃。

（《晋书·愍怀太子传》）

这两首都是影射惠帝皇后贾南风的。贾后的小名叫南风，此人貌丑而性淫，不仅是“有无盐之貌而无无盐之德”，其奸恶凶险也是女子中少有的。她诛灭杨骏一党，杀数千人；接着又利用楚王玮除掉汝南王亮、太保（即太师）卫瓘，转手又杀了楚王玮，这就是“八王之乱”的开始。接着这妇人又陷害皇太子，先废后杀。直到永康元年（三百年），她恶贯满盈，被赵王司马伦杀死，全族覆灭。

“南风吹白沙”，按五德终始说，晋为金德，金色白；而太子的小名叫“沙门”，所以“白沙”就隐指惠帝太子司马遹了。贾后不能生育，司马遹是谢才人所生。他幼时聪颖，长大之后虽不好学，但朝臣对愚蠢的惠帝早已失望，便把改变国运的希望寄托在太子身上。所以贾后视太子为眼中钉，于元康九年（二九九年）设计废太子，杀其母；至次年即永康元年，又杀死废太子。这就是“南风吹白沙”。

“鲁国”为贾谧封地，贾谧是贾后娘家的侄子，在废杀太子事上是贾后的帮凶，“何嵯峨”，大约是指其权势之大，如山之巍峨吧。

“千岁”一句费解。但一个髑髅过了一千年，总要成精了吧，再生出白森森的利牙，这人世就要成了恶鬼的天下了。

第二首按照预言家们的解释，“城东马子”是指赵王伦。“莫聋空”或“莫咙汹”，都是不要太得意忘形的意思。司马伦杀死贾后，族灭贾氏一族并不错，但他同时连大臣张华、裴頠一起杀死，就不大得人心。而且他信任寒门出身的孙秀，用为中书令，孙秀又借机发泄私忿，大杀朝臣，结果让“八王之乱”走向最高潮，齐王冏、成都王颖、常山王乂起兵反赵王伦，原来站在赵王伦一边的河间王颙也倒了戈，五王大战，最后的结果是赵王伦和孙秀被杀，但时间不是民谣所说的“腊月”。所以这首民谣也只是附会而已。

韩尸尸。这要涉及一个大家熟悉的成语“韩寿偷香”了。贾后的父亲是贾充，一个很有心计而品德极为卑劣的大臣，司马昭掌魏国大权时，就是由他出面弑杀魏帝的。贾充除了贾南风之外，还有个小女儿贾午，生得和她姐姐大不相同，面目很是姣好。贾充的掾吏中有一位韩寿，是个美男子，贾午看上了他，俩人就私通起来。当时西域进贡了一种奇香，一着人体，经月不去，武帝只赐给了贾充和大司马陈骞。贾午从她父亲那里偷出来，送给了情郎韩寿，韩寿自然就用上了。贾充从韩寿身上闻见了这种独特的香气，很是奇怪，仔细一想，方才明白，一定是自己的女儿和韩寿有了私情！贾充在这一点上很是明智，索性就把贾午嫁给了韩寿，成全了这一对有情人。后来，贾午生了个儿子，就是韩谧。可是贾充没有男孩，就把自己的外孙过继给自己做了后嗣，于是韩谧就成了贾谧。

元康年间，洛阳的南山中有虻虫嗡嗡地发出人的声音，听起来像是“韩尸尸”（《晋书•五行志》）。

有个“明白人”听了，就说：“尸而又尸，这就预兆着韩寿全族的毁灭呀。”到了永康元年，赵王伦屠灭贾氏，韩谧和他母亲贾午全都成了刀下鬼，韩氏一族也就跟着被诛灭了。

对于这种故事是不能细琢磨的。如果要问，这南山的虻虫怎么知道得那么多？假如是上帝告诉它的，那么何不去告诉牛马驴骡，叫起来岂不声音大些？这当然都是蠢问题，“明白人”是不屑回答的。

兽从北来鼻头汗。《洪范五行传》讲有一种妖异现象叫作“服妖”。就是古代人对一时流行的服饰、发型，都很注意，认为一种不正常的服饰往往预兆着什么灾祸。惠帝元康年间农民和商贾流行戴一种大毡帽，这种毡帽旁遮两耳，前覆额头，由于几乎遮住眼睛，所以起个雅称，叫“大鄣目”

（《晋书•五行志》）。于是当时就流行着一首童谣："屠苏鄣目覆两耳，当见瞎儿作天子。"因为朝廷昏暗，皇上是个呆子，再换个皇上可能更糟，只能闭着眼由着朝贵们胡折腾，所以民间就诅咒"当见瞎儿作天子"，谁知几年之后，就和瞎一只眼的赵王伦挂上了钩。

赵王伦是司马炎的第九个儿子，论辈分还是惠帝的叔叔。贾后害死了惠帝太子之后，赵王伦正掌握着兵权，在几位大臣的策划下，他发动政变，诛灭了贾后一族。但他并不到此为止，而是野心大起，竟逼那位主张老百姓不吃树皮吃肉糜或红烧鱼的惠帝禅位，自己做了皇帝。

而这时洛阳又出现了一首童谣：

兽从北来鼻头汗，
龙从南来登城看，
水从西来河灌灌。

这是永康二年（三零一年）正月的事。到了三月，齐王司马冏起兵反赵王伦，成都王、常山王立即响应，接着河间王倒戈。到了四月，这个短命皇帝就被杀死了。这首洛中童谣说的就是这件事。成都王的封地在四川，但他本人正在邺郡，邺在洛阳之北，所以说"兽北来"。齐王封地在齐，位在洛阳之东，但齐王住在许昌，在洛阳之南，故云“龙南来”。河间王颙为镇西将军，镇关中，所以是“水从西来”。看来这个民谣真是量身定做的了。

齐王冏六月才入洛阳，此时赵王伦已死，惠帝已经反正，但齐王兵马在诸王中最为强大，而齐王因死去的老爹在朝野的威望很高，所以惠帝就拜他为大司马，留洛阳辅政。但他也是一个不成材的家伙，一朝权在手，就大兴土木，沉湎酒色，滥封官职，不久人心失望了。结果到了第二年，他在河间王、成都王、长沙王的内外夹攻下身首异处。可是齐王冏的嚣张跋扈，与“登城看”有何关系呢？成都王的“鼻头汗”又是怎么回事呢？预言家们没有详说，只好存疑了。

服留。以鸟类预兆灾祸的叫“羽虫之孽”，比如前面说的“鸲鹆来巢”，即是。还有燕子生了个鹰，喜鹊在屋梁或桅杆上搭了窝之类，在古人眼里都不是好兆头，但一般都预兆当地的事。

三国时，有一年的九月，在江州有一群鸟从江南往江北飞，没能飞过，落在江中死者达数千只。据说这就预兆着诸葛亮的北征失败。从江州到汉中，远达数千里，这种预兆也太遥远了。此处选登一条，是因为它不纯为“羽虫之孽”，而是包括了谶语。

赵王伦当了皇帝不久，洛阳人捉了一只怪鸟，谁也叫不出名字。赵王伦对鸟虫的知识很感兴趣，就让人拿着到处去请教。宫城西面有个小孩子说它叫“服留鸟”（《晋书•赵王伦传》），赵王伦就让人连小孩一起抓来，关在宫中。不料第二天一看，小孩和鸟都不见了。后来有人解释这怪鸟为什么叫“服留”，是因为赵王伦的眼睛上生了个瘤子，生瘤子的赵王要服罪而死，上帝就赶快创造出一种服留鸟来示警，然后又派个小天使来进一步说明。这天帝当的是不是太累了些？

截脐。赵王伦死后，齐王司马冏兵马强盛，留朝辅政。这天有个孕妇，走过大司马府门口时，突然肚子大疼，眼看着就要临产。这种事不是能忍得过去的，她就对大司马府的门官说好话，求他允许自己有一蔽身之处，好把肚子里的孩子生出来。看门的当然不答应。妇人便哀告道：“我生出孩子，不会多耽搁，只把脐带截断立刻就离开。”（东晋•习凿齿《汉晋春秋》）究竟这妇人在哪里生出了孩子，史书未载。但有识之人听说了这句话，就觉出了不妙："截脐"，就是把齐王截开呀！一个人不论是从脖子还是从肚子上截开，显然都不是好事。

当时还有一首歌谣，其中有"为齐持服"（《晋书•齐王冏传》）一句，所谓"持服"，就是穿丧服。果然，不久齐王司马冏就被长沙王司马乂发动政变杀死了。

草木萌芽杀长沙。长沙王司马乂是晋武帝的第六个儿子，是楚王玮的亲兄弟。齐王冏专断朝政，河间王与成都王起兵声讨，而长沙王在洛阳发兵，攻杀了齐王冏，随即执掌朝政。不想长沙王乂执掌朝政不久，洛阳就又唱起了童谣："草木萌芽，杀长沙。"（《晋书•长沙王乂传》）

到了第二年，成都王和河间王起兵反长沙王，进军洛阳。长沙王屡破成都王军，虽城中被围，日久乏粮，但将士同心，皆愿死战。到第三年春天，成都王大将张方已准备撤兵，城内的东海王司马越却倒戈擒长沙王，迎成都王军入城。于是长沙王被成都王大将张方杀死。长沙王很得士心，死后三军无不流涕。

洛中大鼠长尺二。武帝司马炎从曹魏手中轻而易举地夺得了政权，他认为自己成功的一个原因，是魏文帝曹丕一直打击宗室，连自己的亲兄弟也不放过，结果自己在朝廷大臣中孤立无援。于是他吸取了曹魏的教训，大封诸王，不仅自己的儿孙，连自己的兄弟、堂兄弟的子孙都封了王。司马泰只是司马懿的侄子，司马炎的堂叔，也被封为高密王；而司马泰的二儿子司马越则是东海王，这已经离皇帝的亲缘较疏远了。

东海王司马越帮助成都王司马颖除掉了长沙王，但成都王是个真正的野心家，他又在河间王的支持下，强使晋惠帝立自己为丞相、皇太弟，准备取代惠帝当皇上。成都王居住在邺城，想和曹操一样从那里控制洛阳的朝廷。

东海王越大怒，就奉晋帝发兵讨伐成都王颖于邺。结果他被成都王杀得大败，连皇帝都被人家夺去了，自己只得逃回封地东海。这是公元三零四年的事。

此后东海王与成都王、河间王之间就打了起来，最后的结果是成都王溃败被杀，东海王越回到了洛阳，掌了朝政大权。但童谣也跟着给他唱起了丧歌：

洛中大鼠长尺二，

若不早去大狗至。

（《晋书·五行志》）

这个“狗”是指苟晞，那时是兖州刺史，他威严能战，帮助司马越打败了成都王，所以司马越一直很感激苟晞。可是司马越也不是好东西，他的野心一点也不比成都王小。回洛阳不久，他就毒死了晋惠帝，立皇太弟司马炽为怀帝。这首童谣估计就是在这时出现的。童谣中的“大鼠”是指窃国大盗司马越，而“大狗”则是指苟晞。意思是司马越如果不赶快滚开洛阳，苟晞早晚会来把你收拾掉的。

这时北方的马牧部首领汲桑又兴起战火，先攻破邺城，然后进军兖州。兖州是苟晞的领地，于是一场大战又开始了。这场战争持续了几个月，司马越也亲自出马，屯兵官渡，为苟晞做声援。战争互有胜负，最后的结局是苟晞打败了汲桑。而在此前夕，又出现了一首童谣：

元超兄弟大落度，

上桑打葚为苟作。

“元超兄弟”指司马越（字元超）和他的弟弟南阳王司马模；“大落度”，大概是大做蠢事的意思吧，因为下面一句是说他们爬上了桑树去打桑葚，结果便宜被站在树下的苟晞拣了。“桑”，自然是指汲桑。司马越听到了这首童谣，从此忌恨起苟晞，调苟晞为青州刺史，让他离开了老窝。而苟晞心里也明白是怎么回事，就等着机会收拾司马越。

这里提到的汲桑虽然不大出名，但他手下有一员大将叫石勒的，此人做了汲桑的先锋进军中原，下一场更热闹的“五胡乱华”也就拉开了序幕。

中国必为胡所破。关于“五胡乱华”，据说早就有预兆，那就是在晋武帝泰始（二六五～二七四年）之后，贵族士大夫出现一种慕胡之风，比如起居用的胡床，饮食用的貊盘，都是那时成为时尚的东西，贵室是家家必备的。就连烹饪，也开始引进胡人的羌煮、貊煮。至太康年间（二零八～二八九年），举国又时兴用胡人的毛毡缝包衣服容易破的地方，像衿口、带身等处。当时老百姓就开玩笑说：“中国必为胡所破也。”（《宋书•五行志》）所谓预兆就是指这些。

各民族在文化上互相交流，取长补短，这是历史上常有的事。只是“五胡乱华”之后，一些人不从统治者身上找根源，却从这些鸡零狗碎的地方显示聪明，也不想想赵武灵王胡服骑射为什么没有被胡乱掉。但这种奇怪的思维方法当然不是从西晋才有的。《春秋左氏传》中记载的那个有名的故事：

> 辛有适伊川，见被发而祭于野者，曰："不及百年，此其戎乎？其礼先亡矣。"

只是因为见了一人像胡人一样披发，就能联想到这块地方要沦亡于胡人，这种神经过敏症一直被历代贤达当作知几察微的模范。到了东汉，灵帝好"胡服、胡帐、胡床、胡坐、胡饭、胡箜篌、胡笛、胡舞"，也被预言家看作后来董卓乱朝，带来的兵士中有不少胡人的预兆。

到了后代，这种理论一直盛行不衰，只要发生了外族反叛或入侵的事变，那些用"洋货"唱"洋歌"的时髦人物往往就成了罪魁祸首。比如唐玄宗天宝年间，由于引进了不少少数民族的曲调，所以一些乐章好以边地州郡命名，如《凉州》、《甘州》、《伊州》之类，而轮番几遍之后，节奏渐快，叫作"入破"（《新唐书·五行志》）。到了安禄山造反之后，这几处边郡都被吐蕃占领，人们说那些音乐曲调就是预兆，叫作"曲谶"。而玄宗时风行的源于康居的"胡旋舞"，还有起源于羯人的羯鼓，贵族以及平民好穿的胡服胡帽，自然也不是好兆头。

五代后汉时契丹入侵，汉高祖刘智远就在敕令中特别申明契丹入侵就是人们“慕胡风”惹来的：

> 近者中华人情浮薄，不依汉礼，却慕胡风，果致狂戎来侵。诸夏应有契丹样鞍辔、器械、服装等，并令逐处禁断。

南宋孝宗时也有大臣上言，说临安人“好为胡乐，如吹鹧鸪，拨胡琴，作胡舞”，申请禁止。

外面吹来一阵小风就要伤风感冒，乱打喷嚏，只能证明这个国家到了衰弱而又没出息的时候了。

石来，石来。北方的“八王之乱”还未结束，南方的流民又起来造反了。就在齐王冏被杀的前一年，四川流民领袖李特、李流起兵于绵竹。次年即太安元年向成都进军。到大安二年（三零三年），荆州义阳流民起义，首领张昌攻襄阳，部将石冰破扬州等郡。

石冰破建邺之前一年，丹阳（丹阳郡即建邺所在地）湖熟发生了一件奇迹：夏架湖中的一块大石头竟然漂了起来，在湖中漂了大约一百多米，然后就跑到岸上来了。这石头肯定不小，所以岸上的百姓就互相传告："石来石来！"（干宝《搜神记》）于是就成了石冰打进来的谶语。

不要说大石头，就是小石头能从水中浮出，也是令人难以置信的。所以百姓的"相告"，也不过是不负责任的传播谣言而已。但为什么要传播这谣言，估计那源头也许正在石冰一伙那里。

天下乱，乘我何之。惠帝太安（三零二～三零三年）年中，江夏人张骋骑着牛要出门办事，忽然那头牛说起了人话："天下乱，乘我何之？"（《晋书·五行志》）张骋听了，吓得差一点儿从牛背上跌下来。赶快跑回家，可是家里的那条狗又说起人话，道："你怎么这么快就回来了？"

此后怪事还没完，那牛竟能两条后腿立着，像人一样走起路来。张骋觉得这里定有什么名堂，就让人算上一卦，算卦的人说："天下将有兵乱，为祸非止一家。"就在这一年，张昌造反，先攻略江夏，结果张骋也入了伙，成为将帅。此后五州残乱，张骋一家都被诛灭了。

这个故事极为离奇，牛和狗都开口说话，成了预言家。但这在魏晋时期，似乎并不觉得悖理，所以那时传说着许多六畜预言的故事，但预言的全没有好事，所以称之为“牛祸”、“犬祸”、“豕祸”、“羊祸”等等。其中最多的还是“犬祸”，为了让读者对当时人们的信仰有所认识，此处举几个“犬祸”的例子。

晋武帝太康九年，幽州有只狗用鼻子走路，走了二百多步。

惠帝元康中（二九一～二九九年），吴郡娄县有一家听见地下面有狗叫，掘开一看，地里有一公一母两只小狗。

惠帝永兴元年（三零四年），丹阳的一家母狗下崽，生了三只，都没有脑袋。

怀帝永嘉五年（三一一年），吴郡嘉兴张林家的一只狗口吐人言，说：“天下人饿死。”

这些不同的“狗祸”预兆着不同的灾祸，其中的学问大着呢。据说古代最精通此道的是西汉有名的易学家京房，他这方面的著作叫《京房易传》。

天子在何许？近在豆田中。五胡十六国一登上历史舞台，西晋王朝的故事就快收场了。建兴四年（三一六年）的八月，十六国中“第一国”前汉的大将刘曜进兵关中。此时晋的国都已迁至长安，长安无米无食，也无法守卫，倒霉的晋愍帝除了投降别无出路，于是乘着羊拉的车，光着膀子，嘴里叼着一块玉璧，后面跟着一辆载着棺材的大车，出城向刘曜投降。出了城就用不着回去了，当夜他便住在刘曜的军营中。

在此之前，幽州流传着一首童谣，其中有一句说：“天子在何许？近在豆田中。”（《晋书·隐逸·霍原传》）

在幽州的大司马、大都督王浚听到歌谣，心中一动：这不是说草野之间要出皇帝么？那么这皇帝是谁呢？我自己还想当皇帝呢，可不能留下这个祸害。这个暴虐昏淫的蠢货自作聪明，他想：豆子的叶子叫藿，田就是原，这首童谣里说的天子不就是霍原么？王浚所以想着法儿往霍原身上猜，自有他的原因。霍原本是当地的一位隐士。此人是个老儒，学问好，门徒也多，但就是不愿意做官，朝廷和地方大员几次征他出山，他都拒绝了。及至王浚在幽州想趁世乱做个土皇帝，就派人征求过霍原的意见，可是霍原连理都不理，那意思明显是反对他割据一方了。于是王浚就怀恨在心。恰好不久前一群辽东越狱的囚徒来到此地，占山为寇，听说了霍原的大名，也想劫他为主，可是霍原也没有答应。就这样，王浚决定借着谶语先把他办了，既是以防万一，也是公报私仇，于是霍原就无缘无故地掉了脑袋。

霍原死得实在冤枉。这谜语的谜底最后被解出：晋愍帝投降之后，住在刘曜的军营中，那军营正建在城东的一块豆田中！这王浚也没得到好下场，石勒见他不得人心，便攻陷幽州，就把他杀了。

这王浚的该杀当然不只是这一件事。此人是朝廷的封疆大员，却一直心怀异图。前面说的“当涂高”的预言，他也往自己身上扯，因为他的父亲字处道，处道就是当途，所以他认为那谶言是为他当皇上预备的，可见其蠢之诚不可及。为了当皇帝，那些好心劝阻他的人，还有他认为对他不利的人，都被他找个借口杀了。再加上骄矜豪侈，不悯民困，弄得上下离心，于是幽州就出现了童谣，说：

幽州城门似藏户，

中有伏尸王彭祖。

（《晋书·王浚传》）

这明显是诅咒他全家都该死了。但用“天子在何许？近在豆田中”来猜疑霍原可能做皇帝，却并不像后世的罗织罪名。因为这种类型的谣言与“××出天子”的谶语一样，就是为草莽之中出现真命天子造舆论的。这种类型的谣言后世还有不少，想必“近在豆田中”也不是第一个。刘宋后期有一大将张敬儿，自以为贵不可言，就自造谣言，让小孩儿们传唱，道：“天子在何处，宅在赤谷口。天子是阿谁，非猪如是狗。”（《南史•张敬儿传》）原来张敬儿小名叫狗儿，他的兄弟叫猪儿，只是宋明帝嫌他的名太俗了些，把狗改成苟，然后又改为敬。当然这狗儿没有当成天子，而是叫天子宰了。

刘宋快结束的时候，萧道成准备禅代，他的手下也为他造谶，道：“天子何在？草中宿。”（《南齐书•祥瑞志》）宿与肃同音，草字头下面一个肃字，就是萧。这个谶语当然不能不应验。梁武帝时，有人对鄱阳王萧范怀有忌心，就造谣言道：

莫匆匆，且宽公。

谁当作天子，草覆车边已。

（《南史•鄱阳王范传》）

这本来是要陷害他的，谁想他听了童谣，竟以为自己真是真命天子了。

所以“近在豆田中”这个童谣的原意就是要预言真命天

子出世，但这个预言可能是幽州百姓造的，那就是期望有个真命天子来结束动荡不安的局面，这个幻想当然是落空了；但也可能这个预言是王浚故意造来陷害霍原的。至于把它与晋愍帝的被扣押在豆田军营中，则是后人的附会，而谣言在幽州，兑现在长安，相距数千里，这附会也未免太离谱了。

【东晋】

五马浮渡江，一马化为龙。据说在晋惠帝太安年中（三零二～三零三年），就流传着一个童谣，道："五马浮渡江，一马化为龙。"（《晋书•五行志》）

此时"八王之乱"已经开始闹起来，马驹子们都往都城洛阳奔着抢夺朝权，这个童谣究竟是在哪里出现的，反正谁也没有注意。"八王之乱"之后是"五胡乱华"。永嘉五年（三一一年），前汉刘曜大军攻克晋都洛阳，把晋怀帝掳走。永嘉七年，汉主刘聪杀怀帝，司马邺在长安即位，是为愍帝。到了建兴四年，这位愍帝也投降了，西晋才彻底灭亡。此时北方已经是胡人的天下，晋朝皇室、朝士大量南奔。说是"八王之乱"，可是死于其间的有几十个王，只剩下琅邪王、汝南王、西阳王、南顿王、彭城王同至江东，这正应了“五马浮渡江”这句话。

此时五马渡江，但五马的情况又有不同，其中琅邪王司马睿早在司马越当政时就已为都督扬州诸军事，镇扬州，所以他在“五马渡江”时占了先机，永嘉年间（三零七～三一二年）就用王导之计，移镇建邺（今南京），等其他四马来时，他已经是江东之主，西晋一亡，他就顺理成章地成了新皇帝。

这首童谣于是出了名，因为琅琊王司马睿被扶立为皇帝，拼凑了一个很不稳定的东晋政权，必须要以此童谣的“一马化为龙”证实自己的皇权天授。至于西晋的太安年间是否有这么回事，只好另作别论了。

谈到南京的掌故，经常追溯到一件事，说南京本名金陵，但秦始皇时有望气者说：“五百年后金陵要出天子。”（《宋书•符瑞志》）于是始皇帝便东游以厌镇之，改其地名为秣陵，又凿了锺山来断其势。又说，孙权称帝时，认为这个“天子气”应在他的身上，可是别人说，从始皇帝到孙权，不过四百多年，离五百年还早着呢。可是等到晋元帝在南京登基，这时已经是“五百年后”了。秦始皇时的预言终于实现了。

但这里有个问题，即“五百年后出天子”的话既不见于秦，也不见于汉，就是三国时也没有书记载过，原来这预言也不过是“五马渡江”之后所赶造的。同时赶造的预言还有不少，有说在晋武帝太康三年时有个术士说过：“三十八年后扬州出天子。”有说在晋怀帝永嘉五年（三一一年）时也有神人降梦，说“洛中当败，人尽南渡，后五年扬州必有天子。”（《晋书·艺术·戴洋传》）总而言之，那些预言都定在了司马睿登基的时候兑现，你说巧也不巧。

此时还有一个谶语，对元帝的天命说得更具体了，那就是有人从谶书中找到了一句“铜马入海建业期”（《宋书·符瑞志》）。马是司马家的小驹子，那“铜”呢？原来司马睿的小名叫铜环（这是《宋书》的说法，而晚出的《晋书·元夏侯太妃传》则说是司马睿母亲的小名叫铜环）！这就让其他“四马”彻底绝了成龙的望。

这种用某地有“天子气”来证明天命的把戏，很早就有，只不过到了晋朝大乱之后，有做天子资格的王爷太多了，但位子只有一个，所以造个舆论说某地有天子气，那就是说只有某地的王爷才配坐这把椅子，虽然这椅子已经剩不下几条腿了。比如西晋“八王之乱”快结束的时候，怀帝没有后嗣，总要找个接班人预备着吧，朝臣看上了豫章王司马炽，于是“豫章有天子气”（《晋书•怀帝纪》）的证明就开出来了，司马炽做了皇太弟，就是后来的晋怀帝。这位“天子”做了不到七年，就成了刘聪的俘虏，青衣行酒，还是难逃一刀。

只要有当皇帝瘾的人存在，这种“天子气”总是不时的在某个地方冒出来。历史上有过多少“天子气”，没有完整的记载，反正到了二十世纪还有这种把戏。下面只举南朝刘宋的几例，可见一斑。

宋武帝刘裕死后，十七岁的少帝即位，此人很不成材，据处置他的大臣们给他整的材料说：“老皇上刚一死，他一点伤心的样子都没有，就在宫里唱起了大戏，和宫女们乱搞起来。而且最喜好兴造土木，耗费民财，朝成暮改不说，还亲自做监工，以万乘之尊执厮贱之役。盖的宫殿台阁数以千计，国库也空了，老百姓也不能聊生。”等等。最后的决定是把他废了。可是这昏小子力气很大，派人逮捕他时，几个人弄不住他，让他挣脱跑了，力士们抄起个门杠就追，上去一门杠，把他打得脑袋开花，崩了。大臣们要找个王爷做新皇帝，于是太史就上奏说：“西方有天子气。”（《宋书•

王昙首传》）西方的王爷是宜都王刘义隆，就这样，刘义隆当了宋文帝。

宋文帝时不知哪里又出现了谣言，说“钱唐当出天子”（《宋书•符瑞志》）。文帝听说了，就派了重兵驻扎钱唐。但后来文帝被他的儿子弑了，武陵王刘骏自寻阳起兵讨贼，东进至新亭（今南京之南），即皇帝位，也就是孝武帝。而即位的地方是一座庙里的禅堂。这时大家才明白，出天子的地方不是“钱唐”，而是“禅堂”，传播这流言的人是个说话不清楚的大舌头。

与此同时，还有“江州应出天子”（《宋书•孔熙先传》）的流言，所以有人认为做天子的应该是彭城王、江州刺史刘义康。但这预言落空了，刘骏占了先机，义康便被废为“庶人”。

孝武帝死，十六岁的太子刘子业即位。这也是个浑小子，把几个执政大臣全杀了。这时又出来了妖言：“湘州出天子。”（《宋书•符瑞志》）结果湘东王刘彧派人勾结皇帝的内侍，杀死了刘子业，自己做了皇帝，就是宋明帝。

明帝时都城里出现了童谣，说“东城出天子”。于是明帝先下手为强，把住在东城的建安王刘休仁杀了。后来宋顺帝自东城即位，大家才想到预言在这里应验了。可是顺帝算是什么“天子”啊，不过是萧道成让这个十多岁的孩子扮演一下禅让的角色，然后就处理掉了。直到萧道成篡夺了刘宋，人们才明白，原来这东城不是建康城的东城，而是萧道成所住的武进县东城里。

这几条还只是历史上有记载的，刘宋一朝究竟有多少股天子气，也实在是说不清。大抵世道一乱，人五人六的东西就都觉得不妨做做皇帝。十八路反王、六十四路烟尘，到底真主在何处，也是很多文士武士所关心的，这正如押宝，押对了就是开国元勋或从龙诸臣，弄错了可就身家性命一锅端。所以“望气”这一行自然也就发达起来。这一行一旦成了热门，那“王气”也就东一股西一股地乱冒了。

牛继马后。这是一条既给新皇帝晋元帝捧场，而他又很不乐意接受的预言。对于我们来说，也是一个有趣的民间故事。

司马懿手下有个功绩累累的将军，叫牛金，一向很受宠信。但有一天，司马懿突然想起了“石瑞”，就是张掖郡删丹县柳谷中的那块带花纹的大石头，上面有马还有牛，而且牛在马的后面。司马懿便若有所悟地想道：牛在马的后面，那不是预言着将来姓牛的要夺取司马氏的天下么？这牛金非要除去不可！于是他就请能工巧匠做了一个酒壶，里面分成两格，分别装上好酒和毒酒，外面却是一个壶嘴。然后他请牛金喝酒，好酒自己喝，毒酒却犒劳了牛金。这样牛金就中毒身亡了。

司马师见父亲突然杀死了爱将，大为惊异，就问起缘故。司马懿便讲了自己的远虑。既然主子对奴才不放心，找个借口杀掉也就是了，当年司马懿和司马师“大讨曹”的时候杀人如麻，几千人牵到街上，说杀就杀，毫无顾忌，何必现在费此周折呢？但这样编起来，故事就好听一些。

司马懿只杀了一个姓牛的，也不怕天下其他姓牛的再图谋不轨，就放心地死了。谁知他的心机白费了。晋元帝的母亲夏侯妃子和琅邪国的一个小干部私通，结果生下了晋元帝，而那个小干部正是姓牛！所以归其还是“牛继马后”（《晋书•元帝纪》）。

估计这个恶心晋元帝的段子，是那几个没成龙的马驹子们编的。可是这也不过恶心一下罢了，既然天命已经定为“牛继马后”，再说什么也没有用了。另外，那四个马驹子究竟是不是真的马种，也很难说，只不过当时人对他们没有考证的兴趣罢了。

东晋还有一个歌谣故事，与此很相似。那是晋废帝（司马奕，后废为海西公）的事，当时司马奕刚生下一个皇子，民间就传起一个歌谣：

凤凰生一雏，天下莫不喜。

本言是马驹，今定成龙子。

（《晋书·五行志》）

听起来像是颇带喜庆的赞美歌，可是内里却颇为阴损，因为司马奕生殖器有毛病，不能行房事，那个孩子是他让自己的亲信与妃侍交合后所生，而那个亲信名字就叫向龙。当然，随着司马奕被废，这个“龙子”最后还是没有成龙。

但这却是一个蓄意捏造的谎言。事情的真相是这样的：当时辅政的是大司马桓温，此人就是那句“不能流芳百世，亦当遗臭万年”名言的创造者。他自以为才略和位望都是天下第一，早就应该取代那没用的小皇帝。可是他北伐时枋头一败，威名大损，虽然攻克了寿春，但也不足以雪耻。这一夜，他和心腹郗超商量怎样能建震世的大功业，为夺取帝位铺平道路。郗超出了个馊主意：“明公如果不为伊尹、霍光之举，就不足以立大威权，镇服四海。”他说的伊、霍之举就是把当今皇上废了，另立新君。可是司马奕一向小心谨慎，生怕桓温抓住什么把柄，所以找不出废掉的理由。于是他们便用了至今在政客斗法中仍然行之有效的手段，就是在男女关系上做文章。

皇上搞女人当然不算问题，所以他的男女关系问题自然不能以常理论。也亏桓温和郗超想的出来，他们编好了故事，就说皇上阳痿，不能行房事，而每次睡觉时，就把向龙、计好、朱灵宝几个佞臣拉上床，和妃子美人们鬼混。这样一来，田美人、孟美人生的三个男孩肯定不是司马氏的骨血了，而皇上还想要把这几个野种封为王，这就是阴谋要把司马氏的天下暗移给别姓！那时又没有DNA亲子鉴定，所以这真是百发百中的中伤利器。故事编好了，自然有人会加工传播，于是就出现了“本言是马驹，今定成龙子”的歌谣。

白坑破。

訇如白坑破，合集持作甒。

扬州破换败，吴兴复瓿甊。

（《晋书•五行志》）

这是据说流行于西晋末年晋愍帝时的一首江南民歌，如果现在用苏州话读起来，一定很好听，可是用北方话念，却实在绕口的很。第一句“訇如白坑破”的意思是：轰的一声白窑坑塌了。为什么叫白坑呢？晋的五行之运是金，金属白，所以这白坑就代表着晋朝，不能说成黑坑、红坑的。第二句“合集持作甒”，是说大家合着在这破窑坑中用碎片凑了个大瓮，这就预兆着司马睿和王导等人纠集残余，成立了江左的东晋。这大瓮是破的，预示着中国已经分裂，司马氏无能力恢复中原了。前二句这样附会还说得过去，后面就勉强了。

第三四句是说，这大瓮拿到扬州可以换个残品，但拿到吴兴就只能换个小罐罐了。据说这两句预兆的是晋元帝时期的两次内乱。其一、“石头之事”，晋元帝永昌元年（三二二年），王敦据武昌反，兵至建邺石头城，王师大败，从此王敦控制朝政。其二、晋明帝太宁二年（三二四年），王敦死党钱凤、沈充再次进攻建康，直到温峤等起兵才讨灭钱凤等。但这怎么能和扬州、吴兴的盆盆罐罐之类联系起来呢？

大马死，小马饿。晋明帝（三二三～三二五年）是元帝的儿子，此人有识有胆，在东晋皇帝中算是个人物了，但他只坐了三年龙床，死时还不到三十岁。但据说他在世时就流传着一首童谣，说：

恻恻力力，放马山侧。
大马死，小马饿。
高山崩，石自破。

（《晋书·五行志》）

明帝死后，他儿子晋成帝即位时才五岁，朝权由他娘舅庾亮专制。庾亮这人没什么本事，所以对驻防各地的大臣如苏峻、陶侃、祖约等人心怀猜忌，总想找个借口把他们都收拾了。

到成帝七岁的时候，庾亮调苏峻回都，苏峻知道回去就没好事，被迫与祖约起兵造反。次年，苏峻大军从历阳渡江，杀到都城建康城下，大败王师。庾亮扔下了外甥皇帝不管，只顾自己逃命，投奔温峤了。苏峻就把小娃娃皇帝从皇宫绑架到石头城住。大约这孩子挑食，苏峻只顾纵兵掠夺百姓，哪里有心伺候小皇上，于是小皇上就只好吃不饱了，这就是“大马死，小马饿”。而“恻恻力力”，这大约是放马人的吆喝声吧。但时隔不久，庾亮、温峤、陶侃等人的大兵赶到，苏峻战败被杀。山高为峻，“高山崩”就是苏峻死。但苏峻死后，他兄弟苏逸还顽守石头城，可是没有了苏峻，士气也就没了，所以石头城破，苏逸被杀。这童谣的前四句是一首很出色的民歌，主题有些类似“孤儿行”。后二句疑是苏峻占据石头城时为建康百姓加上，以诅咒他们兄弟的。

庾公还扬州，白马牵流苏。庾亮经过苏峻之乱，威信大扫，大约没脸在京城混下去，就出镇武昌。老百姓在苏峻之乱时吃够了苦头，恨不得让他永远不要回来。于是在庾亮从建康出发时，百姓就编了一首歌“赠别”：

庾公上武昌，翩翩如飞乌。
庾公还扬州，白马牵旒旐。

这歌还有个版本：

庾公初上时，翩翩如飞乌。
庾公还扬州，白马牵流苏。

（《晋书·五行志》）

总而言之，就是希望庾亮如飞鸟远扬，一去不归，要是回来，就乘灵车吧。庾亮出镇武昌，武昌在建康上游，所以叫“上”。建康是东晋的都城，也是扬州（包括今天的江苏南部、浙江、安徽）的州治，所以建康也可以叫扬州。“翩翩如飞鸟”，形容一去不复返。至于“白马流苏”，可以理解成丧车，这恐怕是老百姓唱歌的真实想法吧。

借头。简称头发为“头”，现在也是常用俗语。比如烫发叫烫头，剃发叫剃头，洗发叫洗头，用理发的推子剪发叫推头等等。其实这不只是现在的俗语，在很早以前，起码在六朝时就有这种用法。从东晋废帝司马奕的太和（二六六～二七零年）年起，富贵人家的妇女讲究一种发型，就是梳起很大的发髻，让人看着感到头发又多又密，人也显得年轻。但平常人是不可能有那么多头发的，那就用假发做成一个头套似的东西，也就是用木头做成人头形的头楦，在头楦上制成假发型，用时戴在头上，回到家就摘下来，套在楦上，人们就叫它“假头”（刘敬叔《异苑》）。

这假头时髦起来，自是百花齐放，不拘一格。妇女之间相见，有的戴了假头，有的家底差的就戴不起，于是女甲就问：“你的头呢？”女乙就答：“我无头。”女甲又说：“无头也可以借头啊。”这样说话，人们习以为常，并不感到有什么怪异。但预言家们就偏偏要把这“头”还原为“脑袋”来理解，这时再让人一细琢磨，往往就很不自在了。而预言家说：自太和以来，国家多有事故，人们动不动脑袋就没了，搬家了，这“假头”、“无头”、“借头”一类的话就是预兆。

说也是巧，这太和年号在唐朝也有一个，或写作“大和”，但念起来也是太和。这是唐文宗的年号，时在公元八二七至八三五年。唐朝自太和以后，宦官恣横跋扈，与朝官矛盾加剧，而发生“甘露之变”，宦官连宰相都敢宰以后，宦官的权势就侵侵而上，把皇上也看成掌中之物了。这种状况延续了几十年，到了唐僖宗乾符年间（八七四～八七九年），宫里的宦官们突然讲究起头上戴的帽子了，于是也就不断地出现新的花样，当然这花样也不能像女人的发髻一样随心所欲，等级官品还是要有区分的。但不管怎样，那些宦官担任的军容使、中尉、枢密使的帽子也就是头巾，都变得时髦起来。而这样式也传到了宫外，四方人士也想跟着时髦一下，这就忙坏了做头巾的匠人。

这头巾的制法也是先用木头做个头楦，每种头巾有不同的头楦，古人朴拙，不肯埋没新产品的发明权，做头巾时就对头巾匠说“给我做一个军容头巾”或“我要两个中尉头巾”。做头巾的师傅生意兴隆，也带动了做头楦的木匠行业的繁忙。头巾师傅就到木匠师傅那里，说：“给我砍个特进头，再砍两个军容头，枢密长官的头也来一个吧。”（孙光宪《北梦琐言》）这话听着很吓人，其实不过是用木头做个头楦而已。

这话不知流行了多少年，直到唐昭宗时，朱温专了朝政，把太监杀个净光。预言家们才想起，原来这事老天爷早就启示过了啊。

黄雌鸡。西晋有个武帝，东晋也有个武帝，为了区别，一般称东晋的叫孝武帝（三七三～三九六年）。这个孝武帝没有别的本事，就是个酒色之徒，他和辅政的会稽王司马道子首先是酒肉朋友的关系，有了这层关系，自然就要脱略形迹，所以有时孝武帝又嫌司马道子没有规矩，长此以往就无法控制他了。于是孝武帝又在京口（今江苏镇江）和江陵（今湖北江陵）这两个军事重镇安排了王恭和殷仲堪拥兵驻守，只要朝廷出了什么事，他们就可以迅速出兵抵达建康（即建业，今南京）。可是王恭和殷仲堪却是本事不大、野心不小的人物，这种货色掌握了重兵，只会惹来更大的麻烦。

孝武帝喝得烂醉，在清暑殿里对宠冠后宫的张贵妃开玩笑，说："你快三十了，我准备换个年轻的妃子了。"张贵妃听了，把戏言当成真的，一怒之下，当夜就用棉被把皇上捂得没了气儿。第二天，张贵妃就编了个说不过去的瞎话，说皇上夜里梦魇，憋死了。孝武帝的儿子司马德宗是个白痴，连冷热饥饱都没感觉，司马道子觉得让他当皇帝更让自己放心，所以对孝武帝的死因也懒得追究了。

但孝武帝安排下的那两镇重兵却开始惹起了大乱子。第一个乱子发生在晋安帝即位后的隆安元年（三九七年），京口的王恭以诛司马道子的心腹王国宝（谢安的女婿，王坦之之子）的名义起兵向建康进军，司马道子吓坏了，只好杀了王国宝寻求妥协，王恭也就退兵回到京口。无能的王恭从更无能的司马道子手里赢了第一个回合，从此自以为"莫予毒也"，想怎么胡来都没人能惹。

不料司马道子无能，却有个能干的儿子：十六岁的司马元显。道子让元显参与朝政，元显又招揽了几个谋士，便开始有了些底气。

隆安二年（三九八年），王恭联络江陵的殷仲堪共同举兵，从东西两路夹攻京师。殷仲堪也是个无能的人，而且从来没有用过兵，但江陵却有一个厉害角色，桓玄。

这桓玄是桓温的儿子。桓温西灭成蜀，为东晋取得了四川，又北伐中原，连灭数国，占领了洛阳，让东晋大大地振作了一下。但桓温又是个野心勃勃的人，功盖天下，就琢磨着要学曹孟德。幸亏他还没有来得及夺取皇位，就一命呜呼，让朝廷松了口气。但他的儿子桓玄可就成了不受朝廷信任的人，他二十三岁才给了个闲职，然后安排他做义兴太守。桓玄叹道："父为九州伯，儿为五湖（五湖就是太湖）长！"嫌官小，一甩袖子，回到封地江陵（他封为南郡公，南郡的郡治和荆州的州治都在江陵）做寓公了。

荆州是桓家的根据地，人脉极旺，殷仲堪虽然是这里的军政长官，却惹不起这位无职无权的地头蛇桓玄。如今殷仲堪要起兵响应王恭，就想用桓玄的才干，而桓玄则想借着殷仲堪的军队闹更大的乱子。但殷仲堪对桓玄也不大放心，便把军事委托给南郡的杨佺期，让他做开路先锋。可是杨佺期虽然自称是汉代名臣杨震之后，九代以才德著名，但因为杨家过江较晚，东晋的士族就把他们视为寒门。桓玄自恃门第，瞧不上杨佺期，而杨佺期也不买桓玄的账。荆州军队一出发，三个主帅就各自怀着鬼胎了。

这次王、殷的起兵，是彻底失败了。东路的王恭没什么将才，依仗的就是大将刘牢之。可是这刘牢之偏偏就是吕布转世，行军途中，就被司马元显收买了。元显派人对他说："你要是倒戈杀了王恭，那么王恭的位子就归你了。"刘牢之几乎没有犹豫，就声明归顺朝廷，讨伐王恭。结果是王恭兵败被擒，押到建康挨了一刀。

据说早在孝武帝末年，京口就有一首民谣说：

黄雌鸡，莫作雄父啼。

一旦去毛衣，衣被拉飒栖。

（《晋书·五行志》）

这只要学雄鸡打鸣的黄老母鸡指的就是这位王恭（黄、王音近），而毛衣大约就是指刘牢之了。

在王恭第二次发兵时，老百姓也有一首民谣，说：

昔年食白饭，今年食麦麸。

天公诛谪汝，教汝捻咙喉。

咙喉喝复喝，京口败复败。

（《晋书·五行志》）

据预言家们解释："昔年食白饭"，是说第一次讨王国宝时王恭的得志，"今年食麦麸"，精华已去，只剩了麸皮，那就是要败亡了。第三句是说天公将加谴谪而诛之。"捻咙喉"，卡住了脖子，呼吸不通畅，肯定活不成了。还有两首民谣说得更为直接：

黄头小儿欲做贼，

阿公在城，下指缚得。

又云：

黄头小人欲作乱，

赖得金刀作藩捍。

"恭"字的上半就是"黄"字的头，所以"黄头"就是指王恭，而"金刀"和"阿公"就是刘牢之。

再说西路军，司马道子用了离间计，下诏书任命始终没有正式职位的桓玄为江州刺史，又命杨佺期为都督梁雍秦三州诸军事，却把殷仲堪降职为广州刺史。桓玄得了便宜，首先就想收兵；殷仲堪大怒，却束手无策；杨佺期与桓玄本来就不和，便联络殷仲堪一起攻打桓玄。这三个人也不进军建康，自己先掐了起来，最后的结果是杨、殷都被桓玄击败，逃亡被杀。对殷仲堪的败亡被擒，荆州也有童谣说他："芒

笼目，绳缚腹。殷当败，桓当复。”（吴均《续齐谐记》）

前两句说的是殷仲堪被擒的样子，用芒草遮住他的眼睛，用绳子捆着他的腰腹。后两句自然是说桓玄又恢复了他父亲在荆州的权势。

这一仗朝廷只用了两封诏书就解决了，但朝廷并没有取得胜利。京口和江陵的两个笨蛋变成了刘牢之和桓玄两个恶枭，司马道子父子看到这意外的结果，也有些傻眼了。

这一段历史极有戏剧性。朝廷千防万防的桓玄占有了荆、江、司、雍、秦、梁、益、宁八州之地，另加上扬、豫八郡，东晋三分之二的地盘都送到了他的手中，这时的桓玄要不想当皇帝那才怪。晋安帝元兴元年（四零二年），朝廷以二十岁出头的司马元显为征讨大将军，以刘牢之为前锋，发兵讨伐有不臣之心的桓玄。桓玄迎战，大军如江水东下。这刘牢之故伎重演，到了前线就倒戈，归顺了桓玄。后面的事就简单了，桓玄进入建康，废黜司马道子，杀了司马元显，晋安帝成了他手中的傀儡。对于那反复无常的刘牢之，桓玄收回他在京口的兵权，让他到边远的海边上做会稽太守。刘牢之此时又想召集旧部，反叛桓玄，但部下当时就回绝了他：“将军往年反王恭，近日反司马郎君，现在又要反桓玄，一人三反，能成事么？”刘牢之这时只有“走为上计”了，他跑到新洲，觉得自己一世名将，这下场实在窝囊，就一根麻绳吊死了，这死法也和当年的吕布差不多。

第二年，桓玄懒得耍傀儡玩了，就把皇上废掉，自己披上了龙袍，建新朝名楚。

二月了。晋安帝元兴元年（四零二年），朝廷下诏讨伐桓玄，桓玄举兵东下，势如破竹，直抵京师，控制了朝廷大政。桓玄认为局面一新，应该给朝廷换个新年号了，就改元为“大亨”。不料年号一宣布，国内就纷纷议论：“‘亨’字一拆，不就是‘二月了’么（《晋书·五行志》）？是桓玄过两个月就完蛋，还是到明年二月时完蛋呢？”

后来桓玄篡位，改元为建始，但人家对他说：“这年号有毛病，正好与赵王伦篡位时用的年号一样。”于是桓玄又改为永始，可是又有人说了：“这年号西汉时就用过，汉成帝永始元年，王莽被封为新都侯，正是他起家的开始。现在用这个年号，不就是说自己和王莽一样是篡贼了么？”桓玄年号还没来得及再换，刘裕就在京口起兵，讨伐桓玄，起兵的时间选在“二月”，据说就是为了应“二月了”之谶。

从汉武帝开始发明了“年号”这玩意儿，就是朝廷给自己脸上贴金描银或补胎打气用的，所以全是元亨利贞的吉祥话。可是多么吉祥的字也禁不住别人往歪处琢磨，一是字拆开了读，二是拆开了再重组，叫“离合”，总之是把汉字的偏旁部首变着法折腾，非要弄得那年号灰溜溜的不可。

南朝萧梁时，经过侯景之乱，朝廷上已经没了主子，在江陵的湘东王萧绎就即位为帝，而割据一方的武陵王萧纪不服，也自称皇帝，与萧绎对抗。萧纪给自己起的年号叫“天正”，意思是只有自己是正统。可是他手下的征西大将军、永丰侯萧撝看萧纪滥杀栋梁，不是成事的材料，便私下说道：“正字拆开了不就是‘一止’么（《隋书•五行志》）？一年而止，能长的了么？”果然，梁元帝萧绎从西魏借兵，击败了萧纪，萧纪身亡国破，只是几个月的时间。

关于这“一止”，几乎是同时，在北方也有一个故事。北齐文宣帝高洋要邢邵为自己的儿子起名字，邢邵就起名为殷，字正道。高洋听了，说：“殷朝的诸王都是兄终弟及，难道我死后儿子接不了班，而兄弟要来夺位么？另外，这‘正’字也不好，拆开了就是‘一止’，这孩子也就只能做一年皇帝了。”（《北齐书•废帝纪》）邢邵一听这种分析法，吓得哆嗦道："那就再换一个名字吧。"高洋说："这是天意，换了也没用，就这样吧。"到了后来，高洋临死时，把儿子高殷托付给六弟高演，说："你要是想夺他的位子，就尽管夺，可是千万留下他一条命啊。"高洋死后，高殷即位没几个月，高演不辜负老兄的期望，就把侄子废了，但高洋的后半句话可能他没听清，所以也没有把高殷的命留下。

高洋这人很精明，也很残暴，所以如果他知道儿子的皇位注定要被自己的兄弟篡夺的话，就是有一百个兄弟他也要杀光的，哪怕是老天爷的意愿，他也不会让步。所以这不过是个故事罢了。而且"正"字如果是"一止"，要想不"一止"就只能"邪"了，难道"邪道"反成了好名字？

说到高洋，那就顺便再谈谈他的年号。高洋篡夺了东魏的皇位，建立北齐，改年号为"天保"，老天保佑，很是吉利。但这时的拆字先生说话了："天保这两个字，拆开了就是'一大人只十'，看来高洋这皇帝顶多做十年。"（《北齐书•文宣纪》）这话确实应验了，天保十年高洋就死了。但现在就是不知道那拆字先生是什么时候说的那话，估计应该是高洋死后的事，否则高洋早就把他宰了。

高洋在高欢的诸子之中并不是老大，他还有个哥哥高澄，只是高澄还没来得及篡夺东魏的皇位，就被人刺杀了，所以高洋才捡了个便宜。但高洋没忘了大哥的两个儿子，就把高孝珩封为广宁王，高延宗封为安德王。到了齐后主高纬的时候，北齐自毁长城，杀了斛律一家，这二位王爷就成了支撑国家的两大栋梁。到了公元五七六年，周武帝于平阳大破齐军，齐后主逃到了晋阳。周武帝追到晋阳，齐后主又逃往邺城。这时晋阳无主，高延宗就在群臣的拥戴下，做了皇帝，改元“德昌”。这是十二月戊午的事。中间隔了一天，也就是辛酉日，高延宗与周兵大战，结果大败，自己做了俘虏。明白人又说了：“德昌，就是‘得二日’（丘悦《三国典略》），这皇帝只能做两天！”

周武帝宇文邕的年号也走了背字儿，他灭了北齐，统一了中国北方只一年，就改年号为“宣政”（五七八年）。这时附属北周的后梁明帝萧岿便把这年号的部首笔画拆了装，装了拆，最后得出结论：“这年号不妙，因为可以拆装成‘宇文亡日’四字！”（《隋书•五行志》）就在这一年，周武帝去世，太子赟即位，是为宣帝，当年，宣帝又传位给儿子，自称天元皇帝，改元“大象”。萧岿又来拆字玩了，说：“这‘大象’二字，拆装之后就是‘天子家’（《隋书•五行志》）。我看萧赟可能要进坟里了。”果然第二年天元皇帝就死了，小皇帝才七岁，朝政就由外祖父杨坚代理，这一代理可就让周朝变成了隋朝。宇文氏真的亡了。

隋开皇初年，后梁主萧琮改元为广运。江陵的老百姓也来学他们的国主拆起字来，道：“‘運’之为字，‘军走’也（《北史•萧琮传》）。看来我们的国主要为军队带走了。”其后萧琮朝京师而被隋帝拘留不反，其叔父萧岩在江陵欲叛，梁国遂废。

看来这拆字法真是神了。但请大家注意，正如算卦先生只讲自己算得准的事，现在留下来的预言也都是准确无误的。可是再动一下脑筋，为什么现在留下来的拆字故事都是乱世的，难道天下安定的时候就没有人玩这拆字游戏么？不会的，不管什么时候，总有人爱耍聪明，只不过太平的年代没让这些乌鸦嘴讲得不太平罢了。其次，就是那些应验的拆字，也大多是马后炮的。我们接着看那些应验的故事，一律的是隋末、唐末、宋末。

隋炀帝的年号只有一个，就是大业。有人拆过，但不如萧岿高明。业的繁体做“業”，不知怎么拆了又装的，大業成了“大苦来”（《隋书•五行志》）。也就是预言天下大乱，人人要吃大苦头了。

唐朝的年号不少，总有五十来个吧，估计个个都被不止一人拆装过，但留下的灵验故事却只有一个，那就是唐僖宗的“广明”（八八零年）。这时黄巢正闹得欢，有人便把“廣”拆成“广”、“黄”，“黄”字进了大屋，就是黄巢，而“明”字拆成日月，合起来便是“黄巢日月”（《玉泉子真录》），这天下要成黄巢的了。就在改元不久，黄巢就攻克了潼关，东都洛阳投降，到了广明二年，黄巢又攻占了长安，两都沦陷，日月都成了黄巢的了。当然，广明二年的年底就又改元了，而这时黄巢也流到别处寇去了。据说这个拆字是黄巢自己的手笔。

宋朝的年号故事就多了，大约是宋朝的皇帝大多崇信道教，而老道的画符本领如果用到拆字上，也是本色当行吧，所以宋朝的皇帝大臣们都很讲究年号。宋初太宗的年号有一个太平兴国，有人把“太平”二字拆成“一人六十卒”（张端义《贵耳集》），结果太宗活了五十九岁，如果“八九不离十”也算数的话，这也可将就及格吧。可是历史上带“太平”二字的年号可不少，是不是都“八九不离十”呢？

朝廷上真正开始玩年号游戏是宋神宗的熙宁末年，当时大旱，神宗皇帝说："改个元试试，也许天就不旱了。"执政大臣们拟了一个"大成"，大概是指望要有个好收成吧。可是神宗摇头说："不行，这'成'字拆开了就是一个'人'扛着'戈'，这不是要打仗了么？"执政们又拟了个"丰亨"，神宗说："亨字不好，下面是个'了'字，就是'为子不成'；但这个'丰'字还可以用。"于是年号就改成了元丰（叶梦得《石林燕语》）。

到了宋徽宗，国运越是不济，就越想靠改年号来挽救。第一个年号是"建中靖国"，因为徽宗继的是哲宗的位，二人只是兄弟，所以要模仿太宗继太祖位之后用的年号"太平兴国"。到第二年徽宗亲政，就改元为"崇宁"了。崇宁者，崇"熙宁"也，意思是要执行神宗皇帝的政策，起用新党。当时铸崇宁钱，因为蔡京字写得好，就让他来写钱文。他写的"崇"字，"山"字中间的那一竖，一直通到底，与下面的"小"字一竖相连；而"寧"字则省略了中间的那个"心"字。于是当时就有人评道："这是'有意破宗，无心宁国'！"（曾敏行《独醒杂志》）

崇宁五年的正月天上出现了彗星，这是灾异，必须要改元，于是就改为“大观”，取《易》里的“大观在上”。到了大观四年五月，彗星又来了，于是改元“政和”。这政和年号不错，熬了八年也没出什么灾变，看来这“和”字甚好，正好明年是徽宗即位二十年，就改个年号叫“重和”，让它“和谐又和谐”。可是改了没有多久，左丞相范致虚上了一本，说：“不行，这个年号早就被北边辽国用过了。”原来辽兴宗用过一个年号叫“重熙”，但辽国传到后主即天祚帝时，因为天祚帝名叫延禧，为了避讳，就把过去的重熙，改称为重和了。天祚帝与宋徽宗同年登基，现在还活得好好的。于是朝廷只用了三个月重和，就改为“宣和”了。这一下可改坏了，外面有人就议论道：“这‘宣’字是一家有‘二日’（蔡絛《铁围山丛谈》），这可不是好兆头。”更有人离合“宣和”二字之后，说这是“一旦宋亡”！（袁褧《枫窗小牍》）

到了宣和七年，金兵屡屡南侵，徽宗皇帝觉得这皇帝做得有些累了，便决定内禅给儿子。新皇帝即位，就是钦宗，改元为“靖康”。后来的宋高宗赵构此时正做着康王，据说有个太史令就拆字道：“靖康拆开了就是‘十二月立康’（蔡絛《铁围山丛谈》），弄不好一年之后就是康王坐天下了。”后来发生的事就是：钦宗只做了十二月皇帝，就和太上皇一起当了金人的俘虏，半年之后，康王赵构即位于南京（今河南商丘）。“预言”说对了一半，康王是十八个月后才立为皇帝的。

再到后来，好像猜年号谜的事不多了，宋朝值得一记的只有南宋宁宗的一个年号“嘉泰”，被人拆装组合成“士大夫皆小人，有力者喜”（张端义《贵耳集》），这已经没有预言的意思，而是用拆字来讥讽时政了。但实际上，就是到了清代，此风也并没有消歇。我见到的最后一个离合年号是“咸丰”，也是相当精彩的。其语曰：

一人一口起干戈，

二主争山打破头。

（徐珂《清稗类钞》）

上句是“咸”，下句是“豐”，此时太平天国正闹得欢。

今年杀郎君，后年斩诸桓。桓玄做皇帝只新鲜了几天，立刻明白老爹当年一代枭雄，却犹豫再三，终于没当皇上的缘故了。因为这皇帝的位子谁都想做，可是一旦做了，就成了众矢之的，因为你成了篡贼，谁都可以名正言顺地算计你，败了是晋朝的忠臣，胜了，那就是做另一朝皇帝的本钱，而且那本钱比你要足的多。另外在前一年，外面已经传出了流言：“长干巷，巷长干，今年杀郎君，后年斩诸桓。”（《晋书•桓玄传》）郎君就是司马元显，此人并不太得民心，造这谣言的大约是司马道子一党。这些人利用歌谣来造舆论，弄得桓玄心神不宁，他也怕这谣言真是老天爷降下来的。

桓玄篡位之后，又出现了新的歌谣，道：

当有十一口，当为兵所伤。

木亘当北度，走入浩浩乡。

（《宋书•五行志》）

还有一句是：“金刀既已刻，娓娓金城中。”这歌谣是襄阳的一个和尚竺昙林所做，当时还有一个叫孟顗的，唯恐别人不懂，就一句一句给人拆解，道：“‘十一口’，就是‘玄’字，‘木亘’，就是‘桓’字。后两句说的是桓氏都要逃入北国，而浩浩之乡，弄不好是指幽冥之地，也就是见阎王爷了。”至于“金刀”，那自然是指姓“刘”的。后来起兵反桓玄的有几个姓刘的，为首的就是刘裕和刘毅。桓玄和后来的袁大头差不多，这皇帝只做了八十来天，就被推翻，仓皇出逃，想回到荆州老根据地，但中途就兵败被杀了。他究竟出身士族，还不算厚黑，所以他只是为流氓出身的真命天子——心狠手毒的刘裕铺路而已。

【十六国】

东晋在南方摇摇晃晃地存在了一百年，而北方的五胡十六国此生彼灭地闹腾了一百多年，西晋未亡，十六国已经开了头，东晋亡后，十六国还没有收场。但大致说来，十六国与东晋可以说是相终始。十六国的国名虽然乱糟糟，但如果以曾经一度统一北方的前秦为界，划为前后两期，而按地域则分为中、东、西三大块，那就一点儿也不乱了。

前期，中间是相继占据关中地区的前赵（匈奴）和前秦（氐），东部是相继占据山东、河南、河北的后赵（羯）和前燕（鲜卑），西部甘肃一带的则是前凉（汉）。北方的拓跋氏虽然兴起于大漠，建国名代，但此时还无力于竞鹿于中原。前秦到苻坚时统一了以上几个地区，但他淝水败后，前秦大帝国随之崩溃，进入了十六国的后期：中部的关中为后秦（羌）、西秦（鲜卑），还有一个一直想东归的西燕（鲜卑），后来又在后秦北部分裂出一个夏国（匈奴）；东部先为后燕（鲜卑），后来又分裂出一个南燕（鲜卑），后燕为高云灭后又成了北燕（汉）；西部先为后凉（氐），然后分裂为西凉（汉）、北凉（匈奴）和南凉（鲜卑）；而这时北方的拓跋氏已经改国号为魏，挺进中原，并且经营着统一北方的大业。

十六国的统治者虽然大多是胡人，可是被统治者却大多是汉人。统治者们在吸收汉族文化的时候，是不可能遗漏掉谣谶文化的。

【十六国·前赵】

皇亡，皇亡，败赵昌。除了氐人流民首领李流在四川成都建立的成汉政权之外，匈奴首领刘渊在晋惠帝永安元年（三零四年）建立的汉，就是最早的割据政权了。刘渊死后，其子刘聪自立为帝，派大将刘曜、石勒等攻破晋都洛阳，俘获晋怀帝。晋立愍帝于长安，刘曜又攻破长安，俘获愍帝，西晋彻底灭亡。但此后不久，荒淫昏乱的汉主刘聪就死了，其子即位，旋被权臣靳准所杀，于是刘曜称帝，建都于长安，改国号为赵，这就是历史上的前赵。可是石勒据有河北、山东、河南等地，也接着称王，国号也叫赵，史称后赵。前、后赵的建立不过相距一年多，而且一开始就是对立的政权。

这一年，前赵境内的终南山崩，长安人刘终在山崩之处捡到块白玉，方一尺，上有文字道：

皇亡，皇亡，败赵昌。

井水竭，构五梁，咢酉小衰困嚣丧。

呜呼，呜呼！赤牛奋靷其尽乎！

（《晋书·刘曜载记》）

这些扑朔迷离的文字当然与“赵”有关，是凶是吉却是怎么解释都行的。只看那句“败赵昌”，又败又昌，就把吉凶两面全占了。此时刘曜兴立儒学，用了不少汉人做臣子，这些人都很会见机行事，自然知道应该多说吉利话的，于是便向刘曜庆贺，说这玉上的文字是石勒的败灭之征。

这时只有一个中书监刘均敢说心里话，认为这不是好兆头，是上天示警，要败灭的不是石勒，而是本朝。他说：“山崩川竭，自然是灾凶；而且这崩的山在我们境内，自然是我们国家国倾人乱的预兆。‘皇亡，皇亡，败赵昌’，就是说皇室将为赵所败，赵因之而昌。我们皇朝虽然名为大赵，但建都于关中，而石勒却占有全赵之地，所以‘赵昌’之应，是应在石勒，不在于我。‘井水竭，构五梁’者，‘井’是指天上的东井，按分野正是我们所在的秦地；而‘井水竭’说的就是秦地将灭。‘五’是指天上的五车，‘梁’是指大梁，五车、大梁，都是赵地的分野，这样‘构五梁’就是构成于赵。‘咢’、‘困’、‘赤’等是太岁纪年‘作咢’、‘困敦’、‘赤奋若’的简称，那些话的意思是说在子、丑之年，我们国家就要败亡。现在没有别的办法，只有勤修德政，才能化解这灾祸。如果这预言不是凶兆而是像群臣说的是吉兆，那么勤修德政也没有坏处。”

据说刘曜听了以后，吓得脸色都变了，但他还不错，没有像那些专杀直言敢谏之臣的浑蛋独裁者一样处分刘均，当然也没有听刘均的话去行德政。公元三二八年，刘曜破后赵石虎军，攻洛阳，后赵主石勒亲自率兵救洛阳，大破前赵军，并活捉了皇帝刘曜。这一年按干支是戊子年。第二年，后赵攻破长安，把前赵的嗣君也生擒了，前赵为后赵所灭，正是己丑年。

当然，这只是个故事，没有人会相信石头一裂就跳出天书来的。

【十六国·后赵】

邺中女子抱胡腰。建立后赵的羯族人石勒是十六国时期，除了苻坚之外最值得称道的人物。他曾经被人转卖为奴，虽然不认识几个字，却通达明理，不仅善战，而且能奖拔贤能，多行善政，在这方面比东晋的开国元勋王导还要强上几分，其余诸贤自然就更不在话下了。

记载中关于石勒的最早预言，据说是在他被人转卖为奴的时候，那时襄国（今河北邢台）就有一个谣言："力在左，革在右，讓无言，或入口。"（刘宋•刘敬叔《异苑》）前两句是"勒"的拆字，后两句则是"襄国"的拆字。这谣言的时代很可疑，因为后来又有一个谣言，与此大同小异："古在左，月在右。让（讓）去言，或入口。"（《太平御览》）襄国后来成了石勒后赵的国都，这两条预言说的就是这事。所以这两个谣言的产生应该是石勒为了说服部下定都襄国而造的舆论。

石勒虽是胡人，但他出生在上党，也就是今天山西省东南部的长治一带，与襄国仅隔一条太行山。他应该是比较汉化的羯人，因为他十四岁时就随人到都城洛阳作生意，而且还见到过晋朝的名公卿王衍。后来因灾荒流亡外地，为人掠卖。到了晋惠帝末年（三零六年），那时是昏庸残暴的东海王越挟持惠帝把持朝政，而石勒成了汲桑手下一名小将，汲桑则是成都王颖的大将公师藩的手下。直到这时石勒才刚有了姓和名，所以“力在左，革在右”的预言不可能在他当奴隶的时候就造出来。

但是到惠帝末年洛阳却有了另一首童谣：“邺中女子莫千妖，前至三月抱胡腰。”（《乐府诗集》）“千妖”二字不太好懂，从字面上猜测，也许是说喜好修饰、千娇百媚的意思吧。童谣的大意是说，邺城的女子不要那么讲究修饰了，到了明年三月，你们就要和胡人搂在一起了。这种事现在也许可以美化为“民族大融和”，但对当时人来说，可能不会把这事的意义理解得那么深远，所以这谣是个凶谶。

那一年成都王颖和公师藩都被司马越手下大将苟晞所杀，失去主人的汲桑和石勒如丧家之犬，便纠集残余，声言要为成都王颖复仇，起兵反晋，抄掠四方。第二年即晋怀帝永嘉元年（三零七年），汲桑、石勒先大破魏郡太守兵，然后直驱入邺，杀新蔡王司马腾，破邺城，烧邺宫，大杀士民万余人，“邺中女子抱胡腰”的事也是势在必行了。但这是那年五月而不是三月的事。而且汲桑与石勒并没有屯兵邺城，立即移师攻打兖州，但为苟晞击溃。然后汲桑被新蔡王的部下所追杀，而石勒则投奔了汉主刘渊。

【十六国·前凉】

秦川中，血没腕。西晋的最后一年即公元三一六年，刘曜率大军进攻长安，西晋愍帝危在旦夕。凉州刺史张寔派遣一万步骑东赴国难。但大军行至南安时，为羌军截断道路，不能前进。二军相持百余日。张阆率金城的晋军赶到，两面夹击羌军，斩首数千。但此时的长安已经为刘曜攻克，愍帝早成了俘虏，关中一带成了胡人杀掠的屠场。紧接着，十八岁的愍帝为刘曜杀害，消息传到了凉州，张寔便只有退兵自保了。

据说对这一历史，早在四五年前的怀帝永嘉年间就有了预言，道："秦川中，血没腕，唯有凉州倚柱观。"（《晋书•张寔传》）"秦川"是指关中，兵祸与饥荒让此地的居民死了十有八九，所以说"血没腕"，血流成河，以至淹没了脚腕。可是凉州刺史张寔却只图自保，不肯再出兵讨贼了。"倚柱观"，靠着柱子看热闹，真是一副事不关己的悠闲样子。

预言虽然是假的，但这首歌谣只用两句话就把当时的局势写得那么惨烈，所以对后世很有影响。在此后的很多人造预言中都爱用“秦川”二字，如“水行仙，怕秦川”（《清异录》）、“秦川得入何曾坐”（《推背图》）、“整顿军马入秦川”（《透天玄机》）等。

公头坠地而不觉。中国的北方在“八王之乱”和“五胡乱华”中一片残破，只有西北的凉州安然无损。张寔自恃拥有强兵，于是目空一切，以为关中的刘曜也奈何不得他了，谁知危险竟发生在他自己的身边。

此时有京兆人刘弘，客居于凉州的天梯第五山，传播邪教，在山洞中燃灯悬镜，迷惑百姓，一时受道者有千余人。而张寔的左右也都信奉刘弘，其中就有张寔帐下的亲兵阎沙、赵仰。这二人与刘弘都是老乡，刘弘就对他们说：“上天降下神玺，说我应在凉州为王。你们要先把张寔给我干掉。”信了邪教的人，就是教主让他杀自己的亲爹也不会犹豫的，于是阎沙和赵仰就纠集了张寔左右十余人，准备伺机谋杀张寔，然后奉刘弘为王。据说这时出现了一首童谣：“蛇利炮，蛇利炮，公头坠地而不觉。”（《晋书·张寔传》）就是预言张寔要胡里胡涂掉脑袋的。

其实张寔这时已经知道了刘弘的密谋，派出军队逮捕了刘弘，并把他处死了。可是阎沙等人不知道刘弘已死，依然按照原计划执行，就在捕杀刘弘的当天晚上，他们下手杀死了张寔。当然最后他们也难逃一死，同时被杀的还有几百名教徒。

手莫头，图凉州。张寔死后，儿子张骏嗣位，但由于年纪太小，政务都由张寔的弟弟张茂掌握。这张茂比他哥哥还要能干，当时凉州的豪强势力很大，官府拿他们没什么办法，因为这些豪强的头子就是张寔的小舅子贾摹。张寔碍在老婆的面子上不动他，而他却借着姐夫的势力横行霸道，这就为其他豪强立了一个撑天的柱子。

张茂明白：要想治住豪强，必须先拿贾摹开刀。于是一个言就造了出来："手莫头，图凉州。"（《晋书•张茂传》）

"手"字上加个"莫"字头，不就是"摹"字么，"图凉州"不就是要造反夺权么。这谶语一出，贾摹就是有口也说不清了，于是张茂就把他骗到府上，一刀宰了。贾摹一死，其他豪强再也没有人敢出头了，谁知道下次又要把谁编进歌谣里去呢。从此张茂令行禁止，威行凉州。

【十六国·前秦】

艹付应王。前秦是十六国其间唯一一度统一中国北方的王朝，苻坚也是东晋十六国中真正堪称雄才大略的人物，但这位以齐桓公自命的氐人，一旦失去了他的管仲——王猛，最后也落得一个和齐桓公一样的悲惨结局。除此之外，他还有一个不能脱俗的弱点，就是用符谶证明自己的天命。由此也可以看出他的庸人的一面。

他祖父苻洪，曾受东晋任命为征北大将军、都督河北诸军事、冀州刺史。（东晋偏安江左，对于北方任何一个愿意向它称臣的势力，都是毫不吝惜地送给他们空头官衔的，反正那又不花钱。）他本来姓蒲，据说他看到了一句谶文，说“艹付应王”（《晋书·苻洪载记》），又见到孙儿阿坚（苻坚）背上有赤色的肉突，成“艹付”之文，有的书说的文字更多一些，是“艹付臣又土王咸阳”（《晋书·苻坚载记》），于是蒲洪就为了应谶而改姓为苻。同时他又自称三秦王，准备经营关中，以长安为都城。可是他的计划还没有实行，就被自己的谋士暗算，中毒而死了。人们觉得苻洪改姓的故事很可能是苻坚所造，改姓是真的，但未必是苻洪为了应谶，编这故事的唯一受益者只是苻坚。即使他背上真的生出一篇《千字文》，谁又能看到？还不是他自己说了算。

故事不止这一个。苻坚的父亲苻健也膺过天命。苻洪死后，苻健嗣位，主动去掉三秦王号，恢复东晋给他的爵号，表示臣服于晋。同时他进军关中，夺取了长安。这时他觉得羽翼已丰，就立国号为秦，先称王，续称皇帝，立都长安。过了二年，苻健自编自导了一出戏，让人看着觉得有些好笑。

据说新平（今陕西彬县）那里出现了一个巨人，他对百姓张靖说："苻氏应天受命，今当太平，外面者归中而安泰。"张靖问这巨人的姓名，巨人不答，然后就不见了。张靖把这事报告给新平县令，新平令立刻上奏朝廷。苻健认为张靖说的全是妖言，就把他下到大狱中。正好这时天降大雨，黄河、渭河河水大涨，有人在蒲津的河边拾到一只大鞋，长有七尺三寸，而河边上还能找到足迹，大小与那鞋正好相称，光看那脚趾印就有一尺多。依此推算，穿这鞋的人总有五丈多长，相当于现在的六层楼高了。于是苻健叹道："天地之中，何所不有，张靖所见定不虚也。"就把张靖放了。至于是偷偷地给了张靖出场费，还是不久后悄悄地把他灭了口，史书未载，只好阙如。

三羊五眼。苻健死后，苻生嗣位为帝。说起这苻生也是天生一个异物。他还很小的时候就是一只眼，他祖父苻洪和他开玩笑："人家说独眼瞎哭起来，也是只有一条眼泪，是不是？"苻生生气了，拔出佩刀，往身上就捅了个窟窿，血流出来，说："这不也是一条眼泪么！"苻洪气恼地用鞭子抽他。他说："这鞭子抽着没劲，你最好用刀子斧子招呼吧。"苻洪气急了，就对儿子说："这浑账孩子狂悖至极，长大了必是我们家的祸害，不如早把他除了。"苻健听了就要杀苻生，但被弟弟苻雄（就是苻坚的父亲）拦住，说："也许长大了就会改好的。"这苻生长大之后，力举千钧，走及奔马，雄勇好杀，手格猛兽，击刺骑射，冠绝一时。但同时也是一个大浑蛋。

这苻生按排行是老三，又是一个独眼龙，怎么会轮上他做太子呢？据说当时有个谶语说"三羊五眼"（《晋书•苻生载记》）应做天子，三头羊本应该是六只眼，如果是五只眼，那就是少了一只眼了。于是苻生就因为这一只眼做了太子。苻健认为，我既然已经用苻生应了谶，就不会再有别的什么独眼龙或五眼怪物来抢天下了。

这苻生的残忍无道，如果据史书所载，就是商纣王也只配做二流角色了。苻生的爱好就是杀人，而当时又是谣言，又是灾变，也不断地给他杀人提供理由。苻生即位才两个月，中书监就报告天象说："有星孛于大角，荧惑入东井，这天象预兆不出三年，国有大丧，大臣戮死。"苻生说："皇后和朕对临天下，她可以应'大丧'了；毛太傅、梁车骑、梁仆射都是国家重臣，可以应'大臣戮死'了。"于是就把梁皇后以及毛贵等大臣全都杀了。就是这两个月，他已经自后妃公卿以下杀了五百多人，截腿、锯脖子、剖腹剜胎，什么花样都要试一试。

也有借着灾异来报私仇的。司空王堕性格刚峻，见了那些佞臣就训斥，佞臣就向苻生报告发生了天变，必须要贵臣应之。苻生说："贵臣只有大司马和司空了，那就杀他们吧。"那佞臣说："大司马是皇亲，只杀司空就行了。"于是王堕就掉了脑袋。

也有报告灾变自己倒霉的。这一天长安刮起大风，光禄大夫强平说："这是天降灾异，陛下要修德事神才行。"苻生听了不高兴，就用凿子把强平的头顶开了个“天眼通”。

这苻生气闷的时候用杀人解闷，高兴时则把杀人当成游戏。他自己缺了一只眼，凡是平时有人说话不注意，带了残、缺、偏、只、少、无一类字眼的，一律处死。一天大宴群臣，苻生命辛牢为酒监，喝了一会儿，苻生怒道：“你是怎么当酒监的，怎么这些人还有没喝醉而能稳稳坐着的？”拿过弓箭就把辛牢射死了。群臣不敢不醉，都喝得七歪八倒，苻生才高兴。

潼关以西直到长安，虎狼为暴，不吃六畜，只吃活人。大臣报告上来，苻生说：“虎狼饿了自然要吃人，吃饱了自然就不吃了。”有一天他问左右：“从我登基以来，外面都是怎么议论我的？”有人答道：“都说皇上圣明，赏罚明当，天下都在歌颂升平呢。”苻生道：“你这是拍我马屁呢。”于是杀掉。过了两天，他又向左右问同样的话，有人说：“陛下的刑罚稍微过当了一些。”苻生又怒道：“你这是诽谤我呢！”还是杀掉。

这苻生越是杀人，民间就越是一个劲儿地造谶语，诅咒他下台，弄得他心惊肉跳，总要及时把那些有应天命嫌疑的王公大臣处理掉。先是有一个歌谣说：

东海大鱼化为龙，

男便为王女为公。

问其何所洛门东。

（《晋书·苻生载记》）

正好苻生做了一个梦，梦见一条大鱼吃蒲草。这苻生智力可能有缺陷，放着身封东海王，官为龙骧将军，家住洛门东的苻坚他不猜疑，偏把嫌疑人定为太师鱼遵，于是开国元勋鱼遵及其七子、十孙一起被杀了。当时又有歌谣说：

百里望空城，郁郁何青青。

瞎儿不知法，仰不见天星。

于是苻生把境内所有的空城全部平毁。

这一天，太史令康权报告苻生说："看近日天象，最近几个月内将有下人谋上之祸。"苻生说："你这是妖言！"立即命人把他杀了。可是他心里其实不安，夜里对侍婢说："我觉得阿法兄弟也不可信，明天我就把他们杀了吧。"阿法就是清河王苻法，他的弟弟就是苻坚。这天晚上苻法也做了个梦，梦见一个神人告诉他："明天早晨你就大祸临门了，只有先发制人才能免除此祸。"醒来他就心惊肉跳，正好那个侍婢跑来报信，于是他就通知苻坚纠集了几百名壮士潜入云龙门，而这时苻坚与吕婆楼也率麾下三百余人鼓噪继进。宫里的宿卫将士一见是众所归心的苻坚，就立即投降倒戈。就这样，苻生正做着好梦，便糊里糊涂地被捆了起来。后面接着的就是先废为越王，然后一刀了结。

唯有雄子定八州。苻坚一登基（三五七年），有个新平人叫王彫的就来向他陈说图谶，苻坚听了高兴，就任命他为太史令。王彫陈述的符谶肯定不少，但他主要解说的就是两条。

一条是：

古月之末乱中州，

洪水大起健西流，

惟有雄子定八州。

“古月”为胡字，是指匈奴人建的前后赵二国，“洪水大起”是说苻洪的兴起，“健西流”是说苻健的西入关中称尊号，而“雄子”自然指苻雄之子苻坚了，前秦现在占据着雍州之地，其余八州也有待于他的平定和统一。再一条是：

当有艹付臣又土，

灭东燕，破白虏，

氐在中，华在表。

“艹付臣又土”是“苻坚”二字的拆文，后面即说他要平灭鲜卑诸国（燕国居东方。故曰东燕；秦人呼鲜卑为白虏），最后的天下是氐人位于其中，而华人则被赶到边裔。于是这王彫就建议苻坚把所有的氐人都迁入到关内，而把关内的华人大族全部流放到边远的地方。

这就不仅是听听马屁精说梦话、讲预言故事，而是要搞全国大移民了，这工程比城里人和乡下人大换岗还要宏伟巨大，就不能不和宰相王猛商量了。王猛一听就火了，对苻坚说：

此人是用邪道来扰乱政治，陛下要是信了这话，国家非亡不可。此人必须杀掉，以儆妄人。

苻坚也不是傻子，低头一想，这国家要是全民大搬迁，不要说安家落户，光是几百万人都在道路上东奔西跑，就足够让大秦国成为鲜卑人的俎上之肉了。就这样，王彫便被砍了脑袋。但王彫死前还是嘴硬，上了一本，道：“这些谶语不是我胡编的，是在赵建武四年（三三八年），我跟从京兆刘湛学的。刘湛对我说：‘新平之地是古帝颛顼之墟，里名鸡闾。谶记有云：此里应出帝王宝器，名叫延寿宝鼎。颛顼曾说过：这宝鼎是我让河上先生给我埋在咸阳西北的，我的后代有个叫“艹付臣又土”的要应此鼎所记之文。’请陛下记住我这话，在您平定七州之后，这宝鼎就要出现了。”

据说到壬午之年，新平人果然挖出了一个宝鼎，上面记着一大串大秦的帝王后妃名单，说他们都上应天上列宿。苻坚得了宝鼎，以为自己果然是得了天命要为天下之主，自然是喜不自胜，想起王彫死前的话，才明白冤枉了活神仙，便下诏平反，并追赠王彫为光禄大夫。此时王猛早已故去，没有人敢来揭穿这种新垣平的老把戏了。

壬午年即公元三八二年，就是这一年，苻坚决定倾国内之师，大伐东晋，结果次年大败于淝水，身死国破。不知他被叛臣姚苌勒死在新平寺中的时候，是不是醒悟到自己到底还是上了王彫的当。

欲败当在江淮间。苻坚的败亡，据说也有预言。早在他统一了北方，国势最强盛的时候，国内就有童谣说：“河水清复清，苻诏死新城。”所以苻坚每逢出征，只要遇到地名带“新”字的，就让军队绕过去。可是他没有想到，最后他死的地方就是新平的一座佛寺。那时还有一个童谣，说：

“阿坚连牵三十年，若后欲败当在江淮间。”据预言家解释，这是说苻坚在位应有三十年，最后要败在江淮之间。这童谣还有一个版本，大同小异：“阿坚连牵三十年，后若欲败时，当在江湖边。”（《晋书•五行志》）苻坚在位二十七年的时候，他举兵南侵，大败于淮南，然后其国大乱，二年之后他被杀，算起也差不多够三十年了。

凤凰凤凰止阿房。在苻坚所灭北方诸国中，最为强大的就是鲜卑慕容氏的前燕。东晋太和四年（三六九年），桓温率步骑五万伐燕，连战连胜，直攻到枋头（今河南浚县西南）。燕主慕容暐大惧，向苻坚求救，条件是把虎牢关以西的土地割让给前秦。宰相王猛同意，秦兵开始东进。在秦、燕联军的攻击下，桓温大败于枋头。

但燕国食言，不肯把虎牢关以西的土地割让给秦国。于是王猛率兵进攻洛阳，不到一月，洛阳就投降了。在三七零年，秦兵屡出屡胜，最后攻破了燕都邺城，俘虏了燕主慕容暐。苻坚为人宽仁，对所灭国的国主不但不杀，还要封爵任职。此时国内就出现了一首歌谣，其中有句“鱼羊田升当灭秦”（《宋书•五行志》）。有人就解释说：“鱼羊，鲜也；田升，卑也。这就是秦国要为鲜卑所灭。”于是群臣都谏劝苻坚，让他把俘获的鲜卑人都杀了。但苻坚不听，于是慕容暐就被带到长安，封新兴侯，署为尚书。

这还不算，燕国的清河公主，年方十四岁，生得貌若天仙，苻坚把她纳入宫中。而清河公主有个十二岁的弟弟慕容冲，生得也很漂亮，有龙阳之姿，苻坚就把他收为娈童。这姐弟俩宠冠后庭，对别的宫人苻坚看都不看了。这时长安城中传出一首歌谣：“一雌复一雄，双飞入紫宫。”（《晋书•苻坚载记》）众臣对此颇为忧虑，认为苻坚要是对这姐弟俩言听计从，秦国就非出乱子不可。这时王猛出面劝谏，苻坚只好把慕容冲送出宫。这时长安城又传出谣言：“凤凰凤凰止阿房。”慕容冲小名叫凤凰，苻坚想，凤凰非梧桐不栖，非竹实不食，就在阿房城栽了几十万株梧桐和翠竹，准备让慕容冲住。

及至淝水战后，苻坚逃归北方，先是慕容垂起兵叛秦，割据于东方，然后时为平阳太守的慕容冲也起兵反秦，连败秦将苻晖、苻琳，入据阿房城。正应了“凤凰凤凰止阿房”的谣言。接着慕容冲攻入长安，纵兵大掠，死者不可胜计。虽然此时苻坚还逃亡着，但前秦已经等于灭亡了。

阿得脂。苻坚虽然气度恢宏，对鲜卑人视同国人，但最信任的究竟还是自己的同族，所以派往镇守四方的还是氐人。可是这就埋伏下一个危险，大量的鲜卑人居于国中，而氐人却驻守在四边。这时长安城中流传的一些歌谣，就被人注入了一种忧虑和躁动不安的情绪，好像也预兆着什么不祥。

那时关中地区有一种奇怪的自然现象，大约是由于空气的干燥，或者土壤中含有什么可燃的成分，有些土可以燃烧，并不起火，只是冒烟，有时能燃烧一个多月。苻坚体恤民情，经常亲自到听讼观处理百姓的冤案。于是他就下令，到了听讼那天，哪里的百姓有了冤屈，就可以烧土举烟，苻坚看到起烟，就亲自到那里解决。这样长安城中就有一句民谣：“欲得必存当举烟。”（《晋书•苻坚载记》）这本来是对苻坚民政的赞颂，但“烟”与“燕”音同，“举烟”就预兆着复兴燕国，所以这句谚语到了鲜卑人嘴里就成了复国的谶语。还有一些不知是鲜卑人还是氐人散布的谣言，都是预言着鲜卑将要复国的。其中有一首歌谣：“长鞘马鞭击左股，太岁南行当复虏。”因为鲜卑人皮肤很白，所以秦国人称他们为“白虏”，而这首歌谣中的“复虏”，也被人理解成“白虏兴复”。

这种对歌谣的附会很容易让秦人不安，也很容易让鲜卑人躁动。据说有一年，突然有人闯进了明光殿，大呼道：“甲申乙酉，鱼羊食人。悲哉无复遗！”苻坚命手下去捉，此人却不见了。这显然是宫中人故意编造，用以警诫苻坚的。

据历史记载，苻坚破燕之后，把燕国的王室贵戚、百官僚属及四万户鲜卑人迁到了长安，总数最少也有十几万人了。此后的几年，又把关东豪杰及杂夷十五万户迁入关中近畿，这数目就相当大了。所以这确实是秦国的一大隐患，王猛去世时就告诫苻坚：“晋虽僻处江南，却是华夏正统，上下相和，臣死之后，千万不要图谋攻晋。鲜卑和西羌是我们的世仇，早晚要成祸害，你要渐渐地除掉。”

这一年，苻坚又让氐人抽丁分户于四镇，其中把四帅子弟三千户配给长乐公苻丕，去镇守燕国的旧都邺城。苻丕率军出发时，诸氐父兄亲送子弟于灞桥，流涕悲泣，酸感行人。侍中赵整颇有感触，便借着陪侍的机会，拿起琴，对着苻坚唱了一首自己编的琴歌，道：

阿得脂，阿得脂。

博劳旧父是仇绥，

尾长翼短不能飞。

远徙种人留鲜卑，

一旦缓急语阿谁！

“阿得脂”，不知道是什么，但有人解释说是一种好偷油吃的鸟。而“博劳”就是伯劳鸟，那是无疑的了，“旧父”是什么，连解释的人都找不到了。不管怎样，前面几句说的就是一种或几种鸟，而鸟如果长得尾巴长，翅膀短，就很难飞起来。那后果当然很严重，这种畸形的鸟万一遭到袭击，那就只能给人当下酒菜了。而最后两句则明明白白地点出了主题：把自己种族的人都打发到远方，却留下了鲜卑人，一旦出现了变故，你要依靠谁啊！可是苻坚听了，只是笑了笑，没有采纳赵整的谏言。他对鲜卑人仁至义尽，不相信鲜卑人会把自己做成下酒菜。

【十六国·后燕】

秃头小儿来灭燕。前秦崩溃之后，北方就变成屠场和地狱，各国之间的连年杀戕和饥荒造成了大片大片只有白骨没有人烟的荒野。这时期的谣言和谶语虽然仍然不断地被造出，但短命的政权和短命的皇帝又不断地用实际行动来揭穿这些谣谶，所以保留下来的也就不多了，而且也大多没什么意思。但有一条还值得介绍一下，因为它在“谣言史”中提供了一个小小的样板。

这是后燕将亡时候的事。慕容垂艰难百战，年近七十，才终于在东方恢复了燕国，史称后燕。但他死后，儿子慕容宝即位不久，后燕就乱了起来。先是慕容垂的兄弟慕容德自称燕王，建立了南燕。然后是慕容兰汗杀死慕容宝，慕容宝的儿子慕容盛又杀死了兰汗，自立为后燕主。过了两三年，慕容盛又为部下所杀，慕容垂的小儿子慕容熙又做了燕国主。

但慕容熙为政暴虐，又宠爱贵嫔苻氏，立为皇后，为取悦苻氏，大兴土木，劳民伤财，以致土与谷同价。大臣切谏，他就把大臣的脑袋砍下。苻氏夏天要吃冻鱼脍，寒冬要服生地黄，慕容熙就让官府去寻找，找不到自然要杀人。苻氏好游猎，他就带着苻氏东征西讨，攻城略地来让苻氏开心。这苻氏是苻坚族人苻谟的女儿，好像这苻氏是西施再世，生下来就是为前秦复仇似的，等到把后燕折腾得差不多了，她也就一病身亡。这慕容熙如丧考妣，悲号躃踊，恸哭得差一点儿断了气。文武百官当然也要哭，谁要是没有眼泪，就要治罪，群臣生怕眼泪不够多，只好往眼里抹辣椒粉。这还不算完，等到苻氏已经大敛入棺了，慕容熙还爬进棺材与苻氏的尸首交媾一番。为了修苻氏的陵墓，除了倾国力所有，还要把老百姓也榨干。就在修陵时，他说了一句很不吉利的话："你们要造好些，朕也要随皇后入此陵的。"苻氏的灵车造得特别大，连城门都出不去。慕容熙就让把北门拆了，然后才算出了城。当时有老人就说："慕容熙自毁其门，看来没多少日子了。"

慕容熙在城外给苻后办着丧事，城内却已经有人给他准备丧事呢。中卫将军冯跋、左卫将军张兴因为犯了慕容熙的禁令，一直逃亡在外，提着脑袋过日子总是不舒服，索性铤而走险，找了二十来个铁哥们儿结盟，准备推翻慕容熙。就在朝廷上大办丧事的时候，他们偷偷潜入龙城，硬拉来慕容云为主，趁着慕容熙还没回来，调发尚方刑徒五千余人，占领了龙城，闭门据守。慕容熙闻报，立即率兵赶回龙城，攻打北门，结果大败，只身逃入郊外的龙腾苑，把皇上的袍子一脱，藏在树林里。可是最后还是被人捉住，押回去咔嚓一刀，到阴间与苻氏团圆去了。

据说在此之前，龙城就流传着一个童谣，说："一束藁，两头燃，秃头小儿来灭燕。"（《晋书·慕容熙载记》）"藁"字上有"艹"，下有"禾"，两头一点燃，就只剩下一个"高"字了。而慕容云本来就姓高，为慕容宝收为养子，才改姓为慕容。所以这"高"就是指高云。而高云的父亲名拔，小字秃头，高云又是高拔的小儿子，所以就是"秃头小儿"，而后燕到底灭在了他的手里。

但这个"预言"有个大漏洞，那就是这场政变的真正谋主并不是高云，而是冯跋。高云本人没什么本事，冯跋起事时他正在家里装病，所以没有随皇帝上陵，听冯跋拉他去造反，登时腿就软得立不直，靠着两个人架着才出了门。所以灭燕的根本就不是"秃头小儿"高云。另外，高云的国号并没有改，仍然叫燕，只不过历史上称为北燕罢了。高云的皇帝没做二三年，就为自己养的侍卫所杀，很快冯跋又把那些侍卫除掉，北燕国自然装入冯跋的口袋。高云花钱养的侍卫为什么要杀高云？由于冯跋把他们杀了，杀前也没有留下什么口供，所以这个事到今天还是疑案，总让人觉得冯跋像是杀人灭口似的。

可是这"秃头小儿"却值得一说。因为"××小儿"的字样常见于童谣式的预言中，而这些童谣中说的“小儿”其实大多是“老儿”。比如前面提到的“黄头小儿欲做贼”，那“黄头小儿”王恭就是个老头子。到了后代，还有不少类似的预言，如“一张纸，两张纸，客量小儿作天子”，“一片火，两片火，绯衣小儿当殿坐”，“非衣小儿坦其腹，天上有口被驱逐”等等。这好像已经成了谣言中一个模式，虽然是老头儿，但在老天爷眼里就是小娃娃，大约这就可以更突出谣言由天而降的权威性吧。

【十六国·成汉】

成都北门十八子。说起历代谣言的模式，看来还要补充上一条，就是“十八子”。从古代到近代，关于“十八子”的预言没有上百也有几十，但最早见于记载的则是十六国时的“成汉”。这是流民领袖李特、李雄父子建立的割据政权，国号为汉，建都于成都，所以史称“成汉”。成汉建立西晋惠帝时，是十六国中最早的一个，存在了四十余年，后为东晋桓温所灭。

据说在李特还没有起事的时候，蜀中就传出一个童谣，道：“江桥头，阙下里，成都北门十八子。”（《太平寰宇记》引《十六国春秋》）等到李雄称王，民间就说这“十八子”指的就是李特父子，是预言李氏将要兴起的。但这里说的“成都北门十八子”，至多点明了一个“李”姓，实质性的话却一句也没有。所以后来也有人把它与成汉最后一个亡国君主李势拉扯上，说这童谣是预言李氏将亡的。事情相隔四十余年，一说兆兴，一说兆亡，但更可能的是，这童谣本来与李姓无关，说的只是成都有十八个城门，也就是汉武帝时修成都城，立大城门、小城门各九座，所以称为“十八子”。但不管怎样，到了十六国时，已经有人把“十八子”与李家联系到一起，而后来的一千多年，“十八子”就成为李姓做皇帝预言的必用词汇。其中有的做了皇帝，但大多数却成了“败者贼”。

当然历史上也有一个不姓李的“十八子”皇帝，那就是秦二世，他有十七个哥哥，也算是秦始皇的“第十八子”吧。

【南北朝·刘宋】

空穴无主奇入中，女子独立又为双。刘裕和刘毅、诸葛长民等人起兵讨灭桓玄之后，刘裕就控制了东晋的朝廷，一步一步实行他的计划，那就是把所有可能成为他政敌的战友一个个除掉，最后取代东晋小皇帝。刘裕在历代的野心家中手段很有特色，他与李林甫相比，就不仅是笑里藏刀，而是脸上笑着，下面的刀就捅了过去。刘裕的亲密战友刘毅为荆州刺史、都督荆、宁、秦、雍四州，又向刘裕要求兼管广、交二州。刘裕欣然同意之后，大军就悄悄地潜至江陵，没等刘毅明白过来，就把他的命取了。杀诸葛长民更绝。刘裕把诸葛长民请到府中，把左右都支开，两个老朋友温酒畅谈，刘裕把从来就不对人说的心腹话全部向长民倾吐，长民好不高兴。而就在这时，早埋伏在屏风后面的力士悄悄出来，一下子拧断了长民的脖子。以这种厚黑的才具来收拾东晋皇帝，那自然就从容多了。

刘裕和刘备一样，卖草鞋出身，不同的是，刘备曾经正经拜过大儒为师，而刘裕却不识什么字。虽然虽刘裕识字不多，却喜欢让狗腿子们给他造字谜。于是世上就冒出来一本据说是孔子写的《河洛谶》，内中的谶语道：

二口建戈不能方，两金相刻发神锋，

空穴无主奇入中，女子独立又为双。

（《宋书·符瑞志》）

“二口建戈”，据说是“劉”字。晋朝按五德是金，而“劉”字中也有“金”，所以说“两金相克”。“空穴无主奇入中”，就是个“寄”字。“女子独立又为双”，则是“奴”字。刘裕小名叫寄奴。辛稼轩词“斜阳草树，寻常巷陌，人道寄奴曾住”，说的就是此公。

刘裕的名字入了谶，也就是受了天命。等到要正式接受晋帝“禅让”时，就要和曹丕受汉帝禅一样，需要更多的理由。于是太史令骆达奏陈天文符谶，道：“《金雌诗》云：‘大火有心水抱之，悠悠百年是其时。’大火之宿，为宋的分野。水，则是宋之德运。《金雌诗》还说：‘云出而两渐欲举，短如之何乃相岨，交哉乱也当何所。唯有隐岩殖禾黍，西南之朋困桓父。’两个‘云’，就是‘玄’字；‘短’是说祚命短，这两句是说桓玄的僭位只是昙花一现。山岩隐没不见，那就只有‘谷’了，在谷边种禾，那就明显是圣讳（裕）了。‘西南之朋困桓父’就是说讨灭桓玄的事了。又有汉朝刘向的谶道：‘上五尽寄致太平，草付合成集群英。’前句说的是陛下小名，后句则是太子之讳（太子名义符）。”

历史上似乎并没有刘裕搞过什么文字改革的记载，那么这时把“卄”字头和“竹”字头混用，“禾”字旁与“衣”字旁互相取代，大约就是迁就刘裕的爱写错别字或不大识字了。而且“二口建戈”怎么就成了“劉”字，更是难以理解，要是硬拼成一个字，解为“戰”可能更接近一些。而且一会儿说是两“金”相克，一会儿又说以“水”代“金”，这种五德终始说也搅得够乱的。

以上说的那些刘裕未必能听得懂，所以马屁精们觉得还是故事更易动人。建康的西明门突然地陷，涌出了一股水，把门轴都冲坏了。按五行说，西方属金，而金又是晋的德运，所以西明门就代表了晋的气数。而西明门为水所毁，这就是金德将衰、水德方兴之象。

那时民间又有一个谶语，说是“昌明之后尚有二帝”，（《晋书·安帝纪》）晋孝武帝名叫昌明，现在的皇帝是晋安帝，如此说来，安帝之后还必须再有一个皇帝，晋朝才能完结。差那一个怎么办，这对于刘裕根本算不上难题，只要把现在的皇帝废了，再立个新的，不就是十八个了么。于是刘裕就让人把晋安帝勒死，立琅琊王为晋恭帝，凑足了昌明之后的二帝。

这时有一家百姓从地里掘出个古钟，上面有古文十八个字，据不知哪个高明人士解释，这就说明晋朝只能有十八代皇帝。可是从晋武帝司马炎数起到晋恭帝，东西晋加在一起也不过十五帝，怎么办，那就把追认的司马懿、司马师、司马昭也算进去，终于凑够了十八个。于是刘裕就顺应天命，做了宋武帝。那个废掉的晋恭帝给弄到乡下一个院子里，派兵整日整夜地围着，只要他的妃子生下孩子，立刻就弄死。就是这样，刘裕还不放心，几次派人下毒。可是这小皇帝求生欲望还很强烈，怕被毒死，就自己在床前煮饭吃。但这又有什么用，刘裕索性光明正大地派人给他送去毒药，让他自己吞下。小皇帝信佛，说自杀的人不能转世为人。刘裕也很能成人之美，就用一床棉被把他一捂，送上了西天。

洲不满百。宋武帝刘裕死后，儿子刘义符即位。可是这个在谶语"上五尽寄致太平，草付合成集群英"（《宋书·符瑞志》）中应天命的宝贝很不争气，十七八岁了，哪里有什么"集群英"的事，只是弄了一群滥贱如猪狗的人在宫里鬼混。关于他的德行，我们在"五马浮渡江，一马化为龙"一条中已有介绍，不再重复。总而言之，辅政大臣徐羡之、谢晦调来大将檀道济，把皇宫用兵一围，就把小皇帝废了。

刘裕的大臣们耳濡目染，也从先皇那里学了不少毒招，觉得如果只是废掉小皇帝，那么厚黑学也只算考个五十分，就又赶快补考，派人用门杠把小皇帝敲死，算是及了格。一世狠毒的刘裕怎么能想到他宠爱的儿子落了这个结果呢。

刘义符是老大，老二是庐陵王刘义真，此时因为才气逼人，早被老大废为庶人，徐羡之、谢晦觉得此人难以控制，也就顺便派人杀了。按次序就要立老三刘义隆了，于是大臣们就从江陵迎来十八岁的老三刘义隆，立为皇帝，就是宋文帝。徐羡之、谢晦觉得自己赤心为国，宋文帝不会怪罪杀死他两个哥哥的事，而且要是不杀老大老二，怎么会轮上他老三呢。但这徐、谢二位太蠢了，刘裕的儿子怎么会对他们感恩呢。刘义隆不可能容忍手下有两个拥有废立大权的臣子，他脚跟一站稳，立刻就收拾了徐羡之和谢晦。这二位的厚黑学终究还是不及格。

这刘义隆当皇帝，据说也是有天命的。

原来在江陵的枝江县，西至上明，东及江津，江中有九十九个沙洲。本地有谚曰："洲不满百，故不出王者。"（盛弘之《荆州记》）桓玄在江陵时，野心勃勃，有问鼎之志，就让人把一个沙洲分成两个，凑足一百，算是应了天命。可是据说他国破身死之后，那人造的两个洲就又合在一起了。可是及至刘义隆被封宜都王，镇守江陵，那江中忽然就又添了一洲，洲数满百，这就是江陵要出天子，刘义隆就是不想当皇帝也不行了。

但后来这个多出来的沙洲似乎又消失了。直到梁武帝被侯景搅得饿死在台城，梁简文帝也被侯景杀死，这个幽灵似的沙洲又出现了。此时在江陵的是湘东王萧绎，他便登了尊位，成了梁元帝。从此之后，江陵“洲数满百，当出天子”的预言就没有再出现过，也许是某朝皇帝觉得这鬼沙洲只能让人们不安分，索性把它们挖个乱七八糟，让人们数不清是多少了。

但是关于沙洲的故事不止于此，南方有不少地方都爱用沙洲的隐现搞预言，只是预言出天子要惹大祸，败了百姓跟着遭殃，成了百姓也不会沾什么光，弄得“十年倒有九年荒”，所以就改为出状元或阁老了。

扬州青，是鬼营。宋文帝利用大将檀道济除掉了谢晦，便给檀道济加官进爵为征南大将军、江州刺史。檀道济早在刘裕北伐时就立有大功，此时更是威名震世，左右偏裨都是身经百战，几个儿子又都有才气，这就注定他也活不长了。宋文帝身体不大好，怕万一自己死了，没有人能收拾檀道济，就把他从浔阳召回朝廷，只要觉得自己要咽气，立刻就先除掉这隐患。但文帝的病好了，他松了一口气，觉得檀道济留着还有用，就想放他回浔阳。

檀道济的船只都准备好了，正要出发，文帝又有些不舒服了。此时在朝廷掌政的是皇弟彭城王刘义康，他便替文帝下了一诏，诬陷檀道济召集亡命，图谋不轨，立即把他和他的十来个儿子全部逮捕，一齐砍了头。道济被捕时据说怒气贲张，目光如炬，大呼道："你们这是自毁万里长城！"而北方的魏主听到檀道济被杀，则大喜道："檀道济一死，剩下的那些都是菜鸟，还有什么值得忧惧的呢。"

檀道济之死对南北二国都是大事，据说他死前就有征兆。在他奉旨从浔阳回朝时，他自己就有些反常，就要出发了，可是他瞻顾城阙，流连不已，不禁泪下沾襟。这是他从来没有过的事。所以当时有人就为此做了歌谣，其中有一句"生人作死别，荼毒当奈何"（刘敬叔《异苑》），好像他此去就再也回不来了。

到了建康，檀道济住在青溪的家里，青溪又叫清溪，是今天秦淮河的上游，那地方并不错，可是这府第是个凶宅。原来这个宅子在三国时是东吴大将步阐的旧居，当时就有一句谣谚，道："扬州青，是鬼营。""扬州青"指的就是青溪这座宅子（因为当时的扬州州治还在建康，搬到江北是唐朝初年的事）。在孙皓时，步阐为西陵督，孙皓对他不放心，征调他回朝。步阐心怀忧惧，料到回朝就要被杀，索性带城投降了晋国。最后是吴将陆抗击败步阐，灭了三族。这就落实了"是鬼营"这句话。

这宅子此后归谁居住，是不是也成了鬼营，史书没有记载。但到了刘宋时归给檀道济，确是再一次成了鬼营。可是让人纳闷的是，既然早就有了这不祥的谚语，檀道济何必要住进去呢？要知道当时檀道济功盖天下，建康城里的好房子由着他挑，他怎么也不会专挑凶宅吧。所以这谚语只能是在出现两次大灭族之后才造出来的。

一士不可亲，弓长射杀人。这是一个自造谣言以做杀人借口的典型事例。

宋文帝杀尽了大臣中的可疑分子，又杀了替他执政的弟弟彭城王刘义康，却万万没有想到，最后死在自己最信任的儿子太子刘劭手里。刘劭自立为帝。武陵王刘骏在沈庆之的拥戴下起兵东下，杀死刘劭，即位为孝武帝。孝武帝死后，子刘子业即位，是为前废帝。前废帝在位一年，就为湘东王刘彧派人谋杀。刘彧即位，为宋明帝。

宋明帝的疑忌心和狠毒比他的祖父刘裕一点也不差，即位后先把孝武帝剩下的二十七个儿子杀个净光。他自己生不出儿子，就把诸王的姬妾怀孕的纳入宫中，生下孩子就把母亲杀掉，孩子交给宠姬养育，冒充自己的儿子。到了他晚年（他一共只活了三十四岁），只恐万一自己哪天死了，儿子幼小，会成为文武众臣的俎上之肉，所以他对谁也不信任，而且最不信任的就是自己的几个兄弟，因为他自己就是杀了侄儿才当上皇帝的。晋平王刘休祐性格刚狠，明帝就趁着行猎时让力士把他活活拉死。建安王刘休仁也不是好东西，杀光孝武帝诸子的事也有他一份，明帝就让人用毒药把他毒死。巴陵王刘休若，民间有传言说他有“至贵之相”，成了第三个被杀的皇弟。除了看起来最窝囊的桂阳王刘休范之外，明帝的几个兄弟全都被他杀了。

然后就轮上文臣武将了。大将吴喜征战有功，又多得士心，自然不能留下，于是明帝活用刘裕那一招，先请吴喜进宫，畅谈平生甚欢，吴喜出宫时还赐以名馔，可是吴喜到家还没吃完，赐死的诏书已经到门了。南兖州刺史萧道成，民间传言他“有异相”，明帝下诏命他立即回朝。萧道成知道回朝后就是一死，用计赖着不走，总算留下一命。

王景文是明帝皇后的哥哥，明帝心想，自己死后，皇后临朝，王景文自然就是宰相，以他王家的门第，不篡位才怪。还有张永，也是累经百战的大将，军队中部下多是他的亲信，自然也是隐患。这二人不除，明帝真是死不瞑目，于是他用了一计，自己编造了一个谣言“一士不可亲，弓长射杀人”（《宋书•王景文传》），然后让人到民间散布。“一士”是“王”字，“弓长”是“张”字，既然已经天降谶语，这二人当然是非死不可了。可是明帝还是晚了一步，他死前只来得及把毒药赐给了王景文，却让张永漏了网。明帝一咽气，先是桂阳王刘休范首揭反旗，然后萧道成借着平定刘休范叛乱，把朝廷大权拿到了手中。

后面萧道成做的事简直就是对刘裕老戏的重演一遍。朝廷重臣和镇守外州的大将一个一个被他翦灭，明帝留下的小皇帝也杀掉，由他另立一个小皇帝宋顺帝。等十三岁的顺帝行完禅让之礼，使命结束，小命自然也就完了。

【南北朝·南齐】

年历七七水灭绪。萧道成不愧是兰陵士族出身，为了篡取刘宋天下，不仅紧攥着枪杆子，还要把笔杆子的功用发挥得淋漓尽致。所以他在登基之前，造了不少谶语，从留下来的那些估算，其数目可能是此前此后两千年内造谶最多的了。

首先是用谣谶来宣告刘宋的天下已经坐到头了。一是突然出现了一个鲜为人知的故事，在宋武帝刘裕北伐时，他在嵩山得了玉玺三十二枚，而且出现了一个神人，对他说："此是宋卜世之数。"（《南史•齐高帝纪》）卜世，就是占算刘宋王朝的世代数目。周成王定鼎郏鄏，卜世三十，卜年七百。刘裕一听要有三十二代皇帝，比历史上最长的周朝还多两代，自然高兴得屁颠屁颠。但他理解错了，"三十二"者，原来是二"三十"。两个三十就是六十，但不是刘宋要出六十代皇帝，而是只能存在六十年。从刘裕在四二零年受晋禅，到四七九年宋顺帝禅让给萧道成，恰恰是六十年整。原来这神人是在拿刘裕开涮呢。

如果谁怀疑这故事是萧道成现编的，那么谶书中也有例证。《老子河洛谶》有一句："年历七七水灭绪，风云俱起龙麟举。”（《南齐书•祥瑞志》）宋是以水德而王，那“水灭绪”一句就是说七十七年之后，水德就要开始熄灭了。但这水德之运是七十七年。可是刘宋不是只存在六十年么，是不是还要过十七年才能完结呢？不是的。刘裕起兵反桓玄是在四零四年，到四零五年攻灭桓玄，刘裕就掌握了朝廷大权，直到把朝廷变成刘家的，这一期间也算是水德当运。要是这么一算，从四零四年开始到四七九年，也恰恰是七十七年。这不是天意让刘宋下台么？但当时没有人和萧道成较真，既然刘裕专政也算水德，那么你萧道成从四七四年就专了宋政，从四七四到四七九年这六年是不是也应该从宋的水德之运中减掉呢？

预言刘宋要灭亡的当然不止这两条，当时有一首王子年造的歌谣就是证明。这王子年就是王嘉，是北方十六国时的著名道士，后赵末年隐于终南山。人问当世事，随问所对，辞如谶记，据说都有应验。前秦苻坚南征，派人问他是否能胜，王嘉说了一句：“金刚火强。”（《晋书•艺术传》）然后打起哑谜：骑上使者的马，端正衣冠，徐徐东行百余步，然后策马而驰，脱衣弃冠履而归。使者回去汇报给苻坚，苻坚也不明白，就又派人问世祚如何，王嘉答道：“未央。”苻坚以为这是吉兆，秦国的世运还没到顶峰呢。结果第二年苻坚大败于淮南，原来未央的意思是“遭殃”在“未年”也。而秦居西为金，晋都南为火，“金刚火强”是说火能克金。王嘉后来为后秦的姚苌所杀，但葬后再打开棺材，里面并没有尸首，只有竹杖一根，原来王嘉是尸解了。这样一个活神仙编的歌谣，能不灵么？

现在就看看活神仙说了些什么吧。《王子年歌》曰：

金刀治世后遂苦。帝王昏乱天神怒。

灾异屡见戒人主。三分二叛失州土。

（《南齐书•祥瑞志》）

“金刀”就是“刘”，代指刘宋，“帝王昏乱天神怒”，那是一点也不假的。歌中又道：“金刀利刃齐刈之。”“金刀”，是“刘”字；“刈”，就是翦除。但这歌中说的不是用“金刀”来翦除别人，而是别人用“利刃”来翦除“金刀”，也就是姓刘的都该死了。这种解释虽然有些绕人，但话是不错的，宋武帝七子，文帝十九子，孝武帝二十八子，明帝十二子，基本上都没得好死，而且大多是兄弟叔侄自己杀自己，剩下那不多的一些，就由萧道成来代劳了。因为孔子做的《河洛谶》也说了：“遏河梁，塞龙泉，消除水灾泄山川。”“水”就是宋的德运。宋氏为灾害，故曰“水灾”。“梁”就是河梁，“遏河梁”，把水堵住，就成了大道，而“道”不就是萧道成么。

草中肃，九五相追逐。 萧道成为了论证自己的天命，几乎动用了造“谣”的所有手段。

一是歌谣。据说早在宋明帝泰始六年（四七零年）时，那时萧道成正从广陵移镇淮阴，就有天上的两个青衣小儿，也就是荧惑星下凡，让荀伯玉传播一个歌谣，道：“草中肃，九五相追逐。”（《南齐书•荀伯玉传》）草字头下面一个肃字自然是萧字，而“九五”是天子之位，简直是逼着他当皇上了。

一是梦兆。参军崔灵建梦天帝对自己说：“萧道成是我第十九子，我去年已使授其天子位。”（《南史•齐高帝纪》）据说从三皇五帝以下受命的皇帝，到萧道成正好是十九个。这笔账很难算，因为答案可以有很多个，这里就不和他们理论了。

一是碣石文。会稽郡的剡县有一山，名刻石山。父老相传说：“山虽然叫刻石，却不知所刻的文字在何处。”可是到了宋顺帝昇明末，县人倪继祖进山打猎，忽然发现石上有文字，共三处，有苔生其上，可见年代久远，去苔视之，其大石文曰："此齐者，黄石公之化气也。"立石文曰："黄天星，姓萧，字道成，得贤师，天下太平。"小石文曰："刻石者谁？会稽南山李斯刻秦望之封也。"（《南齐书·祥瑞志》）

一是石印文。宋顺帝升明三年（四七九年）四月二十四日，也就是萧道成受禅让的第二天，荥阳郡人尹千在嵩山东南角见天上掉下一块大石头，坠地石开，里面有块玉玺。玺方三寸，文曰："戊丁之人与道俱，肃然入草应天符。扫平洛，清魏都。"又曰："皇帝运兴。"（《南史·齐高帝纪》）

一是地名谶。萧道成所居的武进县有一道，相传名"天子路"。有人说起道名的由来，或说是秦始皇所游，或说是孙氏旧迹。另外当时还有谣言说"东城天子出"，那东城指的就是萧道成所住的武进东城村。

一是人名谶。《孝经钩命决》中有一句："谁者起，视名将。"而萧道成的小名就叫"将"。还有一句"肃肃草成，道德尽备"，"备"就是"成"，这句把萧道成的名字全包括了。当时又有谶书说：“萧为二士天下乐。”“二士”合文就是“主”字。

一是大预言。“大预言”是指那种不限于一人一事，而是对一个朝代甚至跨时越代而作的成篇累牍的预言，像后世出现的《推背图》、《烧饼歌》之类即是。南北朝时流传的《王子年歌》和《郭文金雄记》、《嵩高道士歌》，还有前面提到了《老子河洛谶》，就是最早的大预言，据《隋书·经籍志》记录，这些东西既然都成了“卷”，自然不是三言两语。萧道成拿出的《王子年歌》中说：“欲知其姓草肃肃。谷中最细低头熟。鳞身甲体永兴福。”“草肃肃”是“萧”字用不着解释。谷中最精细的是稻谷，稻、道同音；“熟”即是成。而“鳞身”呢，据说萧道成身上有“龙鳞”，斑驳成文。开始以为是什么牛皮癣之类，但越治越厉害，才明白那是龙鳞，而历史上伏羲也是一身龙鳞的。还有《郭文金雄记》说的：

当复有作肃入草，
铄金作刀在龙里，
占睡上人相须起，
草门可怜乃当悴，

建号不成易运沸。

也都是为萧道成论证天命的，但说起来很费口舌，我们不是萧道成一党，犯不着为他掰扯了。

斗凿。萧齐这个皇朝的历史比刘宋要短很多，齐高帝萧道成处心积虑忙活了多年，却只坐了三年皇位就死了。继位的是儿子萧赜，即齐武帝。他在位十一年，竟占了南齐寿命的一半，只要一死，南齐也就快收场了。实际上这收场的一幕是武帝自己开锣的。他上台的第一件事，就是把高帝的创业功臣荀伯玉、垣崇祖、张敬儿等人毫不吝惜地铲除，理由是他们曾经因为忠于齐室而和自己闹过别扭，用现在的话说，就是“机会主义分子”。而他自己信任的却是贪秽无耻的小人，再加上为政刻薄，民心开始动荡，社会上出现什么新鲜东西，人们就变着法儿说成是不吉利的预兆。

武帝在都城建造了一座禅灵寺，极为宏丽壮观，堪称当世第一，可是民间就说了：“这寺名太不吉利了。‘禅’不就是禅让么，而人死了才叫‘灵’，什么灵床、灵座、灵位都是和死人有关的。只要皇上一成‘灵’，这皇位也就要‘禅’了。”（《南史•齐废帝海陵恭王纪》）看来这个诅咒没有落空，齐武帝死后，皇太孙萧昭业即位，这个小混蛋登基不到一年，所做的浑账事就很不少，我们按历史上的胜利者总是要给失败者泼污水的法则，把小皇帝的浑事打个对折，剩下的也就足够让他下台的了，于是执政的西昌侯萧鸾就把皇帝贬成了郁林王，另立郁林王的弟弟萧昭文为皇帝。但这个十五岁的小皇帝就是不犯错也不行了，因为他要长大，长大了就要和萧鸾算账。于是三个月后，这个小皇帝先变成了海陵王，然后随着郁林王一起见了阎王。当然这时的新皇帝就是明帝萧鸾了。

早在齐武帝在世时，都城的小孩子有一种游戏，就是用铁块在地上互相抛砸，估计如近世民间的“砸铁饼”，在电子游戏中长大的现代人是不会知道的了。游戏的方法也没必要考证，只是这游戏的名字，不知为什么要叫作“斗凿”（《南史•齐海陵王纪》）。而“凿”字在南方与“族”同音，于是人们就说这是“斗族”，而对这“族”字又偏偏往灭族的方面想，于是这游戏就成皇室相斗而族灭的预言。

在本朝能让皇帝灭族的事确实不多见，历史上可能也就这么一次。南齐的开国皇帝是高帝萧道成，他一共生了十九个儿子，而萧鸾不在其内，萧鸾是萧道成的兄长萧道生的儿子，由于父亲早死，就由萧道成扶养，一直当成亲儿子看待。可是他究竟不是亲儿子，所以他做了皇帝之后，对萧道成留下的那些亲儿子便很不放心，只有全部杀掉。不仅如此，他的堂兄弟齐武帝的子孙也是隐患，于是武帝二十三个儿子中活着的那些也被杀光。也就是说，到了齐明帝萧鸾末年，高帝萧道成、武帝萧赜、文惠太子萧长懋三位的几十个儿子一个也没剩下，这不和灭族差不多了么。而且剩下的高帝、武帝的那些孙子也险些被灭绝，在明帝萧鸾的弥留之际，他听了侄子萧遥光之计，已经把这些孩子都弄到了宫里，煮了两大锅毒药，预备下几十具棺材，只等三更就送他们上路。可是不知怎么，萧鸾临时变了主意，总算没有把萧道成这一支全部杀光。

南齐诸王大都封藩在外，怎么说个杀就都杀了，连一个也跑不掉么？这就不能怪萧鸾，而要找他们的父亲和兄长齐武帝萧赜算账了。武帝在位时，生怕诸弟诸子要夺皇孙的位子，便给藩王立了个典签制，也就是每个王国都由朝廷派一个典签官，对诸王的一举一动密切监视，不要说离府出城，就是想吃些时鲜，换个口味，只要典签不发话，那也是办不到的。所以萧鸾只要给诸藩的典签发一道命令，这些王爷就知趣的自我了断，不知趣的也费不了多少手脚。

脚跛不得起，误杀老姥子。齐明帝做了五年皇帝，死后十六岁的太子萧宝卷接了班，就是历史上有名的昏君东昏侯。明帝死前已经把可能威胁儿子皇位的诸王杀光，还不放心，又在咽气之前，给他安排了六个辅政大臣，让他们之间互相牵制，谁也别想打歪主意。可是明帝这安排本身就是个歪主意，在襄阳的雍州刺史萧衍看得最清楚，当时就对亲信说了："一国三公还没法摆置，何况六贵同朝，势必钩心斗角，就等着看乱子吧。"于是他秣马厉兵，就等着皇上和文武重臣之间拼得够了火候，他好渔翁得利。

东昏侯即位后，根本不理睬辅政大臣，整天和宦官、侍卫在一起鬼混。六贵中的江祏觉得这昏君非把家当败光不可，就打主意把宝卷废掉，另立江夏王萧宝玄为帝；而另一位"六贵"刘暄和萧宝玄有过节，却看中了建安王萧宝寅。江祏和刘暄谈不拢，就找皇上的堂兄始兴王萧遥光商量，不料萧遥光很不客气，要把这龙袍自己披上。这刘暄是皇上和宝玄的亲舅，如果立了遥光，自己就失去了这优势，便为此事与江祏闹翻了。萧遥光听说刘暄不支持自己，就派刺客行刺刘暄，但没有成功。刘暄见对方下了狠手，便把江祏的密谋向东昏侯揭发了。于是江祏兄弟被杀，六贵中去了二贵。

萧遥光自然坐不住了，只有发兵造反。但他在都城能有多少兵，所以很快就被六贵中的徐孝嗣、萧坦之等镇压，萧遥光钻到床底下，也被拉出来砍了。但东昏侯接着又听信左右的谗言，先杀了平叛有功的萧坦之，然后又杀了亲舅舅刘暄。六贵中只剩下宰相徐孝嗣，东昏侯索性一个也不留，赏他一坛子药酒，让他自尽了。

就在永元元年（四九九年）这一年内，六贵成了六鬼，于是民间出现了一个童谣，道：

洋洋千里流，流婴东城头。

乌马乌皮袴，三更相告诉。

脚跛不得起，误杀老姥子。

（《南齐书·五行志》）

据说这童谣就是预言六贵覆灭结局的：“千里流”，江流千里，自然指的是江祏；“东城”是指萧遥光，因为他的居所在东城，号称东府；“婴”就是“接”字的异体。这两句是说江祏兄弟与萧遥光勾结到了一起。萧遥光夜间举事，召骁骑将军垣历生，所以说是“三更相告诉”，而垣历生穿着乌皮袴褶就前往报到。萧遥光幼年时因为小儿麻痹瘸了一条腿，所以“脚跛”就是说的他，“不得起”，事情搞砸了，自己也玩完了。至于那“老姥子”，因为徐孝嗣的“孝”字与“老”字形近，所以就是指的他了。徐孝嗣并没有造反，所以说是“误杀”。这首童谣把六贵同歼的事句句紧扣，《南齐书》既然收入《五行志》，就是把它作为预言的。但其实此谣只是事后编的一首政治讽喻诗而已。

七九六十三，广莫人无余。六贵只是朝廷中的文臣，还有镇守各州郡的武将，如果东昏侯不把他们清理得差不多，也是很让萧衍老儿大费手脚的。于是永元元年（四九九年）年底，江州刺史陈显达举兵于浔阳，势如破竹，直打到建康城郊，但是一败即溃，老将陈显达也是走了背字，竟被一个无名小将刺下马，丢了脑袋。

到了永元二年初，在寿阳的豫州刺史裴叔业反侧不安，怕朝廷把自己灭掉，便向北魏送降表，寻求后援。朝廷便命西平将军崔慧景征讨寿阳。

可是崔慧景率大兵刚过了广陵，就号召将士倒戈，反攻朝廷。崔慧景这次比陈显达打得升了级，已经攻破建康城，只剩下皇帝所据的台城了。部下建议用火攻台城北掖门，崔慧景觉得大功已成，要是把门楼烧了，以后重修还要花钱，便驳回报告，自己到庙里找老和尚谈玄论道去了。而他的部下大将们觉得胜利已经到手，这时也为争功闹个不休。于是台城被围十二日，居然死灰复燃，一次出击，崔慧景军就土崩瓦解。崔慧景只身逃亡，运气不佳，遇上一个缺乏政治觉悟的渔民，看他是个大官的样子，脑袋一定很值钱，便砍了下来，装到鱼篓子中，送到建康去兑奖了。据说崔慧景围台城时，有一五色幡，飘入云中，很久才不见。当时人们就认为不是好兆头，说："幡，就是翻，是不是事情要翻个儿啊。"（《南齐书•五行志》）

到了这时，东昏侯觉得萧衍是个大隐患了，便派巴西梓潼太守刘山阳率兵三千，到荆州调动荆州萧颖胄的大军，攻打襄阳。萧衍知道了消息，便造出舆论，说这是朝廷的假虞灭虢之计，唇亡齿寒，襄阳败了，江陵的萧颖胄也就留不住了。萧颖胄决定与萧衍联手，便诳骗刘山阳来接管荆州大军，山阳一到，立刻伏兵大出，斩了山阳。这样一来，萧衍的雍州未平，又加上一个萧颖胄的荆州，二州联兵，开始向建康进军了。

就是在这时候，建康城里又有了一首童谣，道：

野猪虽嗃嗃，马子空闾渠。

不知龙与虎，饮食江南墟。

七九六十三，广莫人无余。

乌集传舍头，今汝得宽休。

但看三八后，摧折景阳楼。

前面一首“洋洋千里流”是讲都城内文臣的，这一首就专讲都阃外镇将了。有人破解此谣前二句说：陈显达属猪，崔慧景属马，这一猪一马都是白叫唤。而萧衍老儿属龙，萧颖胄属虎，这一龙一虎才能把江南占住。这四句对二萧联军很有号召力，显然是萧衍老儿宣传队的成绩了。但后面六句与前四句风格不大相接，很可能是另外一首，或者是后来补接的。据预言家解释，“七九六十三”是指当年六十三岁的崔慧景，而“广莫”是指台城的广莫门，崔慧景就在此受到挫折，一败涂地的。“传舍”是邮亭驿站，乌鸦集栖其上，大约不是什么好兆头，所以下面的“今汝得宽休”也不会是好话。而古人解释为《诗经》中《正月》的“忧心惸惸，念我无禄。民之无辜，并其臣仆。哀我人斯，于何从禄？瞻乌爰止？于谁之屋？”之意，应该是不错的。至于

“三八二十四”，是说南齐一朝卜年二十四年，到了时候那景阳楼就要垮了。景阳楼大约是指齐帝的皇位吧。

愁和谛。萧衍与萧颖胄起兵时，联手奉南康王萧宝融为帝，即齐和帝，即位于江陵。但萧衍只是把这小皇帝当个招牌挂着，直到攻克建康，东昏侯被杀，萧衍才批准萧宝融东归，可是只走到姑孰就让他停车待命，那“命”就是让他宣布禅位于萧衍。禅位之后，和帝就不是招牌，而是成了开完追悼会以后的花圈，没有任何价值了。于是萧衍就让人送去一块生金，让他吞掉。和帝说：“何必费这块金子，只须喝醉了你们下手就行了。”于是他喝得不省人事，让人拧断了脖子。齐明帝的其他几个儿子也不会被轻饶，除了萧宝寅北投了魏国，剩下的全杀死了。

据说南齐的灭亡于和帝，也是天意若此。因为早在齐朝之初，皇太孙文惠太子与他的姬妾们做七言诗，每到一章的最后，就来一句“愁和谛”。（《南齐书•五行志》）愁和谛就是“愁和帝”，齐国果然到了和帝就完了。可是南齐从明帝时，高帝、武帝的子孙就完了。那齐国早不是文惠太子家的了，如果他要愁的话也应该愁明帝的。萧衍杀了明帝之子，正是替高帝萧道成报仇雪恨，文惠太子在天如果有灵，也应该开庆祝会的。

说起这位文惠太子，他还作过一首《两头纤纤》诗，后句云“磊磊落落玉山崩”，自此之后，诸王宰相相继死亡，然后就是帝、后晏驾。开口就是凶兆，这事还一本正经地记载到正史中，好像萧齐一朝是让他咒死的似的。

【南北朝·梁】

顺子后。萧衍篡齐，自然要有符谶做证明，而且一定也不太少。除了南齐末年萧衍让人散布的歌谣，如“水丑木”（合为梁字）之类以外，萧衍还有个大知识分子为他造谶，此人就是陶弘景。陶弘景这人儒、道、释三家都通，但后来的身份则是隐居句容（今江苏句容）句曲山的道士，所以自号“华阳隐居”。但他其实是个假隐士，他住在建康附近的山里就是为了和朝中的权贵来往方便，其中就有早年在竟陵王萧子良幕中时的秣陵同乡萧衍。等到老朋友萧衍从雍州起兵，已经打到建康附近的新林的时候，陶隐居觉得大局已定，这个宝可以押上去了，就让自己的弟子戴猛绕道前往奉迎，为的是送一纸套近乎的表文。萧衍做了齐和帝的丞相、大司马，然后晋封为梁公，下面顺理成章的就是禅让那老一套了，这时陶弘景早就预备下见面礼：从图谶书中找出来的证明梁应代齐的材料。只是史书也觉得这些材料太乏味，懒得再记录下来了。但要紧的是从此陶弘景和梁武帝拉上了老关系，从此书信往来不断，而来访的权贵则是冠盖不绝于路，陶老道落了个“山中宰相”这酸溜溜的名字。

比较让人感兴趣的是，萧衍用梦兆预示天命好像比萧道成更有进步，也就是多了些情节性。做梦的人当然那时都已经死了，这叫死无对证，想怎么编派就怎么编派。

第一个梦是齐高帝萧道成作的，但那时好像他还没有做成皇帝，所以在梦中他是踩着木屐上了金殿，这是宋朝末年给人臣的最高特权，可以步履带剑上殿，当然这也说明他很快就要受禅了。这个情节很能看出造梦者的文学才能，也就是先给齐高帝一个说梦的机会，因为这梦的第一个受益者是他自己，他要用这梦来证明齐国的天命。萧道成在殿上还看到了自己的儿子萧赜和侄子萧鸾，这二人既在殿上，想必也有做皇帝的份了，这已经为后来的历史所证明，可见这梦的灵验。但在这二人背后还站着一个人，用手张着天地之图。这人萧道成不认识（这一点很重要，萧道成受禅之前，萧衍才十几岁），就问他是谁。那人答道：“顺子后。”（《南史·梁武帝纪》）梦到此戛然而止，因为创作的主题已经出来，“顺子后”不是人名，萧衍的父亲就叫萧顺之。

第二个梦是萧衍的大哥萧懿作的，时间是在齐东昏侯在位，崔慧景起兵造反的时候。当时豫州刺史萧懿奉命出兵讨崔慧景，行至越城的时候，他梦见自己乘马飞到天上，但只是飞到半空，就坠落下来。此时再看，弟弟萧衍驾着一条赤龙腾空而上，直到九霄。梦的含意只有呆子才不明白。

第三个不是梦，是一个有道行的巫师亲眼所见，所以是比梦更神秘的真事。但真事也好，做梦也好，既然都是编的，所以还是一类。这个巫师的身份很特殊，他的本职是南齐台城的侍卫官，只是因为他有见神见鬼的特异功能，所以把巫师当成了业余爱好或者第二职业。每天他都要去皇宫执勤，见到太极殿上有六条龙，每条龙各抱一柱。自然一般人是看不到这个的。但有一天，他发现殿上忽然少了两条龙，这自然让他很纳闷，而巫师的本能又告诉他，要闹出关乎天下更关乎自己的大事了。他便在建康城中四处寻找，过些天他终于发现，那两条龙跑到萧懿在京城的府第这里来了。当时萧懿正在成都做着益州刺史，这巫师料到萧懿是真命天子，就不知怎么把侍卫的职辞掉，前往成都给萧懿效力去了。后来萧懿又调任郢州刺史，巫师就回京城，大约是想看看萧懿家里的龙是否又多了几条，这时他才发现，萧懿家和台城中一条龙也没有了，六条龙竟都跑到萧衍在京师的宅子里。此时萧衍正做着雍州刺史，巫师赶快前往雍州去帮闲，不想走到半路就病倒了，临死之前把这故事讲给了同伴，最后说："萧雍州必作天子。"历史证明了巫师的所见，萧懿后来为朝廷召任尚书令，旋即为东昏侯所毒死，而萧衍做了皇帝。

故事编得很奇妙，以往的"望气"改成望龙，一定让当时的人感到很新鲜。故事也很有启发性，这个巫师的东奔西趋在狷介的人看来很没成色，但仔细一想，历代明君贤臣们标榜的"良臣择主而事"其实也就是那么一回事。乱世时群雄争鹿，不雄的只能靠"从龙"起家，于是"择主"就很关键了。有些人买东西要看广告，有些人择主也要看天命。可是广告偶尔也有真的，天命却都是在胡编。但天下大定之后，一个真龙天子和他的从龙将相集团的崛起，也就证明了他们的天命，那些胡编的故事也就成了历史。

但看八十三，子地妖灾起。梁武帝萧衍三十八岁为帝，八十六岁饿死在台城，在位四十八年，除了清代的康熙、乾隆二帝外，可能是历史上最长的了。他这一生留给人们印象最深的只有两件大事，一是把人家的齐篡了，二是把自己的国亡了。没有做皇帝之前，他简直是料事如神（他的高瞻远瞩自然有一群笔杆子为他粉饰），用兵也如神（南齐已经鱼烂，剩下的就是摧枯拉朽了），好像老天爷让时运都围着他转似的。可是他做了皇帝之后，却是一天比一天昏，最后弄来一个侯景，把天下搅得大乱，让南方百姓遭受了前所未有的一次大灾难。而他死前留下了一句名言，道是："自我得之，自我失之，亦复何恨！"彻底把这个老混蛋的伪善嘴脸剥了出来，原来这个一直标榜什么度世救人的佛教徒，对他亲手造成的国家残败、人死过半的惨剧，竟然一点儿忏悔之心都没有。

史书中记载了这么一个故事，好像这一切都是冥冥之中预先安排下的。

梁天监三年（五零四年），刚做了两年多皇帝的萧衍率僧俗两万人，大会于重云殿，宣布舍道归佛。就是六月八日这一天，他正装模作样地向信徒宣讲佛法，忽然一个半疯的和尚跳了出来，又是舞，又是歌，然后又哭了起来，越哭越是悲伤。最后他念诗一首，道：

乐哉三十余，悲哉五十里。
但看八十三，子地妖灾起。
佞臣作欺妄，灾臣灭君子。
若不信吾语，龙时侯贼起。
且至马中间，衔悲不见喜。

（《隋书·五行志》）

此人就是当时的高僧，人称志公的宝志和尚，而他那首五言诗则是对梁武帝享国四十八年的预言。

这预言的第一句“乐哉三十余”是说：“梁自天监至于大同，三十余年，江表无事。”可是天监起于公元五零二年，大同止于公元五四六年，中大同则止于五四七年，应该是四十多年，怎么会三十余年呢？第二句“悲哉五十里”是说到了太清二年（五四八年），建康的台城将为侯景攻陷，而梁武帝享国四十八年，这就是“五十里”。第三四句“但看八十三，子地妖灾起”，最难说清。太清元年，侯景叛西魏自悬瓠来降，悬瓠在建康之北，以十二支方位算是子地。这并没有错，但“八十三”是什么呢？不要以为还是说萧衍的年纪，原来侯景来降的日子是八月十三！“佞臣”应该是指朱异，而灾臣是谁呢？就是下面的“龙时侯贼起”了。“侯贼”自是侯景，而作乱是戊辰年，即龙年。最后两句是说到了马年即庚午年，梁武帝就该崩了。而这造“预言”的人不太认真，实际上萧衍是己巳年即蛇年死的，只不过简文帝即位后在庚午年才改的年号。

荧惑入南斗，天子下殿走。古代天文学家把周天恒星依星座分为二十八宿，为天之经，而日、月及辰星（即后来的水星）、太白（金星）、荧惑（火星）、岁星（木星）、填星（土星）五大行星运行其间，为天之纬。于是星占家就用日月五星出入二十八宿的位置及时间来断人事的吉凶。

梁武帝中大通六年（五三四年）夏四月丁卯，荧惑入南斗，而且去而复还，在南斗一宿中转悠了七十天。

星占家认为：荧惑守南斗，是乱贼丧兵之兆。停守时间过长，则其国绝灭。而且也有例证，如汉武帝元鼎年间，荧惑守南斗，占以南斗按分野在吴越，不久南越相国吕嘉杀死越王，武帝派兵诛死吕嘉，并灭其国。后汉灵帝熹平元年十月，荧惑入南斗中。结果那年十一月，会稽许昭聚众造反，自称大将军，攻破郡县。这都是荧惑守南斗主乱贼丧兵的例子，但更多的是，荧惑守南斗并没有发生什么事，这些星占家就不提了。

星占家也是分门别类，有的就认为荧惑犯南斗主生贵人，有的又认为是克贵人，甚至要把国君克死，据说三国吴主孙权死前二年就出现过荧惑犯南斗的星象。

如今梁武帝时又出现了这种星象，而且民间还造出谣言，道："荧惑入南斗，天子下殿走。"（《资治通鉴》《梁武帝纪》）萧衍虽然为自己的天命造过谣，用那些谣言骗天下人，但他自己也不敢不信民间的谣言。荧惑入南斗，这对天子是很不利的，特别是因为定都于建康，正是南斗的分野吴越之地，这谣言肯定要在自己身上应验。什么叫"下殿走"，就是被赶下金殿，下台了。

对于这种星占所预示的灾殃，除了彻底不信的人以外，历来就有两种对策。一是修德，二是厌禳。星象示警，这是因为人君德行有亏，所以上帝才给以警告，如果人君改正错误，那星象预示的灾难自然就会消除。这种办法就是向上帝承认和改正错误。另一种厌禳术则是不但不承认错误，还要骗骗上帝，什么阳奉阴违、避大就小、舍车保帅、金蝉脱壳等等官场上那一套把戏，如今都用来对付老天爷了。而梁武帝就是采用的第二种对策。你老天爷不是想让我“下殿走”么，那我就提前走一走，于是他脱掉鞋子，做出很狼狈的样子，下了金殿，在院子里跑了起来。也难为这七十多岁的老翁，气喘吁吁地做了一场“逃窜秀”，便认为已经把上天的惩罚对付过去了。

后面发生的事情很让梁武帝丢面子，就在这一年，北魏分裂，魏孝武帝与扶立自己的权臣高欢闹起了别扭，想另立门户，便逃离洛阳，西入关中，投奔宇文泰了。原来这就是“天子下殿走”！那“天子”指的是魏帝，而不是梁武帝，老萧衍自作多情了。于是他不无失落地说了一句：“难道北虏也应天象么？”

“荧惑入南斗，天子下殿走。”这句谣言看来应该是真的了。而且既然流传于梁朝都城，民间在造此谣时，其实说的“天子”就是梁武帝。梁武帝朝政昏乱，百姓早就盼着让他“下殿走”了。至于魏帝的西奔，只是适当其会罢了。

这个歌谣有很持久的使用价值，因为南斗星总是在天上挂着，不是荧惑入，就是太白入，而人世间只要有了浑账皇帝，老百姓就都想让他们下殿走一走。再加上合辙押韵，念着顺口，所以起码到了隋炀帝时，这歌谣就随机应变地又出世了。当时隋炀帝亲御六军伐高丽，关东民心浮动，开国元勋杨素的儿子、礼部尚书楚国公杨玄感就趁机在黎阳造了反。恰好这时天上出现了太白入南斗的星象，于是民间就传起话，说："太白入南斗，天子下殿走。"（《长短经》）虽然杨玄感最后因为战略上失策，没有听从李密之计西据关中，所以为朝廷赶来的援军所讨灭，但这个谣言对全国的局势也很起了些煽风点火的作用，因为紧接着隋末农民大起义就开始了。

天象中荧惑入南斗的事屡见不鲜，所以与人事巧遇也不是不可以无独有偶。明朝正统十四年（一四四九年）己巳就出现了荧惑入南斗的天象，那年鞑靼也先犯大同，太监王振力劝英宗亲征，那结果就是发生了土木之变，明英宗做了俘虏，这一走就走了一年。可是几年之后，这个已经做了太上皇的明英宗又走了回来，复辟了。

青丝白马寿阳来。侯景是以混世魔王留名青史的，没有人会替他说好话，可是他那结果，却也是一步一步被人逼出来的。此人善骑射，多智谋，北魏六镇叛乱时他投奔尔朱荣为大将，击败并生擒葛荣，这是他起家的开始。后来尔朱氏为东魏丞相高欢所灭，侯景又投降了老乡亲、老朋友高欢。但由于他每次打仗抢来的东西都让将士们分掉，不入私囊，所以很得军心，再加上治军严整，每战必捷，他的威名也就仅次于高欢了。高欢死前，对儿子高澄说："这侯景狡猾多计，反复无常，我在世还能控制他，要是我一死，他就不会服从你了。所以最好把他除掉。"侯景也颇有自知之明，一见高澄来信召他回朝，就知道不会有好事，所以先以河南叛附西魏，又向萧梁递了降表。于是西魏大军东进，萧梁大军北上，都来抢东魏的河南之地。侯景后来觉得西魏的宇文泰也只是利用他来夺河南地，不如萧衍老儿冒傻气冒得可爱，便决定把两只脚都放在梁武帝这一只船上。于是东魏派兵来夺回河南，萧梁派兵支援侯景。东魏大将慕容绍宗先大败梁军，断了侯景后援，再与侯景打持久战。侯景粮食断绝，不能与慕容绍宗久持，只好南奔，可是他的士兵都是北人，不愿南下，最后侯景只剩下八百人。

侯景已经穷途末路，但柳暗花明，他居然把梁朝的寿阳城骗到手中，终于得了一个落脚地。梁武帝招降纳叛的结果是损兵又折将，河南之地全被东魏收回，自己一点儿好处也没得到，还要供养着侯景。这还不算，东魏此时又派使者与梁和好，而梁武帝不听侯景的阻拦，答应与东魏和亲。侯景感到自己一座孤城处于腹背受敌的地步，如果不先发制人，只有任人宰割了。就这样，侯景又叛梁南下，连克谯州、历阳，出乎所有人的意外，居然敢带着千八百人渡过长江，直袭建康。守军萧正德正做着皇帝梦，就做了侯景的内应，石头城陷落，叛军便围住了皇宫所在的台城。有趣的是，侯景一路南打，东魏大军就追着占领侯景略过的城池，又把梁朝的淮南地纳入口袋。萧衍老儿这笔生意亏大了。而四个半月后，台城陷落，梁武帝做了侯景的俘虏，终于连自己也赔了进去。这样，一个童谣“青丝白马寿阳来”（《梁书•侯景传》）终于应验了。

但这预言本身的来路就不大清楚。一种说法是，这童谣流传于梁武帝普通年间，即公元五二零至五二六年期间，也就是在侯景叛梁的二十多年前。可是有人大约觉得时间太遥远一些，就说这童谣流传于大同年间，即五三五至五四五期间。而对“青丝白马”也有二说。二说相同的是，侯景既据寿阳，缺吃少穿，就找梁武帝要锦万匹。领军朱异不肯，只给了他很多青布。侯景就用这些青布给士兵们做了衣服，所以侯景的军队是一色的青衣。解释的分歧就在于，第一种说法，“青丝”就是指青衣，所以“青丝白马寿阳来”就是青衣军入建康的预言。第二种说法则认为，童谣是有的，正是侯景听到了这个童谣，南下时就故意骑上匹白马，再用青丝配了马辔，所以这“预言”是侯景利用现成的童谣给自己造舆论。

横尸一旦无人藏。侯景率领一千人渡过长江，把台城围了四个半月，梁朝诸州的援军总有几十万，却居然没能解围，不是被打退，就是观望不进，最后奔亡不暇，也算是少有的怪事了。除了梁朝本身的腐败、诸军之间的猜忌之外，侯景也自有不少过人之处，其中一件值得一提。

侯景攻入建康之后，就宣布，所有投降的人奴全部免身为良民，而且还树了个样板，他找到了朱异家的一个奴仆，一是给他仪同三司的头衔，二是把朱异在建康的家产全都赏给他。然后让这个奴才穿着锦袍，骑着宝马，跑到台城之下，招呼朱异说：“你做了五十年官才得了个中领军，我才刚投降侯王，就是仪同了。”于是三天之内就有几千人奴投向了侯景。而且这些人得了封赏，自是个个感恩戴德，愿为侯景卖死命，因为只有这样才能保卫刚到手的胜利果实。

朱异给侯景写信，陈述祸福，让他明白只有放下武器才能免除败亡。结果侯景回了封公开信，写得真是慷慨激昂，估计是手下谋士王伟的手笔。信中有一段说道："你们梁朝权臣佞人当政，刻剥百姓，以供嗜欲。如果你们还想狡辩，请看今日皇上的池苑，王公的宅第，僧尼的寺院，哪个不是极尽豪华，凝集着黎民的血汗！就是一般的官僚，也是姬妾成群，仆从数千，锦衣玉食。如果你们不掠夺百姓，这些东西都是从哪里来的？！你们不要指望四方的援军会来解救你们，这些王侯、诸将都只想保存自己的实力，没有人会为你们拼命的。长江天险，雄才大略的曹操也对之长叹，可是我却一苇而航，日明气净。这就是天意民心所向！"那么动人心弦，让建康城里城外的人奴们听了，不由得就盼着把台城拿下，然后就等着分宫里的浮财和女人了。

"一封书胜百万兵"。侯景先把自己打扮成一个大救星，取得了平民和人奴的支持，台城就只能坐以待毙了。台城陷落之后，侯景继续"解放"人奴，数以万计的人奴不但免为良民，而且封以头衔，成了侯景军队的中坚和骨干。这些富贵人家出来的人奴具有很大的破坏性和腐败性，他们摇身一变成了新贵，比他们原来的主子可能更糟糕。而侯景本人，这时也用不着再装百姓的大救星了。他指示部将，每遇城栅抵抗，只要攻破就把城平毁，人民杀净，让天下知道他的厉害；而对于民间舆论，谁要是敢说三道四，动辄诛灭全家。

台城陷落之后，梁武帝做了俘虏还想要个帝王的风度气派。他坐在金殿上，神色不变，传令侯景来“进见”。侯景到了，开始还很局促，只听萧衍问道：“你渡江时有多少人马？”侯景答道：“一千。”“围城时呢？”“十万。”“那现在呢？”侯景一看鼎鼎大名能文能武的梁武帝就是这么个糟货，连个像样的问题都没有，便昂然答道：“普天之下，莫非我有！”梁武帝立刻瘪了。这天下既然已经成了侯景的，自然就该轮着他来糟蹋了。

对这场侯景之乱，志公和尚早有预言。据说天监十年（五一一年）的四月八日，梁武帝在重云殿又召开大法会，上台开讲，志公便又歌舞而出，来了段顺口溜，道：

> 兀尾狗子始著狂，欲死不死啮人伤，
> 须臾之间自灭亡。患在汝阴死三湘，
> 横尸一旦无人藏。

（《隋书·五行志》）

“狗子”是侯景的小名，“兀尾”就是秃尾巴，前两句就是说侯景叛乱开始几年的猖狂。“汝阴”即汝南，侯景起兵反东魏，就是在这里的悬瓠城。“三湘”是指湖南，侯景占据建康之后，他的军队西进占领了江州和夏口，然后进军江陵，企图消灭湘东王萧绎，但最后在巴陵即岳阳受重挫。所谓“死三湘”，这一句没有应验，估计这条预言就是在这次战争中由萧绎一方造出来鼓舞士气的。但侯景虽然没有死于三湘，巴陵一败却成了侯景军事失败的转折点。而也就是在这时，江陵还造出“苦竹町，市南有好井。荆州军，杀侯景”（《南史•侯景传》）的歌谣，与假托志公的谶语自然出于同一功利目的。

在此顺便说一下这位宝志和尚，因为他在预言史中有着与诸葛亮、刘伯温一样的地位，也就是说，后代不管谁编的预言，总要贴上个古人做标签才能提高可信度，那么志公就是这些标签中的一个。在唐玄宗天宝末年发生安禄山叛乱之后，就有人说：志公和尚早就预言过这场事变了。于是就出来一首谶语：

两角女子绿衣裳，

却背衣行邀君王，

一止之月必消亡。

（刘禹锡《刘宾客嘉话录》）

“两角女子”是个“安”字，“绿”就是“禄”的同音。“一止之月”就是正月。安禄山将在某年的正月败亡。这个故事还有一个“插图本”，说是志公画一鹿负鞍而走，然后旁边题谶云云。

志公不但预言了唐代的事，连五代以后的事也都预言过。那是五代时一块可能从地上挖出来的铜制的小碑，里面记着不少预言，其中就有一条道：“有一真人在冀州，开口张弓左右边，子子孙孙万万年。”（《杨文公谈苑》）“真人”就是真龙天子，“开口张弓”就是个“弘”字，据说南唐中主给他的儿子起名为弘冀，吴越国王钱镠给他的几个儿子起名都带个“弘”字，就是想应此谶。可惜这个谶早已有了主儿，那就是宋太祖赵匡胤的老爹，赵弘殷。

还有一传说，在五代南唐保大年间的一个秋天，伏龟山崩塌，出一石函，长二尺，阔八寸，中有铁铭，铭文写道：“梁天监十四年（五一五年）秋八月葬室于是。”铭背先有小引，说此偈为志公所做，然后下有偈文道：

莫问江南事，江南自有凭。

乘鸡登宝位，跨犬出金陵。
子建司南位，安仁秉夜灯。
东邻家道阙，随虎过明征。

（《宋史·五行志》）

其字皆小篆，南唐学问最大的徐铉、徐锴、韩熙载都看不明白。及至南唐为宋所破，就是三家村的老学究也都懂了，于是他们就讲解起来。原来这诗说的就是南唐为宋所灭之事。

李后主生于丁酉，又以丁酉年即位，这就是“乘鸡登宝位”。至甲戌年国破北行，就是“跨犬出金陵”。当时宋军大将曹翰驻兵于城南，就是“子建司南位”，子建就是曹植，所以姓曹的就都才高八斗了。潘美统兵于城北，就是“安仁秉夜灯”，安仁就是潘安，有名的美男子，姓潘的都爱听。后两句当时还不大明白，等到戊寅年吴越国的钱氏举国入觐，方才得验。“家道阙”就是没钱，南唐的东邻不姓钱了。而“随虎”自然是指虎年戊寅了。这种三家村的作品也要冒志公的名字，可见志公当时在民间的名气确实不小。

托名志公和尚的名谶，还有《洛阳伽蓝记》所载的“大竹箭，不需羽。东箱屋，急手作”，《南史·王神念传》所

载的 “太岁龙，将无理。萧经霜，草应死。余人散，十八子”等等。而二十世纪在敦煌残卷中发现的宝志和尚“大预言”，更是此公登峰造极之作，可惜断烂不全，难于卒读，附载于此，聊备好奇者破解：

五马从南来，燕赵起三灾。□□勤修善，得见化城开。兔子乱三州，万恶自然收。东弱西强阿谁愁，欲得世燕南头。武安川里白鸡鸣，百姓辽乱心不宁。四月八日起鬼兵，冀州城东起长城。尔来君士面奄青，五月十日灭你名。冀州城头君子游，折尾苟子乱中州，欲得避世黄河头。今年天下是乱世，但勤修善自防身。得安乐，无忧愁，不肯看经心罗错。天下辽乱真可留，若得尽门斩贼头。四月八日游，斗鸡台上樗蒲卢。正见笑，兵不输，阻雉正见唤兵人人死室粟麦无□□犊合河北脱却角白血五之间辽乱推搭，圣人之间天运迎。秃人今日已定，不须卜于长安。天坐住汝男津，百官大会千斤肫。一斗谷夜饷，一匹绢二丈，丁车大牛西南上。若不信吾语，看先乌东飞，雉北走，空虚匡上见猪狗。□□□□□，日无光，月无影，星辰辽乱入（下缺）。

到了宋代以后，随着通俗小说的流行，更能哄弄老百姓的标签人物多了起来，诸葛亮、李淳风、邵康节、刘伯温，还有更厉害的姜太公、吕洞宾都是新产品，而且多是与老道关系相近的国货，所以更新换代，志公也就歇菜了。

明镜不安台。梁武帝的福气不小，只做了两个月阶下囚就死了，把剩下的罪孽留给别人受了。当时建康城里最缺的就是粮食，蔬菜更是别想，所以连“瓜菜代”的主意也没法出笼。侯景对梁武帝很优待，让他天天吃鸡蛋。长久下去，肯定新陈代谢出了问题，纳新而不吐故是很不爽的，萧衍就想找些蜂蜜疏通一下，但是那荒城之中哪里去找这稀罕东西，于是萧衍就口中发出“荷荷”的声音咽了气。到底他是被屎憋死的还是饿死的，至今也没有人考察出定论。萧衍死后，太子萧纲受侯景之命即了那个晦气的鸟位，就是历史上的简文帝。

梁武帝天分极高，能文能武，诗文歌赋都很在行。难得的是他的几个儿子也都能在文学史上占有一席，早死的昭明太子萧统不必说了，就是这简文帝萧纲，还有后来在江陵即位，以读书多、烧书多著名的梁元帝萧绎也都不差。当然这几位帝王文学家辞气卑弱，锦衣玉食之外就是女人，但艳体终是一格，后人也有爱“逐香”的。

现在说的是简文帝的一首《寒夕诗》，其中有一句：“雪花无有蒂，冰镜不安台。”还有一首《咏月》，大同小异：“飞轮了无辙，明镜不安台。”（《南史•侯景传》）诗并不怎么样，但后人认为这两句诗都是无心而造的谶语，也就是“诗谶”。雪花没有蒂，无蒂就是“无帝”。冰雪或明月即是如镜，也无须而且无法为它们装上镜台的，可是“不安台”就是“台不安”，意思是台城要陷落于敌了。圆月雅称“冰轮”，杨娘娘唱的“海岛冰轮初转腾”是也，可是这轮子在天上转起来是没有车辙的。而这也是谶语，“轮”是邵陵王萧纶，侯景自采石渡江，萧纶昼夜兼行入援建康，初有小胜，后终大败，所以这个“轮无辙”就是萧纶白跑了一趟。

既然谣可以为谶，诗化为谶也没什么可奇怪的。但问题在于，上天是怎么样把他要降于人世的意志注入歌谣或诗歌中的。歌谣的神秘性在编出了荧惑小儿下凡之后，就变得简单多了，那是由天帝的写作班子创作之后，才传达给民间的。但文人创作的诗歌呢？上天是怎样把自己的意志化为文人的灵感，然后在全无觉悟的情况下写出预言自己祸福的谶语的呢？这对于我们来说有些不可思议，但在已经习惯于民间巫术熏陶的人们看来却并没什么不正常，巫婆被神灵附体之后不是也在全无知觉的情况下代神立言么，那诗人当时的状态大约也被什么附体了吧。

但那些诗谶大多是对诗人个人身世的预兆，涉及政治的极少，所以其价值也不过就是聊供好事者作为谈资而已。下面我们就举出一些例子，让读者知道诗中还有这么一种东西，而对于爱写诗的朋友，为小心起见，最好少写那些无病呻吟、装穷卖愁的诗句。

北朝的周宣帝与宫人夜中连臂踏足而歌道："自知身命促，把烛夜行游。"（《隋书•五行志》）结果他即位三年就崩了。隋开皇十年（五九零年），文帝到并州，与秦孝王及王子相宴饮。文帝兴发，做了一首四言诗，道：

红颜讵几，玉貌须臾。

一朝花落，白发难除。

明年后岁，谁有谁无。

到了第二年子相就死了，至开皇十八年（五九八年）秦孝王也薨了。好像这些诗有什么病毒似的，谁念一念也要发病。隋炀帝游幸江都，很多宫女不能随从而往，哭泣起来。

炀帝乃题诗赐宫娥曰：“我梦江南好，征辽亦偶然。但存花貌在，相别只今年。”（《分门古今类事》）这一去果然就没有再回来。当时群臣上寿应该有不少歌颂万岁的诗句，但看来这“万岁万岁万万岁”最好由自己来喊才能见效。又一说：炀帝因幸江都，作五言诗曰：“求归不得去，真成遭个春。鸟声争劝酒，梅花笑杀人。”（《隋书·五行志》）炀帝以三月被弑，即“遭春”之应。所谓“求归不得去”，是因为此时“盗贼”蜂起，道路不通，而不是因为他做了一句晦气诗。

唐人刘希夷的《代悲白头吟》是脍炙人口的，其中有一句“今年花落颜色改，明年花开复谁在？”据说他写完这一句，忽然悟道：“这话太不吉利了吧？”又构思了很久，便想出了一句：“年年岁岁花相似，岁岁年年人不同。”（《本事诗》）写完心中还是很不舒畅。这时有人为他开解，说：“写句诗，哪里就会有什么预兆？”而且刘希夷也对这两句很不舍得割弃，就都留在篇中。谁知道，第二年春天，正是花开花落的时节，他就去世了。可是讲这故事的人应该再补充一下刘的死因。《唐才子传》说，刘的舅舅宋之问爱他那联“年年岁岁花相似，岁岁年年人不同”，要趁着这诗还没有传出，把这句让给自己。刘希夷不肯，大力士宋之问就用个盛土的口袋硬把外甥压死了。这样一说，刘的那句诗就不是诗谶，而是祸根了。（可是这只是一说，据《旧唐书》，刘是“为奸人所杀”。）

唐人崔曙做进士时，写了一首有名的《明堂火珠》诗试帖，其中有“夜来双月满，曙後一星孤”的名句。可是第二年崔曙就去世了，身后唯留下一个女儿，名叫星星，人们才明白，原来“曙后一星孤”是对自己未来的谶语。

南唐李后主有《落花》诗，中云：“莺狂应有限，蝶舞已无多。”（陆游《老学庵笔记》）果然时间不长就亡了国，正应了“有限”和“无多”。看来这两个词儿诗人应该慎用，李后主要是改成“莺狂应无限”，可能现在还和小周后缠绵着呢。

苏东坡有《游金山寺诗》：“我家江水初发源，宦游直送江入海。”还有一篇《松醪赋》，道：“遂从此而入海，眇翻天之云涛。”人们也把这两句看作晚年被贬儋耳的谶语。而且有人说，苏东坡不仅写诗自谶，还无意中“以谶杀人”。他曾经写诗赠潘谷，有句云：“一朝入海寻李白，空看人间画墨仙。”数年之后，潘谷果然因醉赴于井中，趺坐而死。但此说颇为失考，潘谷并不是为谶所杀，因为在传说中潘谷正是“墨仙”。《苏轼文集》有《书潘谷墨》一则云：“卖墨者潘谷，墨既精妙而价不二。士或不持钱求墨，不计多少与之。一日，忽取欠墨钱券焚之，饮酒三日，发狂浪走，遂赴井死。人下视之，盖趺坐井中，手尚持数珠也。”而那两句诗正是在潘谷仙后或死后所写。

苏东坡的朋友秦少游曾于梦中作《好事近》词，中有“醉卧古藤荫下，了不知南北”之句。后来少游从南方流放地北归，走到藤州时，命终于瘴江之上的光华亭。于是那句词正是他卒于藤州的谶语。但也不对了，因为那两句词正是少游于藤州临终之前写的。

明朝时右都御史王越谄事太监汪直，官骤升至威宁伯。一日忽作诗曰：

归去来兮归去来，千金难买钓鱼台。
也知世事只如此，试问古人安在哉？
白发有情怜我老，黄花无主为谁开？
平生报国心如火，一夜西风化作灰。

（都穆《都公谈纂》）

此诗写后不久，汪直就垮了台，王越也受了牵累削职为民，这不就是诗谶么？但也不对了，因为那诗根本就不是王越写的，而是几十年前别人写的，只是好事者把它转嫁到王越身上而已。

清嘉庆间，六安陈鳌中丙辰科进士，复试第一。当时试题为“首夏犹清和”。陈鳌起句即云：“入夏初居首，春光剩几分。”此前数科，凡复试第一者多得状元，可是陈鳌没过几天就死了，连殿试都没赶上。（姚元之《竹叶亭杂记》）

看来“诗谶”这东西是有的，诗人本来好为穷苦之辞，所谓“为赋新词强说愁”是也，但万一遭了不幸，人们就可以把那诗说成是预言。可是有人太热衷于这种文字游戏，颠倒时空，挪移作者，以凑成故事，那就不仅厚诬古人，也有些愚弄读者了。

【南北朝·陈】

天子之居在三余。梁武帝在世时，昭明太子萧统早故，按照宗法，长子死后，应该立长子之子为皇太孙，作为嗣君。但萧衍没有这样做，而是立萧统的弟弟萧纲为太子，这样就打破了立嫡的规矩。梁武帝也觉得有些对不住死去的太子萧统，就把萧统的几个儿子萧誉、萧詧、萧鉴等立为诸王，而且封以重藩。萧誉等人心中仍不平衡，而萧纲也对他们心存疑忌。萧纲的几个兄弟萧绎、萧纶等虽然站在萧纲一边，但他们之间也互有猜疑。这些拥有重兵的诸王，在侯景占据台城的时候就互相厮打起来，等到侯景败亡之后，诸王为了争夺空下来的帝位，更是打得你死我活，其结果是你死了我也没活，让大将陈霸先捡了便宜，篡取了梁朝的皇位。

据说梁武帝时民间就有童谣说："天子之居在三余。"（《梁陈故事》）这"三余"显然是个地名，但以萧衍之博学，竟从来没有听说过这么个地方，于是他睿思独运，认为这"三余"可能就是指余干、余杭、余姚三处，便派了一些巫师到这三处厌禳，具体那巫术是怎么用的，不得而知，按梁武帝的宗教信仰估计，大约是老道、和尚、巫师一齐上了。此外，当时还有个童谣，其中有一句是"鸟山出天子"。鸟山也是不知为何地，梁武帝就把他疆域以内所有带鸟字的山全让人凿破了风水。看来天命是不可违的，萧衍折腾了一顿，新天子还是出来了，原来陈霸先的故乡长兴有座雉山，而他出生的村子则叫三余里。

实际上，三余出天子的预言可能很早就出现了。与梁武帝同时的北魏人郦道元，在他的《水经注》中就记载了这个预言，说早在汉末，浙江一带就有童谣说“天子当兴东南三余之间”，（《水经注•浙江水》）而三国孙权为此把会稽的余暨县改名为永兴，又把乌程的余不乡分属永安县，就是要破坏这个“三余”。但浙江带“余”字的地名还不少，所以又让梁武帝给这些地方动了手术。

陈霸先的老家是不是叫三余里，却也有疑问，因为作为正史的《陈书》说到他的故乡，是“下若里”。于是而又出了一种说法，“三余”是指陈霸先住的地方有余千山、余罂溪、余鱼浦。这些说法都未必靠得住，只不过编了这些故事，就说明“天子之居在三余”这个老天爷开下的支票已经兑现，以后就不能再流通了，这样浙江人也就可以安心过自己的日子，不必担心再出什么鸟皇帝，惹得山川不宁了。

城南酒家使虏奴。陈朝是六朝中疆域最小的一个朝代。先是梁武帝偷鸡不成蚀把米，把淮南丢给了东魏。然后是梁简文帝死后，江陵的湘东王萧绎称帝，却嫌建康城已经让侯景弄得稀巴烂，不愿意回去，就立都于江陵。此时坐镇成都的益州刺史、武陵王萧纪不干了，便也在成都登基称帝，然后率大兵东下，与萧绎争帝。四川空虚，北方的西魏就派兵轻取，从此四川也从梁的版图中消失了。萧绎虽然把萧纪平灭了，可是自己又让岳阳王萧詧借来的西魏大军给灭了，西魏扶立萧詧为梁主，都于江陵，实际上是西魏及后来的北周的附属国。这样等陈霸先篡梁的时候，云、贵、川及湖北的大部都不在接收清单之内了。长江以北全是北朝的领土，建康城的江对岸就是敌国，这可能是历史上很难得的一次严格的划江而治了。

但就是这个狭小的局面，也是陈霸先奋力拼来的。因为在他篡位的前夕，北齐的军队已经打进建康并占领了石头城。但陈霸先总算打了一场漂亮的胜仗，把北齐赶过了长江。据说在此之前就有一首童谣，道："虏万夫，入五湖，城南酒家使虏奴。"（《南史·陈武帝纪》）果然，胜利之后，陈军捉到俘虏就押到酒店里，用俘虏换酒喝，因为俘虏太多，大大贬值，一个俘虏勉强能换一醉。由于酒店里都用上了不付工钱的北方打工仔，所以说"城南酒家使虏奴"。但这里要加一个说明，这个"虏"在以前本来是指"北虏"即北方少数民族的，可是齐、梁之后，江南人就把所有的北朝人通称为虏了，所以这些"虏奴"其实是汉人。这些北方汉人真是可怜，统治者无能，把他们丢给了异族，现在却又把他们当作异族对待，被称作“虏”，就近于国民党的接收大员骂沦陷区的百姓为“汉奸”、“伪教授”、“伪学生”一样。好在陈朝的寿命有限，等到自己也亡于北朝成为“虏”的时候，这种歧视的称呼也就没有人再提起了。

独足上高台。陈武帝陈霸先做了不到二年皇帝，就死了。继承皇位的是他的侄子临川王陈蒨，就是历史上的陈文帝。因为陈霸先早年征讨侯景时，几个儿子都留在江陵，及至江陵为西魏攻陷，这些人也就落在北朝手里。陈霸先登基之后，屡次要求北周把儿子放回来，但一直没有结果。现在文帝即位，北周才同意放回陈霸先的世子陈昌。文帝当然明白陈昌回来意味着什么，就让自己的亲信去到边境迎接。这一边文帝大摆法驾准备夹道欢迎，可是那一边在过江时就让陈昌“失足落水”而死了。

陈文帝的这一损招得了报应，他死后儿子即位，由弟弟安成王陈顼辅政，但不久陈顼就废了侄子，自己披上龙袍，也就是陈宣帝。宣帝在位十四年，在这期间，北周先灭了北齐，统一了中国北方，然后杨坚篡周，建国号为隋，等陈宣帝一死，后主陈叔宝即位，隋文帝杨坚已经开始琢磨着把江南半壁纳入囊中了。

陈后主在历史上也算得青史留名的昏君了，他虽然不如李后主那样多情善感、文采焕然，留下一些诗词供后人一唱三叹，以致让一些革命文艺家纳闷，我这样高的阶级觉悟怎么也会为“不堪回首月明中”所感动？

而这位陈后主也有文采，却也能写出“惊风起嘶马，苦雾杂飞尘”的好诗句，但究竟比不上他留下的那些“艳迹”更有名，艳妻张丽华让当时是晋王而后来做了隋炀帝的杨广为缘悭一面而耿耿于怀，以致向不让他“审美”的大功臣高熲动了刀子，而鸡鸣山上那口曾吞而复吐过一个昏君两个美人的井，也有了艳名叫胭脂井，至今还为好怀古兼怀美人的文人墨客所神往。

但是结束历时两个多世纪的南北分裂局面究竟是件大事，所以对于陈亡，老天也特意多造了些可供后人做谈资的谣谶，只是气氛有些阴森森的。

早在陈武帝即位之初，有个叫史普的小官在台城里值夜班，不知是梦见还是在昏昏沉沉中看见，有个神人自天而降，前导后随了几十名侍从，直至太极殿前，面朝北，手执金字玉书，对着大殿宣读道：“陈氏五帝三十二年。”（《南史•陈后主纪》）这显然是天帝派来的使者给陈霸先授予天命来了，但选的时候是黑黝黝的半夜三更，对着的是空荡荡的大殿，而这么吝啬的赏赐又不如说是短命的诅咒，自然不会让陈霸先舒服，所以史普对此事一直缄口不提，只能在陈亡之后才向新主子当作见面礼公开。

到了陈叔宝做太子的时候，忽然不知从何处来了一个妇人，进入东宫就唱起来，唱词就是三个字：“毕国主”。估计那歌声一定很凄厉森人。但一刹那间，那代表阴气的妇人也就不见了。又是不知从何处来了一只晦气的乌鸦，只有一只爪子，独立在东宫的庭院里，用嘴在地上写了一首诗，道：

独足上高台，盛草变为灰。
欲知我家处，朱门当水开。

据明白人解释，“独足”是指陈后主独行无众，“盛草”是言政治荒秽，隋在德运为火德，草遇到火就成了一堆灰。所谓“朱门当水开”，是指后主最后的下场，他作为俘虏到了隋都长安的时候，全家被安置在都水台，前面临水。但我觉得这解释很是勉强，所以这个童谣虽然不是乌鸦的作品，但很可能真在民间流传过，所以在当成预言来解释时总要有些牵强的地方。还有一首童谣应该也属于此类。那是据说陈朝初年就有的：

黄斑青骢马，发自寿阳涘。

来时冬气末，去日春日始。

（《隋书·五行志》）

起首两句很像是“青丝白马寿阳来”老民歌的改造，这是民歌中常有的事。但这里的“黄斑”被说成是老虎，而隋朝灭陈的大将正叫韩擒虎，他是骑着青骢马来的。然而一个是虎，一个是擒虎，正是对头，不是附会得太生硬了么。不管它，反正隋军来的时候正是冬末，而凯旋时正是春初，这一点是完全符合的。

不仅民谣可以附会，就是前人的诗歌也照样可以用来改造成预言。东晋的王献之有一首《桃叶辞》，道：“桃叶复桃叶，渡江不用楫。但渡无所苦，我自迎接汝。”（《南史·陈后主纪》）到了杨广率大军抵达六合，所驻的地方正是桃叶山，而渡江时所用的船只都是陈人的。

有些传说更离奇，是真正的妖异了。据说有一次陈后主乘船，只听船下有声道：“明年乱。”往下一看，见一婴儿，身长三尺而没脑袋。还有建康钟山上有一群鸟，鼓着两翼拍打着胸脯，哀哀啼叫着："奈何帝！奈何帝！" 这种《搜神记》里才能找到的怪闻居然被载入史书。

【南北朝·北魏】

虏马饮江水，佛狸死卯年。东晋末年正是十六国后期，刘裕北伐，灭南燕及后秦，恢复了关中地区。但他急于赶回江东篡取晋帝的皇位，所以他的北伐成果就是替鲜卑人的魏国做了前驱。刘裕走后不久，他留下的镇将内部火拼，关中为夏国所取。剩下的就是魏国灭夏，灭北燕，灭北凉，统一了中国的北方，与已经取代东晋的刘宋形成南北对峙的局面。中国历史进入了南北朝时期。

宋文帝元嘉二十七年（四五零年）决定北伐，遣王玄谟、沈庆之、申坦由东路攻山东、河南，为北伐主力。兵势很盛，魏人丧胆，短短一两个月就深入敌境数百里。魏太武帝拓跋焘本来就认为檀道济死后南朝没有大将，所以对宋军不太在意，从容待至九月秋凉，方才亲率大军迎战。只会说大话的王玄谟见魏主亲征，吓得不战自溃。魏军乘锐，一直打到长江北岸的六合，扬言要渡江攻打建康。这时宋文帝四顾左右，将无良材，才后悔当年杀了檀道济。

但其实拓跋焘并没有渡江的打算，也许是他不想重蹈苻坚的覆辙，也许是只想给宋文帝一个教训，让他少打北侵的主意，但这里面还有一个微妙的因素在起作用，那就是民间和他自己的军队里流传着一些不吉利的歌谣。其中一个童谣是：“虏马饮江水，佛狸死卯年。”（《宋书•臧质传》）虏自然是指北虏，也就是魏军，“饮江水”已经成为事实，北魏的兵马就驻扎在长江边上；今年是庚寅，明年就是辛卯，而“佛狸”正是拓跋焘的字。与此同时，就是在江北，还有一个童谣是：

轺车北来如穿雉，不意虏马饮江水。

虏主北归石济死，虏欲渡江天不徙。

轺车是一种轻便的小车，使者往往乘之。所以前两句是说北方的使者频频南下，本来是有意通好的；可是谁能想到，事态竟变化到魏主亲率大军饮马长江了。这两句可以看出北朝军民渴望和平、厌恶战争的情绪。后面两句有些不太明白，但整体上是清楚的，就是拓跋焘不但不能渡过长江，北归时还有性命之忧。这个歌谣是流传于“虏中”的，所以歌谣中的“虏”字很可能是南朝人再加工的结果。

于是在次年即辛卯年的正月，拓跋焘开始率军北撤。

在拓跋焘去年南下时，曾路过盱眙城，知道那里存有很多粮食，就想留着北归时再攻，用那里的粮食供应军需。可是他这个算盘也白打了，盱眙守将臧质是个软硬不吃的人。拓跋焘派使者向臧质求酒，臧质就封了一坛子尿给他。拓跋焘大怒，筑起长围，誓死要把盱眙拿下。同时他还给臧质一封信，意思是：

> 我现今派去攻城的不是我的国人，都是丁零、匈奴、氐、羌之类，你把他们杀了，正好替我除去隐患。

臧质回信道："你以为能打到长江边，就是战无不胜了么？难道你没听说那首'虏马饮江水，佛狸死卯年'的童谣么？王玄谟退于东，申坦退于西，就是因为卯年未至，故意给你留条路，让你先去应了'饮江水'的谶，然后再应'死卯年'。你如果为乱兵所杀，还是你的幸运；如果为我活捉，锁到建康城，那你可就更惨了。"

拓跋焘气急败坏，血攻盱眙三十天，也没能拿下。此时魏军开始有了瘟疫，而且有消息说宋军已经从他路包抄过来，要断他的后路，于是拓跋焘只得仓皇撤军。

在这场战争中，童谣确实发挥了瓦解敌军人心的作用，但也不能忽视的是，魏军内部就有大量的被征服的民族，这些被胁迫作战的人众先已具备了瓦解之势，而且很多谣言就是他们造出来再传播出去的。这两首谣言并不是很久之前就流传的预言，它们出现的时间不会早于魏主南下的中途。因为拓跋焘打到彭城时，还让尚书李孝伯对据守彭城的宋将夸口，说：“我今当南饮江、湖，以疗渴耳。”而彭城出来对话的张畅则答道：“如果让虏马能饮江水，那就没有天理了！”可见此时还没有“虏马饮江水”的童谣，如果有的话就不会出现这样的对话了。

虏马饮江的局面是南朝上下所最不愿意见到的。但拓跋焘不但夺下海口，而且一路势如破竹，居然就饮了江水，于是童谣就在这期间出来了，其意若曰：假如“虏马饮江水”，必然“佛狸死卯年”！对于这预言，宋文帝是“宁可信其无”，所以他登上石头城，北望魏军，忧从中来，叹道：“檀道济若在，岂使胡马至此！”而拓跋焘则相反，他是“宁可信其有”的，因为他知道魏军虽然号称百万，但成分极杂，军心不稳，说不定什么时候就会出现风声鹤唳的大崩盘，他的老命丢在外面的可能性不是没有。所以他的退军确是上策。

拓跋焘没有死于辛卯年，而是在第二年即壬辰年的春天为他的近幸所杀。

驱上树，不须梯。说句实在话，北魏与南朝相比，谣谶要少得多，特别是前期，几乎找不到什么“××出天子”一类的谶语。对于一个刚把五胡诸国统一起来的国家，谣谶实在是煽风点火闹乱子的祸害，早在太武帝的爷爷拓跋珪平灭后燕时，就有个后燕的太守叫仇儒的，造出：“燕东倾，赵当续，欲知其名，淮水不足。”（《魏书·长孙肥传》）

这个谶语，哄得土匪赵准称王兴兵，差一点儿把河北从魏国手中夺回去。所以到了太武帝太平真君五年（四四四年），他在禁佛的同时即下诏严禁谶纬之学，不许民间挟藏谶记、阴阳、图纬、方伎之书。而三十年后的孝文帝，又再次严禁图谶、秘纬，特别点名《孔子闭房记》等书要全部焚毁。所以在北魏前期，民间就没有出现什么谶语，就是讥刺时政的民谣也多是在魏政既衰之后才出现。虽然这并不能阻止一些野心家仍旧偷偷地藏谶、造谶，但究竟是偷偷的。

北魏的下坡路是从北方六镇的叛乱开始，叛乱虽然平息，但产生了一个军阀世家尔朱氏。而朝廷里把持政权的胡太后纵欲乱政，以至嫌十九岁的小皇帝碍事，竟用毒酒把自己的亲生儿子药死了。尔朱荣总算找到了夺权的借口，便立长乐王元子攸为孝庄帝，举兵攻下都城洛阳，把胡太后和她新立的三岁小皇帝扔进了黄河。这倒也不算什么，可是尔朱荣又把朝臣全部召集到河阴，然后纵兵屠杀，自丞相以下死了两千多人。这时尔朱荣的军队中开始传出了谣谶，道："元氏既灭，尔朱氏兴。"（《北史•尔朱荣传》）

尔朱荣造了谶，但要想做皇帝却嫌太早，因为老百姓不服，手下的亲信也觉不妥。正在他一步一步地向皇位上凑的时候，孝庄帝先下手为强，趁着尔朱荣入朝，就在金殿上把他杀了。尔朱荣虽死，但尔朱氏和老部下高欢、贺拔岳等还在，于是尔朱兆、尔朱世隆等又聚兵攻入洛阳，勒死了孝庄帝。

就在这个月，纥豆卢步蕃大破尔朱兆，尔朱兆请高欢援救。高欢与尔朱兆合击大破步蕃，尔朱兆感激高欢，就约为兄弟。可是这兄弟俩互相猜疑，没有多久就翻了脸。而尔朱世隆在洛阳立长广王为帝，尔朱兆又怪他没有和自己打招呼，也准备兵戎相向。

高欢看出尔朱氏不但已经为世人唾骂，而且自己也四分五裂，它的末路到了，便起兵讨伐尔朱兆，以少胜多，把他杀得大败。这时洛阳城里也看出尔朱氏即将完蛋，就传出歌谣，道：

三月末，四月初，
扬灰簸土觅真珠。
头去项，脚根齐。
驱上树，不须梯。

（《魏书·尔朱彦伯传》）

果然，到了次年的三月底，尔朱一党的斛斯椿反水，派兵掩袭尔朱世隆，搜捕尔朱氏，向高欢献出了洛阳城。这正应了“扬灰簸土觅真珠”，那真珠就指的是尔朱氏。尔朱世隆和尔朱彦伯等人的脑袋被切下来，所以是“头去项”，在把首级送到高欢那里请功以前，曾经在斛斯椿门前的大树上挂了示众，所以应了“驱上树，不须梯”。

不久，贺拔岳与宇文泰在长安杀死尔朱显，归降高欢。高欢又穷追尔朱兆，逼得他无路可逃，最后一根麻绳上了吊，也是“上树”的另一种形式。除了尔朱仲远南逃投奔了梁武帝，尔朱氏算是彻底覆灭了。从兴起到权倾天下，再至灭亡，这个军阀世家也不过就闹腾了八九年。

铜钹打铁钹。高欢把以前立的那些小皇帝全都报废，然后立平阳王元修，即魏孝武帝，自己则任大丞相，总揽朝政。但他立的皇帝与他并不一心。

这其间有人挑拨，那人就是斛斯椿。此人德性极差，便巧谄佞，作为尔朱荣的心腹，他出了不少坏主意，后来看尔朱氏大势已去，又卖主求荣。高欢最瞧不起这种人，而斛斯椿也明白高欢不会信任自己。所以自从他把洛阳城卖给高欢之日起，就等着机会再把高欢卖了。而孝武帝也不是温良恭俭让的君子，他既能对威胁自己地位的皇室诸王下狠手，就更不想做高欢牵线的傀儡皇帝。于是斛斯椿就和孝武帝信任的几个皇族，开始在皇帝面前说高欢的坏话，并撺掇皇帝倚重长安的贺拔岳。这样，孝武帝就和贺拔岳、贺拔胜不断来往，准备里应外合，伺机一起收拾掉高欢。

据说早在七八年前，也就是孝明帝的时候（五一六～五二八年），洛阳民间好用两个钹相击，嘴里还唱着“铜拔（即钹）打铁拔，元家世将末”（《北齐书·神武纪》）。

元家就是皇室，自魏孝文帝改革，就把原来的拓跋氏改姓为元，所以“元家世将末”也就是说魏朝的世运即将完结。而铜钹也好，铁钹也好，都是指的拓跋氏，他们之间互相猜疑，互相杀戕，这就是“铜钹打铁钹”。但后来的预言家们说，这个童谣不是当时人对元魏的诅咒，而是对以后孝武帝时政局的预言，即孝武帝这个拓跋氏与关中的贺跋氏都将要衰败了。

明明是两个“拔”正在携手密谋，怎么能把“铜钹打铁钹”附会上去？至于这两个“拔”的衰败，如果仅限于贺拔岳和元（拓跋）修两个人，倒是事实，但只是时间相近，却不是一码事。时间是公元五三四年，首先是贺拔岳为人暗算被杀，部将推举宇文泰为主，虽然关中地区仍不容高欢插足，但总算有一个钹碎了。然后是孝武帝脱离高欢，让解斯椿这红娘勾引着“私奔”了宇文泰。可是孝武帝倚人门户，却还想当主人的家，所以宇文泰就给他一杯毒酒，让他知道了自己算是老几，这只钹又碎了。不管怎么说，两只钹都是在关中碎的，洛阳的童谣怎么会管得那么宽呢？

据说孝武帝被宇文泰所杀，也是早在孝明帝时就有预言的，当时洛阳有童谣道：

狐非狐，貉非貉，

焦梨狗子啮断索。

（《北史·魏孝武帝纪》）

宇文泰小名黑獭，而俗称黑獭为“焦梨狗子”，而“索”即指索虏，因为鲜卑族人好把头发编成辫子，像绳索一般，所以汉人蔑称为“索虏”，此处也就成了元魏皇帝的代词。这个童谣就是说鲜卑人要为宇文泰所灭。但宇文氏就不是鲜卑人了么？不太清楚。歌谣说他“狐（双关指北方的胡人）非狐，貉（双关，本来是中原人对南方少数民族的蔑称，此处则指南方汉人）非貉”，而宇文部的起家虽是为鲜卑人所奉，但宇文泰却似乎不愿意承认。他自称为炎帝之后，但华宗渺远，我们也不能替他去寻根，就让他是焦梨狗子吧。

此后宇文泰另立元宝炬为帝，而此时高欢早立了元善见为帝，北魏就分裂为东魏和西魏。这样又维持了十多年，高欢的儿子高洋废掉了东魏帝，建北齐；宇文泰的侄子宇文护也逼着西魏帝禅位，建北周。此时南朝正是陈霸先的天下，南北朝也进入了尾声。

【南北朝·北齐】

百尺高竿摧折，水底燃灯灯灭。北魏分裂为东、西魏之后，魏国已经是名存实亡了。北齐的称帝虽然自高洋开始，但作为“齐王”的建国，却是高欢时的事，只不过那国只是封国罢了。高欢是渤海蓨县人，渤海又称东海，在齐地，所以最初魏帝封高欢为渤海王，死时又加封齐王。早在六镇葛荣起兵时，就有一个术士荆次德说谶，道“代魏者齐”（《北齐书·方伎传·宋景业传》）。葛荣就自号齐王，向荆次德请教天命与人事，次德又说谶道：“齐当兴，东海出天子。如今王据渤海，是齐地。宜速用兵，迟则不吉。”但葛荣没有听从他，结果失败。

到了东魏孝静帝时，洛阳著名的大寺永宁寺失火被灾，烧得一片瓦砾。不久有人从山东半岛回来，说海上人都见到永宁寺的高塔出现在大海中，雾起之后才渐渐消失。魏都洛阳的名刹出现在东海中，有人就说这是天意，“永宁见灾魏不宁，飞入东海渤海应”（《北齐书·神武纪》），意思是永宁寺遭灾，预示着魏国不再安宁，而飞入东海，就是渤海王要应运了。此后不久，高欢据说在天池得到一块石头，上面隐隐隆起四字，是“六王三川”。据后来的历史证明，这“六王”是指齐国出了六个天子，而“三川”呢，不大清楚，估计是指齐的祚命是三十年吧。

总而言之，这些符命真真假假，估计大多是高欢死后他儿子高澄继为齐王，准备篡位，一些人造出来换取富贵的。

但高澄还没有来得及篡魏，自己就被人杀死了。杀死他的是自己厨房中的人，名叫兰京，此人的父亲是梁朝的将军兰钦，他自己被东魏所俘，就被高澄发落到厨房中打杂。兰钦屡次来人请求赎回儿子，都被高澄拒绝，而兰京自己再向高澄请求，就遭到一顿毒打。兰京便打定主意，要和高澄拼命。这天高澄召集他的几个亲信来府中开会，研究如何接受魏主禅让的事。这时兰京进来了，安顿饭桌，说准备上饭。高澄正议论得兴致勃勃，见来个底下人在眼前乱晃，心中不由起了无名火，对众人道："昨天夜里我梦见这奴才用刀砍我，等一会儿让我先把他宰了。"兰京听了，心中一惊，此时不下手，更待何时。便回到厨房拿了一把利刃，放到菜盘子底下，端着走进来。高澄怒道："我又没让你上食，你进来干什么！"兰京挥刀道："我来宰你！"高澄从坐床上跳下，偏巧把脚扭了，疼得跑不动，就钻到床下。兰京把床掀翻，上去就是几刀，高澄就这样丧了命。

高澄的死，事发突然，但据说早有预言，有个童谣说"软脱帽，床底喘"（《北齐书·文襄纪》），就是预兆高澄的死于床下。但这个预言有些勉强，接连几刀下去，高澄哪里有喘的功夫？但另一个童谣却是真真确确指的高澄：

“百尺高竿”自然是高，而水下燃灯（燈），就只有水没有火了，自然是个“澄”字。高澄残忍暴虐，杀人不眨眼，对魏帝也是动不动来上三拳两脚，所以出现这种诅咒高澄早死的谣言是很正常的事。但有人愿意说它是预言，那也由他。

王上加点。高欢有十五个儿子，所以高澄虽死，老二高洋就接班做了齐王，东魏皇帝照旧还是高家的俎上之肉。

这高洋是个厉害角色。因为他和高澄是挨肩的兄弟，所以高澄一直对他心存疑忌。高洋倒好，装出一副傻瓜的样子，不言不语，连句整话都说不出来，别人要怎么样就怎么样，鼻涕过河了也不知道用袂袖子抹。高澄见他那副痴呆症患者的模样，就说：“这种人居然得了富贵，看来相面的书真都该烧了。”可是高澄一死，他立刻变了一个人，处分内外，指挥若定。高欢的老部下一向看不起这呆子，及至此时高洋召集文武，神采英发，言辞敏畅，把众人吓了一跳。

高洋由太原公进位为齐王，立刻着手准备受禅称帝。他这人装傻装惯了，这天就对亲信王昙哲说：“我昨天晚上做了个梦，梦见有人用支大笔，冲着我的额头就是一点。看来我这王位是要退了。”王昙哲自然明白主子的意思，便道：“大王这梦好啊！王上加点，便成‘主’字，不是退，而是应该进了。”（《北齐书•文宣纪》）昙哲便立刻布置人，赶快准备天命。这天命就和变戏法似的，说来就来，于是便有了谣言说“上党出圣人”（《北史•齐文宣帝纪》）。高洋又装傻，说：“既然上党郡要出圣人，那我们就把这一郡的人全迁走，让他一个人不剩，看他还出不出！”上党人张思进赶快上言：“殿下生于南宫，那街坊就叫上党，这句谶言说的就是殿下是圣人啊。” 接着下面又报告了一个童谣，说是“一束藁，两头燃，河边羖羅飞上天”。这童谣是根据十六国时的老童谣临时翻版改造的，“藁”字去了两头就是“高”，水边上加头羊，一年级小学生也知道念“洋”。最后光禄大夫徐之才、北平太守宋景业又拿出了经典报告，道：“太岁在午，当有革命。”（《资治通鉴》）今年就是庚午，天命不可违，于是赶快加九锡，造圜丘，接受了魏帝的禅让，以免老天爷着急，再降下什么符谶或扔下什么带字的大石头来催。

马子入石室，三千六百日。高洋做了十年皇帝，年号“天保”，于是有人拆字为“一大人只十”，（《北史•齐文宣帝纪》）这确是一个很巧的附会。只是这附会可能是很晚以后的事了，因为就是在高洋“一大人只十”蹬腿之后的第三年，北周扶植的后梁明帝萧岿也用了天保这个晦气的年号。可见其晦气不但在高洋时没有被人揭出，就是以善于拆人家年号出名的萧岿也没有破解。其所以没有破解，大抵是因为萧岿这个“天保”终于得了老天爷的保佑，维持了二十多年。

据说高洋时还有一个歌谣，道：“马子入石室，三千六百日。”这就远不如“一大人只十”那么高明了。据预言家解释，“马子”就是高洋，因为他生于马年，但其实这是蒙人，高洋是属鸡的。“三千六百日”是十年，这没有错，但既然按天计算，高洋天保元年（五五零年）五月登基，天保十年（五五九年）十月命终，所以实际上是三千四百日。这个预言家以为没有人会扳着指头和他细算，所以连蒙带唬，实在很不够格。

有人据高洋死的时间，附会编出一个故事，却还可读。

高洋即位之初，也曾留心政事，以法驭下，军国大事，莫不亲理，每临出征，身冒矢石。所以那几年北齐也算红火了一阵。但很快他就觉得这样干下去未免太蠢，皇帝要是不昏不暴，还算什么皇帝。于是他酗酒纵欲，喜怒无常，屠戮大臣，淫人妻女，甚至以杀人为乐，用锅煮，用锯锯，用锉锉，往往亲自下手。他担心魏国复辟，光元魏宗室他就杀了七百二十一人，对那些婴儿就是往空中一抛，然后用矛头接住，听着那惨厉的叫声觉得很是好玩。

那些大的屠杀不必细说，仅举一件小事为例。他看上一个妓女薛氏，纳入宫中。但在薛氏还做着妓女的时候，好色的清河王高岳曾把薛氏弄到自己府中，而搭桥的是薛氏的姐姐。后来这事让高洋知道了，就把薛氏的姐姐吊起来，用锯锯死，这还不算，又让高岳服毒自尽。薛氏生得貌美，在后宫很受宠。但不知怎么，高洋突然想起她也和别人睡过，便无名火起，一刀把薛美人的脑袋割了下来，舍不得扔，就掖在怀里，尸首用车载着，到东山去赴宴了。杯觥方交，高洋就把美人的脑袋掏出来，往盘子里一扔，然后就把美人的尸体大卸八块，他手也巧，把大腿的肉剔净，骨头做成个琵琶，然后拿起琵琶，含泪唱道："佳人难再得。"满座宾客这时的表情是什么样，就可想而知了。

南北朝的昏君暴君之多可以说史无前例，但把那些昏暴之君所干的浑账事加起来，也未必抵得上高洋一人。

高洋酒色过度，晚年不能进食，大约是自己也觉得作孽太多，活不长久，见了有道行的人就要问自己的寿命。有一次他问一位泰山的老道：“我能做多少年皇上？”老道说：“三十。”道士离开之后，高洋对皇后说：“我哪里还能做那么久！十年十月十日，这不就是‘三十’么？唉，我倒不在乎能活多久，只是儿子高殷幼小，我死之后，他也难保了。”果然，高洋死于天保十年十月甲午，正是十月的第十日！他临死时还对弟弟常山王高演说：“你要夺你侄子的皇位就夺吧，只求你给他留条命。”高演没有完全辜负兄长的嘱托，可是他只做到了前一半，后半句给忘了。

亡高者黑衣。据说早在北魏末年，就有一个术士说了句“亡高者黑衣”（《北齐书•上党王高涣传》）的谶语，那时的高欢就特别忌讳穿黑衣的人。可是当时穿黑衣的只有僧人，所以高欢从来就不见那些让他感到晦气的和尚。这句话一直传下来，到了高洋做了皇帝，仍是不能释怀，就琢磨着，这“黑衣”未必只是指黑衣服，也许是与“黑”相关的人。有一次，高洋正在晋阳，问左右："世上什么东西最黑？"左右答道："莫过于漆。"高洋心中暗道："我死之后，最可能夺我儿子皇位的就是我的兄弟了。既然世上最黑的就是漆，而漆、七同音，我的七弟大约是那个'黑衣'了。"

高欢的第七子是上党王高涣，当时正在邺城，高洋就派库真都督破六韩伯升到邺城召高涣来晋阳。高涣刚出邺城，行至紫陌桥，就觉出前景不妙，便杀了破六韩伯升，想渡河逃跑，结果被地方百姓捉住，送到了高洋那里。高洋把这老七兄弟用铁笼子装上，与老三永安王高浚一同扔在地牢中，吃喝拉撒睡都在笼子里。过了一年多，高洋不想养这两个兄弟了，就让力士刘桃枝隔着铁笼用矛乱刺。但这二位王爷并不想死，夺住矛死命攥着，号哭呼天。高洋索性在笼子边上堆了柴禾，一把火点燃，最后把地牢用土填平，二位王爷就炼成了焦炭。

至于最后灭掉高氏的北周将士是不是黑衣，好像也没有人再去追究。

顺便说一下，高洋的这种联想能力到了他弟弟武成帝高湛那里就很退化了。高湛做了四年皇帝就禅位给儿子，自己当太上皇去了。据说在他正准备让位的时候做了一个梦，梦见一只大刺猬把邺城拱了个大窟窿。邺城是齐国的都城，这当然不是好兆头。于是高湛就下令全国为他捉刺猬。可是他实在弱智，他要传位的太子就叫高纬，纬、猬同音，那只亡国的大刺猬不就是高纬么。故事当然是编的，高湛还不至于蠢到用捉刺猬来挽救国运的地步。

夜打钟。高洋死后，他的六弟高演和九弟高湛合伙把辅政大臣杨愔等除掉，然后废小皇帝高殷为济南王，高演自己坐了龙椅。事前高演本来答应让高湛做皇太弟的，但登基之后他就反悔或者说是悔悟了，心想，要是兄弟继承了我的帝位，我的儿子还能活么？于是知错就改，立了自己的儿子高百年做了太子。高湛自然很是怨望，而且料到自己早晚要被哥哥干掉。于是高湛就与上洛王高元海密谋，趁着高演住在晋阳，他们在邺城扶立被废的济南王高殷，然后以顺讨逆，把高演收拾掉。至于以后怎么处置高殷，那就不用商量了。

可是高湛这人虽然狠毒，却优柔寡断，这种弄不好要亡家灭族的大事他还是下不了决心。于是他找了几个术士为他占卦望气。有的说现在“不利举事”，有的说“不须举兵，自有大喜事”，而林虑县令潘子密最精于占候，此时悄悄来见，说：“夜观星象，皇上可能要晏驾，王爷您有望登基。”

就在此时，事情果然发生戏剧性变化。废帝济南王一直留在邺城，而高演对他很不放心，养了些望气的术士时刻监视着。这一天，一个望气的报告说：“邺城里有天子气。”高演立刻派人把高殷弄到晋阳，然后请他喝毒酒。高殷不肯喝，高演就把他掐死了。这样一来，高湛想借用高殷复辟的计划就没有了着落。高湛正在丧气，不想柳暗花明，没过几天，高演打猎时自己从马上摔下来，断了肋骨，可能内脏受了重伤，生命垂危。他死前也觉得五岁的儿子难免落个废杀的结果，便下诏传位于高湛，想以此作为交换，让儿子做个安稳的乐陵王。原来邺城的王气是从高湛脑门上冒出来的！

在此之前，邺城中就传诵着一首童谣，道：

中兴寺内白凫翁，
四言侧听声雍雍，
道人闻之夜打钟。

（《北齐书·上洛王思宗子元海传》）

预言家说，这个童谣就是预言着这一段历史。但这段预言实在晦涩，恐怕加了注解也让人不大明白。高湛当时位为丞相，而丞相府就是过去的中兴寺改建的。所以中兴寺就是高湛的府第，而白凫翁则是指高湛。因为高湛的小名叫步落稽，步落稽在鲜卑语中是雄鸡的意思。但雄鸡怎么就成了白凫翁，动物学中肯定是讲不通的，那就不必追究了。第二句“四言侧听声雍雍”，就是说高湛与高元海密谋的事，结合童谣原意，就是那只白毛公鸡在雍雍地叫着。而最后一句呢，只看童谣，就是庙里的和尚听见了鸡叫，就起来敲起钟了。但预言家说，这样解释太浅薄，因为济南王高殷的小名叫道人，这句童谣不是道人用钟捶打钟，而是别人用钟棰打了道人，而且一打就打得没了气。

童谣就是绕来绕去地变成了预言，可见当个预言家也是很辛苦的。

一母生三天，两天共五年。但高演对他九弟的宽容性估价太高了。高湛为人心狠手辣，过了两年多，觉得那成了乐陵王的侄儿留着也是祸害，就让手下把这七八岁的孩子活活打死，然后捅上几刀，扔进了水池里。高演怎么对待他的哥哥，他的兄弟也就怎样对待他。这也算是报应吧。

高湛做了四年皇帝，大约是觉得万一自己哪天死了，儿子接不成班，也落个乐陵王的下场，就用了祖珽之计，退位为太上皇，把政权交给了儿子高纬。

从公元五五九年高洋死，到五六五年高纬即位，短短六年间北齐换了四个皇帝，对这种历史上少有的现象，人们就编起了预言故事让它更神秘化。

陆法和是南北朝时有名的活神仙，最早他隐居于江陵（今湖北沙市）百里洲。侯景一投降梁，法和就识其必反。侯景派任约攻江陵湘东王萧绎，陆法和还用法术擒了任约。及至西魏破江陵，陆法和就到了北齐，齐文宣帝高洋任命他为荆州刺史，可是法和但称荆山居士。后来无疾而死，高洋疑其为神仙，就令人打开棺材，果然是空的。他死后所居墙皮剥落，墙皮下露出几行字，道是：“十年天子为尚可，百日天子急如火，周年天子递代坐。”（《北齐书·陆法和传》）还有一段说：“一母生三天，两天共五年。”人们说：娄太后生了文宣帝高洋、孝昭帝高演、武成帝高湛，这就是“一母生三天”，天者，天子也。但文宣帝做了十年，算是“十年天子”，他儿子只做了一百天就为孝昭帝所夺，所以说快得“急如火”。但孝昭也不过做了一年，算是“周年天子”，武成则做了四年，这二位加在一起共五年，这就是“两天共五年”。

但除了这种“事后诸葛亮”补编的“预言”之外，也有一些巧合的事，就较有意思了。当时有个李公绪，字穆叔，本是仕宦人家，却沉迷于数术，不关世务，故誓心不仕。他特别精通阴阳图纬之学，曾经对人说：“我每望天文，见齐之分野，福德不多，国家世祚，终于四七。”（《北齐书•李浑传》）这句“终于四七”稍加附合，就是谶语。“四七二十八”，从高洋篡魏的天保元年到齐亡，正好是二十八年。“四七二十八”古时也可以念作“七四二十八”，“七四”与“齐世”谐音，也就是“齐世二十八”。再有一说，“四七”写草一些就成了“四十”，而高澄死时二十九，高洋为三十一，高演二十七，高湛三十二，剩下的后主、废帝之属的岁数就更小了；但并不止此，据广宁王高孝珩说，除了高欢之外，他们高家的诸王诸公就没有一个能活到四十岁的。

一个王朝在二十八年的时间内产生了六个皇帝，更新换代的效率算是够高的了。但在这一点上，北齐还要逊色于南齐的二十四年产生了七个皇帝，那个纪录至今还没有打破。

可是北齐也有创纪录的强项。武成帝高湛在二十八岁时就做了太上皇，创下了最年轻的太上皇的纪录。但这个纪录很快又被他儿子高纬打破，高纬禅位给八岁的幼主时才二十一岁。这个纪录后人难望项背，因为第一要在二十岁以前当了皇上，第二要在二十岁之前生下太子，然后才能有参赛资格。稍晚一些的后周天元皇帝宇文赟倒是具备了这两点，他紧追慢赶，当上太上皇时也是二十一岁，可惜还是比高纬大了几个月。高纬的纪录还不止这一个，他还是在位时间最短的太上皇，只做了二十天，那个八岁的幼主又禅位给任城王高湝，而高纬成了“无上皇”。四天之后，无上皇做了周师的俘虏。

和士开，当入台。一个国家要想很快的败亡，光靠一个昏君是不行的，还要外有强敌，内有奸佞。

齐武成帝高湛在位四年，做太上皇三年，死后留给十三岁的后主高纬的，除了浑蛋基因之外，还有和士开、祖珽这一佞一奸，另外再加上一个放荡而又无能的胡太后。这时就是有多少个忠臣良将也别想把国家维持下去了。

和士开聪慧巧佞，善握槊和琵琶，正投武成帝高湛所好。和士开对高湛说：“自古帝王，都成了灰烬，尧、舜与桀、纣有什么区别。陛下就应该趁着年富力强，痛痛快快地寻快活，这就活一天胜于千年了。” 这话正对高湛的心思，君臣俩就成了一对狗肉朋友。这握槊是与双陆相近的一种博戏，自魏晋六朝以来一直盛行于权贵之间。高湛喜欢玩，他太太胡后也很在行，高湛就让和士开进宫陪胡后玩。这一玩就玩出了圈儿，和士开成了胡后的面首。

高湛死后，胡太后正是年富力强，和士开当然也要帮助她寻快活。太后好佛，所以和尚就成了入幕之宾，她身边的尼姑不少，但都是和尚扮的。

和士开有太后做后台，朝中的正直大臣对他就一点儿办法也没有，谁想扳倒他，最后只有自己倒霉，轻则放逐，重则杀身。所以当时民间有童谣“狐截尾，你欲除我我除你”，说的就是和士开收拾异己的事。

高纬的弟弟琅邪王高俨，只比皇上小一岁，十四岁，但英气逼人，官为太保，对和士开一伙的专横豪纵很是不满，往往怒形于色。和士开对这小王爷也有些发怵，就离间胡太后与高俨的母子关系，不让高俨随便见太后。

高俨就和几个大臣密谋，先把和士开除去，再整顿朝纲。就让领军大将军厍狄伏连发京畿军士埋伏在千秋门外，阻止和士开入宫。这天和士开早晨上朝，到了千秋门，厍狄伏连迎头过来，拉住他的手说："今天有个大好事。"侍御史王子宜就从旁递过一函，说："皇上有旨，让请您到台那边去。" 和士开以为这"台"是指皇上住的禁城，皇上找他有要紧的事，谁知此台非彼台，是个断头台，和士开拉到那里脑袋就掉了。

就在此前，邺城里一直唱着"和士开，当入台"的童谣，据说和士开也听到过，还以为自己要升官呢。另有一首童谣更为热闹，先唱："和士开，七月三十日，将你向南台。"唱完之后，小儿一齐拍手喊："杀却！"和士开被杀的时间是七月二十五，没差几天。

高俨本意只是杀了和士开就算完了，但他手下的那些文武觉得这就等于是发生了兵变，索性一不做二不休，把昏君废了，立高俨为帝。这样事情就闹大了。高纬让力士刘桃枝率八十禁兵召高俨入宫，高俨便把刘桃枝抓了起来，说："这事要家家（他们称母亲为家家）出面，我才能见皇上。"一面是至尊，一面是皇弟，此时的局面僵持，很难分出成败。此时有一个关键人物，就是朝廷重臣斛律光。斛律光是个忠臣，但是个武将，双方都召请他来，他只能听皇上的。斛律光一听高俨杀了和士开，哈哈大笑，说：“龙子所为，果然不同凡人。”就对皇上说：“不必动武，只要皇上一出面，琅邪王一定不敢胡闹。”高纬便亲往千秋门，斛律光派人传旨说皇上已经出来了，高俨手下的士卒一听，果然作鸟兽散。斛律光便独身走上前，对高俨说：“皇子杀一条狗，这算什么。”就领着他交给了高纬，说：“琅邪王还小，脑满肠肥，轻举妄动，再大些就不会胡闹了，希望皇上宽恕他。”

这场宫变就这样平息了。但高纬并没有宽恕兄弟，到了九月，就把高俨杀了，高俨的四个遗腹子最后也都没留下。这时邺城又有童谣道：

> 七月刈禾伤早，九月吃糕正好，
> 十月洗荡饭瓮，十一月出却赵老。

“刈禾”是说杀了和士开，“吃糕”是说高俨被害，十月的“洗荡饭瓮”是指对参加宫变的将士的清洗。“赵老”是指赵彦深，在清洗高俨一党时，丞相赵彦深主持审讯，多所宽容，没有按照高纬的指示把人杀光办，所以就免去宰相出为兖州刺史。但那似乎是在十一月之前的事。

百升飞上天，明月照长安。北齐的栋梁是斛律光。这是一个显赫而又忠直的武将世家。斛律光的父亲即敕勒部首领斛律金，自高欢起兵反尔朱兆时，就是高欢的左右手。高欢与宇文泰争战不利，士卒疲惫不振，斛律金用鲜卑语唱起了那首大家熟知的“敕勒川，阴山下。天似穹庐，笼罩四野”，顿时军心大振，转败为胜。入齐之后，斛律金子孙俱为大官，出了一个皇后，两个太子妃，娶了三个公主，一门贵盛，当世无两。

斛律光在后主高纬时官拜左丞相，忠正立朝，很为祖珽一伙小人所忌恨。而他又英勇善战，屡次把北周打得大败。周将韦孝宽明白要灭北齐，就必须先除掉斛律光，于是他便设了一个离间计，造了两个谣言，派人到邺城散布。那谣言道：

百升飞上天，明月照长安。

高山不推自崩，槲树不扶自竖。

（《北齐书·斛律光传》）

“百升”为一斛，自然是影射斛律家族，而“明月”是斛律光的字。“高山”是指齐帝高氏，“槲”也与“斛”协音。这很明显的是说斛律家族要推翻高氏做皇帝了。

祖珽听到这谣言，明知是敌国离间，也想趁此除掉斛律光，就在“高山不推自崩，槲树不扶自竖”之后又续了两句：“盲眼老公背上下大斧，饶舌老母不得语。”然后把这首谣言交给了斛律光的另一个对头穆提婆。而穆提婆的母亲是当时宫中势力极大的皇上的奶妈陆令萱。

早在太上皇高湛还在世的时候，祖珽虽然与和士开狼狈为奸，但他想当宰相，就向高湛告了和士开一状。可是高湛对狗肉朋友和士开一往情深，祖珽反而得罪，被高湛关在地牢里。地牢里伸手不见五指，他就用芜菁子做蜡烛，结果把眼睛薰瞎了。所以祖珽就成了“盲眼老公”。高湛死后，后主高纬想念祖瞎子，才把他从流囚中放出来。至于“饶舌老母”，指的就是陆令萱和她的儿子穆提婆。令萱是高纬的奶妈，又是胡太后的亲信，所以他儿子穆提婆从人奴中坐着直升机当了武卫大将军。穆提婆不知道这谣言是祖珽加过工的，信以为真，而且斛律光一向不把他放在眼里，要是斛律家做了皇帝，自己肯定要被放血，自然就“不得语”了。于是祖珽、陆令萱和穆提婆一齐到后主面前进谗言，不由高纬不信那个谣言。

北齐武平三年（五七二年），后主召斛律光入宫。行至凉风堂，力士刘桃枝从后面给斛律光抡了一大棒，然后几个力士齐上，用弓弦绞死了他。接着，斛律全族被灭，子孙无遗。北周武帝听到这消息，立刻大赦国内，表示庆祝。此时高纬听到这消息，不知做何感想。

第二年，南朝发兵攻北齐，北齐尽失淮南。公元五七五年，北周大举伐齐，北齐损兵失地，邺城中传出童谣，道：

金作扫帚玉作把，
净扫殿屋迎西家。

（《隋书·五行志》）

一年之后，西邻的周军就攻进了邺城。

【南北朝·北周】

白杨树头金鸡鸣。北周建国后几乎没留下什么谣谶之类，原因不详，如果硬要找一找，也许是与北周武帝宇文邕的禁佛、道二教有些关系，但也没有明禁谣谶的法令。史书中只有一处造谶的事，还是韦孝宽越俎替北齐造的。宇文邕是自魏孝文帝以来几百年最有作为的皇帝，而且相对来说享国日久，北周一共才五帝二十五年，前两个皇帝占了三年，后两个皇帝占了三年，剩下中间的一大段全是他的了。但老天爷让他降世的目的，好像就是用他灭掉齐国，统一北方，为隋文帝的上台清理地盘似的。

公元五七七年，周武帝灭齐，把齐宗室杀得一干二净之后，第二年他自己就到老天爷那里交差去了。而他留下的儿子周宣帝也和齐后主一样是个大浑蛋，上台第二年就传位太子，自己做了太上皇，号称天元皇帝。“天元”就是“天字第一号”，这个天字第一号的浑蛋就把国家往垮处折腾。他为政暴虐，又特别迷信，而越是迷信的皇帝就越是怕谣谶，在他的暴政下面，恐怕没有人敢编歌谣讥刺时政了。

只是在《隋书•五行志》中还能找到一首歌谣，说“白杨树头金鸡鸣，净扫殿屋迎西家”，却与前面所记北齐邺城的“金作扫帚玉作把，净扫殿屋迎西家”大同小异。所以这首童谣究竟是北齐的，还是北周的，也很难说。据说这首童谣起于周初，预兆着北周的政权最后为杨坚所夺取。白杨就是杨氏，而金鸡就是杨坚。

但此说大为可疑，疑就疑在“迎西家”上。如果此谣起于北周，那么它的“西家”就没了着落，因为北周的“西家”是吐谷浑，拒还拒不及，谁也不会去迎他的。

笔者认为这首歌谣还是起于邺城，而时间是在杨坚把持朝政、准备篡位之前。此时北齐已经为周所灭，邺城为周将尉迟迥镇守。北周的天元浑账皇帝死后，杨坚立刻以小皇帝的外祖父身份辅政，他先把北周在外拥有重兵的五王征回朝内，然后以女儿杨皇后为皇太后，其他几个皇后都送到庙里剃头做了尼姑。杨坚的司马昭之心已经路人皆知。尉迟迥便在邺城起兵讨伐杨坚，而关东诸镇都起而响应。但尉迟迥虽为名将，但晚年头脑不清，所用文士又没有运筹帷幄的才干。而杨坚外用名将韦孝宽征讨尉迟迥，内则加紧清除北周宗室和反杨势力，仅用了六十八天，就把尉迟迥平灭，收复了邺城和关东地区。以这一段历史对照那首歌谣，应该是比较恰当的。

但邺城的百姓也高兴得太早了。邺城攻破之后，杨坚就把相州（邺城在周为相州州治）从邺城迁到安阳，而邺城的城墙、民居一律平毁，自曹魏开始做了几朝国都的名城从此就消失了。

作为补偿，杨坚杀死了宇文泰的所有子孙，包括自己的外孙皇帝，算是替北齐高家的在天众灵出了口气。

肆　隋唐时期

【隋】

天卜杨兴。隋文帝杨坚和宋太祖赵匡胤是历代取得皇位最轻便省力的两个皇帝了。天元皇帝活着的时候，杨坚还提心吊胆，不知道什么时候就丢了老命；可是天元一咽气，他立刻就准备黄袍加身了。这样轻易地从外孙手里夺取皇位，不造些“革命”舆论就有些不好意思。于是天命招之即来，除了照例地从纬书中割裂出一些字句之外，隋氏的天命也有自己的特色，就是实物更多了一些。

一是发现了三块石头。邵州人杨令悊在黄河边上得到青石图一，紫石图一，上面都隐起文字，而且那是上写一个“坚”字，下有“八方天心”四字（《隋书•王劭传》）。古代上天授命，讲究的是“河出图，洛出书”，老天爷有什么指示，就从黄河洛水里冒石头。所以这两块石头无疑就是天命。另外永州又得一石图，一块顽石，外面看不出什么，但剖为两片，则内有杨树之形，黄根紫叶。杨是国姓，杨树就代表了隋朝当兴。这种普及的宣传法大约有些深入人心，此后老百姓要诅咒隋家时，就说“杨花落”、“杨柳谢”，而后来李渊要找天命的时候，到处就都出现李树了。

一是在同州得到一个大石龟，也就是乌龟模样的大石头，翻过来一看，乌龟肚子上刻着字，是“天子延千年，大吉”。与此相配，在汝水里也捉住个活乌龟，肚子下有“天卜杨兴”四字。千年王八万年龟，想给自己的名字下面加上“万岁”二字的，总要带些乌龟相。

一是在安邑发现了一块大铁板，据说是很古老的，也就是若干年前就埋在地下，而不是临时现铸的。那铁板上铸着十字，道：“皇始天年，赉杨铁券，王兴。”这就说明它是上帝给杨坚家的铁券，正如皇上赐给功臣的保证书一样。但造谶之人却没有想想，皇上给功臣的铁券什么时候算过数？

天上为什么降下的瑞文都在石头、铁板、乌龟上呢？因为这三样东西都很“坚固”，正与杨坚的名字相合。这就是杨坚的天命。孔子当年曾经浩叹“河不出图，洛不出书”，也就是天不降圣人。这圣人原来从伏羲以后就一直憋在王母娘娘的肚子里，到现在才随着王八一起出世。

诸葛孔明碑。故事在后代的政治权术家看来很是稀松平常，但所以值得一记，是因为它在预言史中是首次用诸葛亮的石碑做文章，算是开创了一个小先例。

隋文帝开皇年间（五八九～六零零年），南宁州（今云南大理一带）的夷爨来降，朝廷用为昆州（今昆明）刺史，但他不久又背叛了朝廷。于是朝廷派史万岁为行军总管，率众讨伐。史万岁自四川南部入爨，一路把夷人的要寨各个击破，又走了数百里，到了诸葛亮记功碑处。这记功碑据说是诸葛亮七擒孟获之后，在泸水建的。但翻了翻史书，并没有记录，它最早见于史书似乎就在此时。且说史万岁看了碑的正面还要看背面，那前面的正文没看明白，后面的铭文则道："万岁之后，胜我者过此。"（《隋书•史万岁传》）看碑铭的意思，就是当年诸葛亮五月渡泸，深入不毛，也不过到此而止，此后万年，谁要想过此，除非本事比卧龙先生更大才行。但史万岁不服此话，就令人把石碑推倒，昂然率兵而过，继续进击。但这石碑的铭文还可以这样理解：万岁就是史万岁，自诸葛亮之后，只有史万岁可以过，史万岁之后，就只有比诸葛亮本事大的人才能过了。

但据说这石碑推倒之后，在碑脚下又发现了一行字，上写“史万岁不应推倒吾碑”。那么这“万岁”二字明显是指史万岁了，诸葛亮早就预料会有此事，提前写下，以告世人：史万岁可以过此，只是不能推倒此碑。这事传了出去，诸夷人本来就把诸葛亮奉为神人，神人的话能有错么，于是无不闻风丧胆。当然，见了此碑的文字，隋军自然也是士气大振了。

此后史万岁连破三十余部，俘虏了男女两万余，诸夷部吓得赶快把国中的宝贝拿出来请求投降，此外还要刻个更大的石碑，来歌颂隋朝的皇帝是他们各族的大救星。

而从此以后，直到民国，这一千多年中不知在西南及以外的地方挖出了多少诸葛亮刻的石碑。反正只要想造预言，地下就有孔明先生早刻好的石碑在。当然不见得非要有一块真的石碑不可，而且实际上百分之九十九是没有真的石碑的，关键是要造出石碑的故事，再把它张扬出去。

北宋太祖建隆二年（九六一年），曹彬伐蜀，谒武侯祠，见祠宇雄观，颇为不平，对左右说：“孔明虽忠于汉，但疲竭蜀之军民，不能复中原之万一，何得为武？应该把那些颓败的殿宇拆去，只留下中间供人烧把香就够了。”左右谏阻，他都不听。正在此时，忽然来人报告说，中殿坍了，出来一块石碑。曹彬大惊，急忙往视，见那石碑只露出地面一尺多，上有刻字，宛若新书，乃孔明亲题也。题云：“测吾心腹事，惟有宋曹彬。”（清•张鹏翮《忠武志》）曹彬读罢，慌忙下拜道：“公神人也，小子安能窥测哉！”便命令地方重修祠宇，比原来的更为宏丽了。这是不是太像舞台上的小喜剧，怎么弄得卧龙先生也成了拍马屁的小丑了？

耒阳也有一座孔明的石碑。据说是孔明擒孟获之后路经耒阳，立石以记功，但年岁已久，字不可辨，只是老辈相传，上面写着：“后有功在吾上，立石于右。”但在孔明碑侧还有一块断碑横在地上。据说是在北宋时，狄青平灭侬智高，自以为功劳大过诸葛亮，就在石碑之右立了一块记功碑，可是狄青离开不久，这石碑就被震雷击成两段。那块躺在地上的断碑就是狄青立的。

据说不仅中国西南，就是外国也有孔明的石碑。缅甸有一座孟获城，城中建武侯祠堂，相传武侯擒孟获于此，名其地曰賸村，因勒石记事，到清初那碑还屹立于阶下。又在木邦国也有武侯碑，上写：“异日皇帝过此。”（清•黄协埙《锄经书舍零墨》）到明亡之后，有名无实的永历帝逃亡至此，马马虎虎算是应了碑文之谶。

孔明石碑之多，不知凡几，再说一个民间故事，可见孔明石碑的泛滥成灾。

刘伯温随朱元璋四处征战，打到处州时，刘伯温一人离营去踏勘地形，行至一处，突感内急，便撒起尿来。不料尿冲土破，露出一块石碑，上面赫然刻着："金鸡土狗奔马时，留头金刀在此溺。——诸葛武侯。"再换个地方继续小解，结果又发现了一堆石碑，上写："樊岭云雨晨，此间溲浆暖。——诸葛武侯。"石碑之下有一墓穴，刘伯温钻进去，墓室中墙上又刻着："擅闯古坟，弃甲而走。胡人斯灭，天下一统。——已亥蜀汉诸葛武侯题。""诸葛大名垂宇宙"，但也不至于普及到在人便溺处留名啊。

孔明的石碑当然都是后人伪造的，也仅举一例。清朝时四川成都有一位道台大人叫宋可发的，他觉得自己没什么正经本事，就想搞个形象工程，同时又为自己树碑立传。他找了块旧石碑，先刻了字，然后埋在成都武侯祠的地下。第二年，他提出要整修武侯祠，派人一动土，就把这块碑挖了出来。那上面开头就是一个"亮"字，说明碑是卧龙先生埋的了。然后是"千一出"，这年是壬年，"千一"合文为壬，这句话就是说到了今年这碑该出世了。"水月主"，三个字合文为“清”，就是本朝了。第三句“庚不大”，合起来是个“康”字，也就是康熙年间。“盖十八”，宝盖下面有“十八”二字，分明是“宋”了，正是道台大人的姓。而最后一句“龙复卧”，则点明老宋是卧龙再世（清•董含《蓴乡赘笔》）。连起这几句话就是清康熙壬年，宋可发这个当代诸葛亮要出山了。这个昏官居然让秘书写了报告，准备申报朝廷，指望能破格提拔，到北京演一场“隆中对”呢。这闹剧自然被人识破，最后结果怎样，没有提，好在正是圣祖仁皇帝的时代，顶多就是让他回家去专职造假古董，如果遇到雍正、乾隆之世，那可就要留下吃饭的家伙再走了。

但这些刊刻预言的诸葛碑，有时也并不是为了造什么革命舆论或炒作自己，因为它还有一个功能，就是借诸葛大名，来保护碑下面的坟墓，请见碑者高抬贵手，不要再挖下去。民国时人柴小梵有《梵天庐丛录》一书，其中《诸葛碑》一条正揭出造碑者的这一用心，与曹操的七十二疑冢有异曲同工之妙：

> 近世掘地得古碑，下必有墓，此古人藏尸之术也。其碑大率似诗非诗，不伦不类。末署名姓，无非诸葛亮、郭璞、刘基辈相传有前知之能者。后世见之，相惊

神，使彼遇碑而止，无敢再发，而朽骨得以保全。其设心之巧，什伯疑冢焉。而味其文，多可附会后世事，若童谣之应验，人更以神物视之矣。

从记载来看，早在唐朝时就有挖掘古墓而发现石碑，上面刻有“启者凶，闭者吉”，有的甚至刻着“遇某某则修”，要求掘墓者重修坟茔的话，这种碑文虽然对盗墓者全无作用，但一般人见了还是有些震慑效果的。

桃李子。隋炀帝末年，民间出现了一个叫“桃李子”的童谣，版本不一，最简单的就是两句，道：“桃李子，洪水绕杨山。”（《旧唐书·五行志》）又有复杂一些的，做“桃李子，鸿鹄绕阳山，宛转花林里。莫浪语，谁道许”（《隋书·五行志》）的，还有一种版本是“桃李子，皇后绕扬州，宛转花园里。勿浪语，谁道许”（《资治通鉴》）。“洪水”、“皇后”与“鸿鹄”，“阳山”与“扬州”，都是音近，看来确是被人唱过，所以记录时有些差异。但歌谣的核心部分即“桃李子”，是没有含糊的。此谣是为李密所发，所以事情要从用李密做谋主的杨玄感造反说起。

杨玄感的父亲是开国元勋杨素，此人一向作威作福，隋文帝死后，对炀帝有时还摆老臣的臭架子。幸亏他不久死了，炀帝就对左右幸臣说："老家伙死得早，他要是不死，我早晚要把他灭族。"这话传到了杨素的儿子礼部尚书杨玄感耳朵里，他自然心惊肉跳，就和兄弟们琢磨着，反正早晚要被皇上找碴儿杀掉，不如铤而走险一遭。此时正好炀帝远征高丽，命杨玄感在黎阳督运粮草。玄感见炀帝远在国外，后方空虚，觉得机会到了，就突入黎阳，诈称大将来护儿反叛，以讨来护儿为名，征了几千兵夫，就起兵反隋了。但玄感志大才疏，勇而无谋，虽然一时得到不少郡县的响应，兵力扩大到数万，但他没有按照李密的计策西进关中，而是屯兵于关东，终于被朝廷从辽东前线撤回的大军所平灭。

炀帝大范围搜捕玄感之党，有关系无关系的杀了几万人，李密是玄感的谋主，更是通缉的重点。他只身逃亡，先投郝孝德，后投王薄，但这两路反王都不识这个人才。他东躲西藏了一阵，实在躲不下去了，便决定以进为退。此时河南滑县一带有不少豪杰占山为王，而其中最强大的一股是翟让、单雄信、徐世勣的瓦岗寨。李密便在诸路豪杰之间广为游说，劝他们不要只做草寇，而要联合起来，灭隋兴王，取大富贵，名垂青史。至于这要兴的“王”是谁，李密当然不好意思说是自己了。这班豪杰对李密的有胆有识深为钦服，而这时民间又有“杨氏当灭，李氏将兴”的谣言，于是他们就开始向李密靠拢。

也就是在这时，一个叫李玄英的人来到了这里。此人行径颇为奇怪，他一个寨子一个寨子地拜访，说要找一个叫李密的人，因为要取代隋室取得天下的正是此人。有如现在某商品上市前，先遣人至超市（路边小店亦不放过），一家一问，“有某某货否？有某某货否？”策划营销宣传之事，实古已有之。于是，某某货便随后而至。

李玄英给众人带来了那首“桃李子”的童谣。他好像是李密请来的义务宣传员似的，一句一句给众豪杰讲解：“近日民间有一首童谣，道：‘桃李子，皇后绕扬州，宛转花园里。勿浪语，谁道许！’桃李子，就是一直在逃亡的李氏之子；而皇与后，古人都作君王讲，此时指的就是隋帝，他如今在扬州花天酒地，最后就要宛转而死于那里。而‘勿浪语’就是说不要乱讲，要保密，那不就是李密么！”至于“谁道许”，他说那是表示惊讶，问：是谁如许说的？但到了后来，宇文化及篡隋称帝，国号大许，这句“谁道许”就有了着落，成了“谁说他许国能成事”。

不管怎样，包括瓦岗寨在内的诸路英雄就都让李密和李玄英煽呼得如痴如醉，决心跟着李密打江山，于是他们就以瓦岗寨为核心联合起来，并推举李密与翟让为首，而后来秦叔宝、程咬金、罗士信一班骁将也都脱离隋军投到李密帐下。李密进军占领了储粮充足的回洛仓，此时各地正闹饥荒，李密开仓散米，任人随意领取，四处饥民和义军都来到洛口，李密的势力就自然大了起来。

但这“桃李子”还是没有做成皇帝。因为就在瓦岗等诸路义军在关东与王世充、宇文化及等血战的时候，隋朝的太原留守、唐公李渊父子在晋阳起兵了。历史上对二十岁的李世民定策起兵，说得英明天纵，好像与陈涉的大泽乡一样铤而走险似的。其实此时隋炀帝早在江都成了独夫，中原一片大战，隋朝的气运已尽，下面的就是看鹿死谁手了。此时李世民再不起兵，那桃子就被别人摘走了。而此时李密在关东百战艰难，挡着从东从南涌来的隋军，关中空虚，李渊父子自太原南下，直入长安，几乎没费什么力气就得了这筑成王业的根本之地。待到李密、王世充二虎争到一死一伤的时候，他们就可以出关收拾江山了。

李密虽然是关东义军的盟主，但群雄割据的局面没有得到整理，而李渊得了关中，李密就没有了后退之地。李密面对王世充、宇文化及两大强敌，屡战屡胜，但只是偃师一败，就让他前后失据，不得已投奔了李渊父子。李渊虽然封他为邢国公，但职务却是类似于弼马温一样的光禄卿，皇上要摆宴席，他就在下面张罗着。这种窝囊官对于当年指挥群雄的李密自然是不堪忍受。随他一起降唐的文武全才的魏徵，此时也没有人把他当个人物，便自愿出关，到东方说服徐世勣归唐。而李密的旧部秦琼、罗士信等现在都在王世充手下，李渊为了瓦解王世充，便让李密也出关劝诱他们归降。这对于李密来说正如放虎归山，所以李渊很快就反悔了，他一面下令召李密回朝，一面安排驻军截杀。也是李密大意，出陕之后就以为没有了危险，居然率兵行入一条狭谷，中了埋伏，终于被杀。否则这天下还真要让两个姓李的来争一争了。要知道唐太宗凌烟阁上的功臣，有不少原是李密的旧部的。

正是因为李密成了“败者贼”，所以到了唐朝建国之后，这首“桃李子”就被动了手术，来个五官大挪移：“桃李子，莫浪语。黄鹄绕山飞，宛转花园里。”这样一变，

"逃李子"李密做不成皇帝了，而"陶唐"之子才是真的，起兵之前还心惊肉跳的李渊忽然发现自己竟是一飞千里的黄鹤，要到花园皇宫中宛转游戏了。

回过头还说那首童谣。估计另一个版本的"洪水绕杨山"一句也是被李唐做了手脚的，因为它的第一受益人是李渊。据说隋文帝曾得一梦，梦见洪水淹没了都城。醒后他便心中不快，认为这"洪水"就是灭隋的预兆。而到了隋炀帝时歌谣中更把"都城"明确为"杨山"，显然是从隋文帝之梦变来的。当然，隋文帝的这个梦是真是假也很难说，但关于此梦的传说肯定是与歌谣有关的。

但"洪水"是什么呢？到了天下已经开始大乱的时候，有个方士告诉隋炀帝一个谶语："李氏当为天子。"（《资治通鉴》）这方士便劝炀帝把天下所有姓李的都杀掉。这显然是胡说八道了。炀帝没有采纳，倒也不是出于仁慈，只是姓李的太多，而且此时山东、河北、河南一带的暴动正闹得热火朝天，就是想杀尽姓李的也做不到。

于是他便在姓李的中间进行了一下筛选。上柱国、申国公李穆是隋朝的开国元勋，他死后儿子李浑为骁卫大将军、郕国公，这李浑的浑字带了个"水"旁，而据说李浑的一个侄子李敏的小名就叫洪水！隋炀帝便让人诬告说李浑谋反，把他的宗族给灭了。可是谁知道，李渊的名字也是“水”旁，原来这“洪水绕杨山”应在李渊的身上！

当然这是因为李渊做了皇帝，如果其他姓李的做了皇帝，也照样会把童谣加工成为让自己应谶的。有一个真实的小笑话，可以看出这首童谣对于一些妖人来说真是妖言。

当时山西有位豪贵真乡公李仲文，他为了应谶，还特意娶了个姓陶的太太，他大约以为像李树与桃树可以嫁接似的，这样一杂交就出来个真命天子。可是正当他筹划造反的时候，被官府发现，最后是脖子上挨一刀，只开花，没结子（《资治通鉴》）。

但皇上家发布的新闻不大可靠，这个事件也许完全是另一个样子：官府听到了“桃李子”这个谣谶，正好发现李仲文的太太姓陶，这不正好应谶了么？那么把他们杀掉，也就既替皇上除了这个隐患，也替自己升官加了块垫脚石。反正到这时节，陶、李二家最好别通婚，已经通婚的也最好办离婚手续。这不是危言耸听，因为就是到了唐代，还流传着“陶李为婚，深骇物听”(见唐戴孚《广异记》“李参军”一则)的说法，可见谣言威力之持久且深入人心。

河南杨花落，河北李花荣。从石头中剖出一幅像杨树的图案，就说是“杨兴”，但杨树有生有死，杨花有开有落，那些唱赞歌的人却是没有想到。而且要是再从哪里剖出别的什么树的图案，或者什么树长出了些邪门的东西，联想起来，也是很给主子招惹是非的。

就是在隋炀帝时，宫中有一棵玉李树就成了妖。这树是从酸枣县（今河南延津）移植过来的，因为一般的李子都是红的，这棵结的是白李子，所以美称玉李。但有那么一个晚上，这玉李树像是科幻电影似的，一夜之间暴长，树荫竟遮了数亩之地。如果这是杨树，炀帝自然要搞什么新闻发布会来宣扬一下，但这是李树，而天下姓李的不少，又有“李氏当王”的妖言，所以这一怪事自然就成了“木妖”。炀帝就下令让人把这棵妖树砍了。可是此时又有人说了：“这不是木妖，是木德来助的征兆，千万不可伐。”要说也是，“李”中有个“木”，可是“杨”字也有个“木”，伐木伐木，弄不好就把“杨”伐了。所以隋炀帝也就没敢下手。又过了些日子，这玉李结了果实，正好与杨梅结果同时。隋炀帝心中也不舒服，这是不是姓李的要和我们争天下呀。于是他就问左右：“你们说，这两个果子哪个好？”左右宫人说："杨梅虽然好，但不如玉李甜。"一个"不如"，让炀帝心中一震，不由叹道："喜欢李而不喜欢杨，这岂止是人情呢！"他的意思这是天意，可能无法转变了。

这种把李与杨并提引起的敏感，可能与当时的一首民谣有些关系。那首民谣道："河南杨柳谢，河北李花荣。杨花飞去落何处，李花结果自然成。"（《迷楼记》）有一个故事说，这民谣是炀帝亲耳听到的。当时他正在江都的迷楼花天酒地，一天夜里，只听一个宫人在高声唱着这首歌，炀帝便觉得很不吉祥，就问那宫女："这是别人教你唱的，还是你自己编出来的？"宫女道："我的弟弟在民间，是他教给我的。他说路上的儿童都在唱这首歌。"炀帝最怕听的就是这话，他默然良久，叹道："这是天意，这是天意！"

当然这只是一个故事，未必是真事。历史上杨僵李代的事不只是发生在隋唐之际这一次，到五代十国时，江南杨氏的吴国也是被李氏篡取了，便成了南唐。据说当时江西有一棵杨树突然变成了李树，又有一处的李树生出了连理枝，此外还有一首歌谣，可以说是隋炀帝时的翻版："江北杨花作雪飞，江南李树玉团枝，李花结子可怜在，不似杨花无了期。"（《钓矶立谈》）

【唐】

东海十八子，八井唤三军。唐高祖李渊除了借题发挥地在“李氏当王”和“桃李子”上做文章之外，还专门给自己量身定做了一些谶语，从而把“李”的范围缩小到他一个人身上。

从事这个工程的是佞臣裴寂。此人原来是隋朝太原行宫的主管，和留守李渊真是一对狗肉朋友。在起兵之前，他就偷偷把行宫里的宫女送出来陪李渊睡觉，这是大逆不道，要杀头的事，所以这二位就叫一根绳拴住了。李渊起兵之后，他又把行宫中的五百宫女慰劳给李渊。李世民和一班文武在前方打仗，裴寂就在后方陪李渊喝酒玩女人。

李渊父子起兵之后，先向突厥称臣，然后南下占领了长安，立代王杨侑为帝，缺席遥尊尚在江都的杨广为太上皇。第二年即六一八年，杨广在江都被宇文化及缢死，李渊就准备代隋称帝了。这时裴寂之流立功的机会就到了。首先他率领文武群臣上疏劝进，李渊是照老规矩要忸怩一番，说些“不好意思啦”之类的应酬话。这时裴寂就拿出“天命”来，说老领导的谦虚美德那是神人共知的，但现在有老天爷的命令，老领导如果继续伟大谦虚，其奈天下苍生何！天命是他早已准备好的，共有神谶五首。

1.东海十八子，八井唤三军。
手持双白雀，头上戴紫云。

2.丁丑语甲子，深藏入堂里。
何意坐堂里，中央有天子。

3.西北天光照，龙山昭童子。
赤交连北斗。童子木上悬白幡，
胡兵纷纷满前后。拍手唱堂堂，
驱羊向南走。

4.胡兵未济汉不整，治中都护有八井。

5.兴伍伍，仁义行，
武得九九得声名。
童子木底百丈水，
东家井里五色星。

我语不可信，

问取卫先生。

（《大唐创业起居注》）

前四首神谶是太原的一个叫慧化的革命尼姑所造，估计这尼姑是裴寂的老相好，此时正派上用场，以后也会因此而成为宗教领袖的。最后一首是成都的一个叫卫元嵩的人所造，听那名字似是个老道。五首歌谣创作得都很好，因为它们包含的拆字谜可以供最弱智的人解破，这就很有大众意识，而不是缺乏号召力的“阳春白雪”之类了。其中翻来覆去就在“李渊”二字上唠叨：“十八子”、“童子木底”、“童子木下”是说个“李”字，“八井唤三军”、“东家井里五色星”、“百丈水”之类都是个“渊”字；“武得”就是武德，李渊的年号。

但里面也透露出一些史实，在当时可能认为是值得夸耀的，结果却成了为后人诟病的污点。那就是李渊的起兵是先向突厥称臣，然后向突厥借兵，最后是打着突厥的旗号向关中进发的。为什么谶语里要有“胡兵纷纷满前后”，还说“胡兵未济汉不整”，而且又是白雀，又是白幡，那正是突厥兵的衣服和旗帜。突厥人所以那么自愿地帮助李渊打长安，那可不是什么国际主义，首先是始毕可汗与隋朝关系恶化，其次是李渊许诺打下长安后，“民众土地归唐公，金玉缯帛归突厥”。所以在突厥看来，是李渊替他们做强盗先锋。后来进了长安，这些突厥人究竟连东西带人抢走了多少，历史已经为尊者讳，我们是不可能去查账了。总而言之，李渊为了自己得天下，是不惜为三百年后的石敬瑭做样板的。历史证明胜利者总是正确的，等到唐朝已经够强大的时候，他们就把突厥人狠狠地收拾了一番；而石敬瑭没做到这一点，就不得不留下千古骂名了。

再说裴寂这五道神谶一上去，李渊也就恭敬不如从命，做了唐高祖。后来李渊看着自己如花似玉的三宫六院，不禁饮水思源，感慨地对裴寂说：

> 朕能有今天，全是靠爱卿你那笔杆子啊。以前历代的帝王，都是起于寒微，必须靠弓马打天下；而我与他们不同，我是陇西旧族，只要登高一呼，就天下响应了。所以爱卿虽然没有到战场上拼杀，那造谶的功劳却是最关键的。

在战场上拼杀过的李世民，对裴寂这家伙自然没有好脸色。所以等到太宗皇帝一登基，裴寂就要受冷落了。此人靠妖言升官，最后也是由妖言贾祸。先是一个和尚造谶，捉来一讯问，原来裴寂也参预了。于是太宗免了他的官，削去一半封邑。他还想住在都城，太宗说：“你的官爵只不过是凭着和高祖爷的老关系，有什么功劳？武德间的损政你倒是有不少贡献。你还是回老家看祖坟去吧。”裴寂回乡不久，汾阴一个疯子对裴寂的家奴说：“我看你的相貌，一定要从龙起家。”这奴才回去向裴寂报喜去了。裴寂一听，这是说我要当皇上啊，这可是灭族的大罪，于是他赶快让那奴才把疯子杀了，免得他再胡说。可是这事能不让太宗知道么，于是就给他定了四条大罪，流放到静州去了。

女主昌。很多读者对大预言《推背图》都不生疏，而《推背图》的作者据说是李淳风。李淳风实有其人，在《旧唐书》、《新唐书》中都有他的传。他是唐太宗时人，博通群书，精天文历算阴阳之学。他曾经主持铸造浑仪，编成《麟德历》以取代过时的《戊寅历》，是一个了不起的天文学家。但他在史书中又被描写成一个预言家，在小说中更成了出阳入阴，兼判冥事的半仙。（故事虽然在《西游记》中为大家所知，但最早却是见于唐人的笔记《朝野佥载》。）

但他最有名的一件事则是预知了三十年后的武氏乱唐，由于事关伟大得让今天的人都不禁膝盖发软的明君唐太宗的声誉，所以这故事不得不讲。

《旧唐书》的记载大致如下：在唐太宗时，社会上出现了一本《秘记》，里面说："唐三世之后，则女主武王代有天下。"（《旧唐书·李淳风传》）太宗皇帝就召来李淳风，让他细访此事。李淳风说："我据天象推算，此事的朕兆已经形成了，这人已经出生，而且就在陛下的宫中。从现在开始算起，不过三十年，她就要据有天下，几乎要把唐朝子孙诛杀殆尽。"太宗说："把宫中那些可疑的人都杀了，你看如何？"李淳风说："这既然是天意，就没有逃避的办法了。该称王的那人是死不了的，你杀的人再多，也不过是些无辜的人。而且根据天象，此人已在宫中，并且是陛下的眷属，再过三十年，她就年纪大了，那时她的心肠也软了些，即使取代唐的天下，可能对陛下的子孙不会杀伤过烈。如果陛下现在把她杀了，上天一定会重新生出一个更年轻的。此人年轻，性情可能更为狠毒。如果这样，陛下的子孙也许就真得被杀光了。"太宗觉得此言有理，于是就罢手了。

“女主武王代有天下”的谣言是谁造的？已经无从考察，但总不会是武则天家族或他们的朋友。唐太宗虽然天纵神圣，可是遇到这种江山社稷的大事，自然是“宁可信其有，不可信其无”，而在防止政权易手的问题上，中国历代的大政治家们更是“英雄所见略同”，即“宁可错杀一千，不可放过一个”。然而据《唐书》所说，太宗皇帝只听了李淳风一套“天命难违”的话，就再也不追究了。于是我们便从这故事中看到了李淳风数术的高明和李世民的知天命而行仁政。但是事实似乎并没有这样简单和圆满。同样是《旧唐书》，在《李君羡传》中还记载了另一个故事：

贞观初年，太白星屡屡在白天出现，太史令占测的结果是：“女主昌。”要有女皇帝兴起。当时又有谣言说：“当有女主王者。”（《旧唐书·李君羡传》）太宗听了很不安。当时李君羡做着左武卫将军，把守着玄武门。太宗在一次宴请武官的时候，做了一个酒令，让每人都说出自己的小名。到了李君羡，他说自己的小名叫“五娘子”。太宗听了一怔，立刻想起了“女主昌”的预言。但他旋即大笑道：“什么女子竟能如此勇猛！”下来后，太宗再根据李君羡的封邑是武连郡公，官职是左武卫将军，把守的是玄武门，再加上又叫五娘子，显然“女主武王”就是他了。于是他就硬给李君羡安个罪名，说他与妖人勾结，图谋不轨，便把他的全家都杀了。

李君羡究竟是否与妖人有勾结，这本来就是疑案，而英明的太宗皇帝则确确实实地是和妖人串联着，只是那妖人当着朝廷的太史令，就叫预测家了。反正“欲加之罪，何患无辞”，为了自己的江山，万岁爷怎么干都是有理的。于是防患于未然，李君羡和他的全家都丢了性命。但现在问题就来了，清代的学者赵翼一针见血地说：“唐太宗何果于除宫外之功臣，而昧于除宫内之侍妾也？此不过作传者欲神其术而附会之！”既然天象已经说那“女主武王”已在宫内，甚至已经在太宗的身边，为什么太宗不去狠心除掉，却去杀宫外的功臣呢？何况武媚娘姓氏俱在，又陪侍着太宗，甚至很为太宗宠幸，从几个方面都比“五娘子”更能应谶呢。说透了，这其实不过是为李淳风，或借着李淳风之名而为妖妄之人编的神话而已。按《旧唐书》所记载的李淳风故事，本事见于《感定录》，今存《太平广记》，《旧唐书》原封不动地把“小说家言”搬进《李淳风传》，实在失之于滥。

张公吃酒李公醉。唐人张鷟在他的《朝野佥载》中记录了一条据说在武则天当政时流布很火的童谣，道“张公吃酒李公醉”。（张鷟《朝野佥载》）并解释说：“张公”者，斥张易之兄弟也；“李公”者，言李氏大盛也。也就是说这是一首预言武则天的面首张易之、张昌宗兄弟最后要被贬斥，而唐朝的李氏子孙将要咸鱼翻身。

张鷟写这段话时，已经是李氏中兴了，所以他自然要拍李氏的马屁。其实这童谣完全不是这意思，所以更算不上是什么预言。这句童谣只是对武则天朝张易之兄弟仗着天后的宠幸，弄权乱政，秽乱宫廷，而唐中宗、睿宗不过是个傀儡这一事实的讥讽而已。美酒是让张氏兄弟享受了，而傀儡皇帝虽然滴酒不沾，却还要装出一副醉醺醺的样子。老百姓对张氏兄弟没有好感，对傀儡也颇有微词，起码是揶揄大于同情。这位不必喝酒就能陶然而醉的李公，倒让笔者不由想起一个很多年之后才出现的一则笑话。一个人娶了个很漂亮的老婆，这老婆不安分，所以常有纨绔子弟前来光顾。光顾也不是空手而来，总要送些金钱礼品，所以这丈夫便慨然默许了。但这家就那么一间屋，行事很是不便，女人和情郎哥儿们便想出一个办法，每次幽会，就先把这丈夫灌个烂醉，推到一边去。这丈夫忠厚得超常，但太太做一次交易他就要被灌进几斤黄汤，天长日久，也颇以为苦，于是他就对女人说："其实你们也不必这么费事，只要他们给钱，就是随便给我碗醪糟，我也能装成醉得什么也不知道的。"这么一联想，"张公吃酒李公醉"也未必没有窥伺则天女皇隐私之意了。

武则天是中国唯一的一位女皇帝，而"皇帝"这一概念中除了冠冕堂皇的那些权利和义务之外，还有一点，就是可以大量地接近于无限制地占有异性。所以很多人对武则天的兴趣，往往就由此而起，于是而有不雅之徒为她编了不少不雅的故事，而大雅之徒则为之辩护，把男女平等的现代观念与皇帝的特权折中配料，于是而得出结论：男皇帝干得，女皇帝为什么就不能干？这一雄辩自然是无懈可击的，但这样一辩，倒好像武则天真的与男皇帝一样，给自己开个三宫六院，弄了面首三千搞成一个师的编制似的。其实武则天在生活作风问题上很有节制，就是找到她的档案，其面首也不过十位数而已。这对于一个皇帝来说也是太委屈自己了。而且就是这几个面首，她还要藏藏掖掖，深知人言之可畏，也颇有淑女的风范了。

洛阳城里有个卖药的冯小宝，大约是卖老牌伟哥之类的药吧，得到了千金公主的赏识。这公主颇有孝心，就推荐给武则天，武则天则把他当成了自己的情郎哥儿。但为了让他能经常出入宫禁，只好委屈他剃了光头，冒充和尚，还起了个法名叫怀义。可是和尚也不能长住在宫里啊。于是武则天就说：这和尚很善于营建和装修，宫里的一些房子要改造，就让他住进宫里来吧。可是有个不大的官儿叫王求礼的来捣乱了，他上表道："陛下这要求不过分，而且怀义的天才也难得。但他一个和尚在宫里住着，有些不方便，就请陛下把他那玩意儿割了吧。"武则天当然不肯把情郎哥儿阉了，但对王求礼也不好说什么。还是这怀义和尚，在朝堂上遇见了宰相苏良嗣，仗着太后的宠爱，摆着臭架子。苏良嗣大发脾气，让左右拉着他的胳膊，一连抽了几十个耳光，好好的脸蛋弄得像南瓜一般。怀义哭着到太后那里诉苦，太后说："你本来应该走后门的，南衙是宰相往来的地方，你还是躲着点儿吧。"这女皇当得多委屈。要是男皇帝，谁敢抽他宠妃的嘴巴子？

圣母临水，永昌帝业。有个叫唐同泰的人宣称，他在专门生产符命的洛水河里得到了一块白石，上有紫文，云“圣母临水，永昌帝业”（张鷟《朝野佥载》）。他把这块瑞石上贡给武则天，则天自然要奖励，就授予这位幸运者以五品果毅的品位，并在发现白石的地方建置了一个永昌县。后来，有人就揭发了，说那是在白石上凿出了字，然后用紫石的粉末和上什么胶水之类填了进去。武则天知道了，自然知过即改，就废除了永昌县，但也没听说给揭发者什么小鞋穿。当然对造假者也不再追究，因为唐同泰的后台是武承嗣，而武承嗣的后台是她自己。这不过是一场三人双簧。

襄州百姓胡延庆得到一只乌龟，他用丹漆在乌龟腹甲上写了几个字：“天子万万年。”这自然是祝愿皇帝像乌龟一样长命百岁了，就把带着美好祝愿的乌龟进贡给武则天。但凤阁侍郎李昭德偏好多事，他用刀子刮那丹字，一直刮得一点儿痕迹都没有了，原来那字是用丹漆写上去的。李昭德要求对造假者治以欺君之罪，但武则天并不那么苛刻，她说：“治什么罪啊。人家孩子也是一片好心，可不要难为他。”

这李昭德是最不知趣的人。有人贡上来一块白石，因为这石头的里面是红色的，这就象征着连河里的石头对在对皇上表忠心了，武则天能不高兴么。可是李昭德又说了：“这一块是赤胆忠心，难道其他的石头都是想谋反的么？”这就叫不知趣。可是对这种不知趣的直性汉子，武则天也不过付之一笑，这就比历史上绝大多数的皇帝了不起。假如大家喊皇上“万岁”，皇上谦虚地说：“不要喊万岁，我要能活上一百岁就不错了。”但这话只能让皇上自己来说，要是你说，那皇上的脸先拉得很长，然后就琢磨着给你点儿颜色看。所以人们最好就要接着喊“万万岁”。但武则天就没那么小气，她一面喜欢人家祝她“万寿无疆”，但如果你硬要说这是不可能的，她也不一定和你计较。

拾遗朱前疑对武则天说：“臣昨夜得了一梦，梦见皇上您的白发全变黑了，落下的牙齿也全长出来了。”武则天听了很是高兴，明知这姓朱的胡编，但还是赏了个郎中的官。这种事更让人觉得武则天的可爱和纯真。君不见如今三十多岁的妇人还装着嗲，一张嘴就是“我们女孩子”么。这也是人之天性，就是刚打了吗啡，听见别人说自己神采奕奕，也是很高兴的。

司刑寺里关着三百多名囚犯，秋分之后无事可做，这些人就在圜狱外面的围墙角下做了一个很大的脚印，长有五尺。到了夜半，三百人一齐惊叫起来，那声音惊动了内廷，便派使者来问。囚犯们说："昨夜有圣人现身了，身长三丈，面作金色，说道：'汝等并冤枉，不须怕惧。天子万年，即有恩赦放汝等。'"使者听了，便拿着火把去验看，果然有一个很大的足迹。这事汇报给武则天。则天是何等聪明的人，当然知道这是人工制造的，但她还是以假作真，下了诏令，不但把这三百多人全放了，而且大赦天下，改年号为大足元年。

武则天对谣谶的研究也提供了很多材料。不管历史记录者是何居心，但总算对武则天时代的谣谶加工制作揭了老底。以往历代的列祖列宗没少为自己造谣造谶，但因为只要他是男性，哪怕是个同性恋或白痴，也都满足了正统皇帝的基本条件，所以没怎么见有人揭出那些谣谶是伪造的。可是武则天就不然了，老天爷怎么能为一个老母鸡赋予打鸣的职能呢，所以卫道者就要揭发她的天命都是伪造的。这可是揭了皇帝的伤疤，要是在以往，那人肯定要倒霉，抄家灭族的事也难免。但武则天就不然，她在这方面表现了超群的大度，提倡造伪，承认造伪，就是全中国人民都来造伪，满世界爬着"天子万万年"的乌龟也没什么不好，只是要有一个小小的前提，那就是这谣谶是拍自己马屁的。如果不是呢？

那就不要怪老娘不客气了。

武周万岁通天二年（六九七年），箕州刺史刘思礼自称善于相面，他认为洛州录事参军綦连耀命应“两角麒麟儿”（《旧唐书•酷吏传》）之谶，就私下告诉了明堂尉吉顼。吉顼立刻上书告变，说刘思礼造谶谋反。武则天把这一重案交与皇亲河内王武懿宗与吉顼共同审问，吉顼就用酷刑逼诱刘思礼诬陷参与谋反的有朝廷大臣和贵戚。武则天为此屠杀了凤阁侍郎李元素以下贤士大夫三十六家。从此吉顼立刻从一个副县团级的小官提拔到右肃政台中丞，专管纠察大臣言行。

榜样的力量是无穷的。有吉顼在前，地方上的无赖们就有了进身之途。他们看准了哪个官员或财主，就偷偷弄本图谶藏到那家的屋瓦下或埋在院子里，或者说你家要有麻烦，赶快请个跳大神的吧，然后上告官府，说你造谶或巫蛊，然后便是一宗血案。这些无赖不仅成为积极分子，大有升官的希望，而且除了太后的赏金之外，被查抄人家的财物婢妾也能分到一些。当然武则天对他们是不会信任的，只不过利用这些勇敢分子一下。等到他们把李氏复辟势力的根基除得差不多的时候，这些无赖酷吏们就该做“走狗烹”了，于是再一次显示了武则天的英明，小民们高呼万岁，而被平反之家如果还有一二孑遗的话，更要谢主隆恩。

绯衣小儿当殿坐。公元六八四年，太后武氏废唐中宗，立豫王李旦为睿宗，可是这李旦连个傀儡都算不上，武氏就以太后的身份做着皇上。她下令为武氏立七庙，除了没拆李氏的七庙之外，天下已经姓了武。就在这年，徐敬业在扬州起兵反武。

徐敬业是凌烟阁上的开国大功臣李勣（即起家于瓦岗寨的徐世勣，因功劳大，赐姓李，又避太宗的讳，去掉了世字）的孙子。而李勣的功劳还不止于此，他还是武娘娘的功臣。当年高宗李治要废掉王皇后，立武媚娘为皇后，装模作样地征求诸大臣的意见，长孙无忌、褚遂良等坚决反对，而李勣知道这事不比寻常，耍了滑头，找个理由回避参加。事后李治再单独召见李勣，也就是强令李勣表态了，李勣躲不过，便说了句："这是陛下自己家的事，何必问我们这些外臣？"于是史书就赖上了李勣，说李治就是因为这句话才决定让武媚娘做了皇后。此后长孙无忌和褚遂良或杀或贬，而李勣则安然无事。

李勣在小说《说唐》中是那位足智多谋的徐茂公的原型，他对万岁爷换老婆采取这种暧昧态度，是智还是不智呢？李勣的这一态度在后来的史论中是颇受诟病的，意思是他应该极力阻止，好像李勣要是不同意，武媚娘就当不成皇后，唐朝的历史也要改写似的。外国的情况不了解，反正中国从唐高宗向前数一千年向后数一千年，皇上换老婆的事有的是，也没听说必须召开御前大臣会议，然后投票表决通过的。就是大臣全体表示反对，万岁爷龙颜一变，这皇上我不当了，回家种地去，你们总不能再管我换老婆了吧。那时大臣们自然要磕头如捣蒜，唯恐落个“逼宫”的罪名，赶忙双手赞成。所以李勣回避不成，说了这话，也是没办法的事。可是他万万想不到，如果他和长孙无忌一样投了反对票，顶多落个抄家问斩，但只是为了躲过了这一刀，后面却是更大的惨祸等着他的家族。他孙子徐敬业起兵后半年就被平灭，诸兄弟及其家属都遭屠杀，李勣这一族完全覆灭了。福祸相倚伏，智和不智也是很难说清的。

徐敬业造反的事不必详说，有个与此相关的造谶冤案却不可不谈。

这冤案的主角就是武则天朝中的中书令裴炎。在徐敬业起兵之后，武则天和他商讨出兵讨伐的事，但裴炎并不上心，他认为，这东南一隅不会成什么气候，只要天后把政权交还给李氏，徐敬业一伙自然就会烟消云散。把政权交给李氏，这可是戳在武则天心窝的一刀，武则天立刻指使爪牙诬裴炎企图谋反，把他下到大狱中。别人劝裴炎向太后承认错误，可是裴炎就是不肯改口，依然坚持让太后还政。事已至此，裴炎是不得不杀了。而且还要附加上谋反的罪名，于是一个只能骗骗弱智者的故事就编了出来。

故事说，徐敬业图谋造反，就请骆宾王出谋划计，要从东都洛阳找个内应。（自从武后把被废的王皇后砍去四肢，囫囵个儿装到酒坛子中惨死之后，她总是觉得长安宫中闹鬼，就经常在东都洛阳听政，极少回长安。）骆宾王这个号称“初唐四杰”的大才子，仰在床上，脚蹬着墙，竭思尽虑，想了一顿饭的工夫，才想出了个前人早用过多次的馊招儿。他编了个歌谣，道：“一片火，两片火，绯衣小儿当殿坐。”（张鷟《朝野佥载》）然后从江南跑到洛阳，派人到裴炎在乡下的农庄里，教给一群小儿来唱。结果弄得全都城的小儿都唱了起来，而且武则天遍布京城的爪牙居然一个人也没听到！身居宰相的裴炎听到这歌谣，又居然蠢到不明白里面讲的是什么意思，还要请几个专家为他讲解，终于让他明白，那“一片火，两片火”就是个“炎”字，而“绯衣小儿”就是个“裴”字，而“当殿坐”自然是要当皇上了。于是这个傻瓜就中了骆宾王的圈套，同意做徐敬业的内应了。

这故事编得实在不高明，裴炎的别墅在哪里？骆宾王南北串联的时间怎么安排？这样散布谣言只能是成心要裴炎的老命，还搞什么里应外合呢！于是便有位大历史学家专门为此故事圆谎，用艺术想象改编成这谶谣是裴炎自己造好，再自己派人散布到京城内外的，结果为武则天发觉，掉了脑袋。但这谎实在圆得不好，因为要想使此说成立，必须先要证明裴炎是个大傻瓜。

裴炎的家自然要被抄没，但这个当朝宰相穷得什么都没有，连盛米的缸都不满。他的兄弟们都在朝为官，却全是靠自己的奋斗，裴炎不肯为至亲营谋一丝一毫的私利，但此时他们却要受兄长的连累而杀身破家，裴炎死前对此深感悲哀。武则天知道他没有谋反，并不要求他认罪自诬，只是让他收回反对她的话。但他还是宁死也不肯改口。裴炎死后，他的一个十七岁的侄子求见武则天，武则天召见了他，问：“你伯父谋反，你还有什么可说的？”这个孩子说：“我伯父忠心为国，蒙冤而死，我还有什么可说的。我只是为陛下所为感到惋惜，陛下这样做下去，最后会弄得自己的宗族也不保的。”武后大怒，说他一派胡言，让人把他拉下去。这孩子一面被人扯着，一面还回头再三喊着：“陛下现在听了我的话，还算为时不晚！”武后气得把他打了一百大板，流放到远州去了。

裴炎已经死了一千多年了，现在的老百姓没有什么人还知道他，他就是还留有后代，也不会知道这个祖宗了，但难道因为这样，我们的史学家就可以为了成全武则天的伟大形象而给他泼污水么？要知道武氏垮台之后，朝廷就立刻把他的冤案平反了啊。我想，假如一千年后，有位史学家或文学家，突发奇想，用生花妙笔把彭德怀元帅的“军事俱乐部”坐实，将他化为一个阴谋家，在舞台上大露丑态，那么这个史学家算是什么人呢？

裴炎死后，还有人想借机捞稻草发家。郎将姜嗣宗就是一个。他到长安办事，留守刘仁轨询问起洛阳发生的事。姜嗣宗表功，说：“我早就知道裴炎要造反了。”刘仁轨当然知道裴炎的为人，想了想，便说：“我正有事要上奏天后，你回洛阳时替我把奏章捎去吧。”第二天，刘仁轨让姜嗣宗捎上奏章，里面写上："姜嗣宗早就知道裴炎要造反，却隐匿不说。"天后看了奏章，就让人把姜嗣宗拉出去，用绳子绞死了。这件事情不大，但很值得人们寻味。武则天究竟是个聪明人，她不想把裴炎这事继续扩大化。

人逢山下鬼，环上系罗衣。太子李治看上了父皇的小妾武媚娘，有没有"苟且"不知道，但起码眉来眼去是有的。待到太宗皇帝龙驭上宾，武媚娘就照例随着一群没有名分但已经被先皇"用"过的宫人到佛寺里做了尼姑。奇怪的是，不知这唐代的佛寺有什么神妙的"文化"，武媚娘进去后就好像参加了一次轮回转世，再出来就与太宗皇帝没了关系，可以名正言顺地成了李治的姨太太了。唐代的佛寺文化不把这个奥妙探讨明白，在我们俗人眼里，就好像缺了最主要的东西。

武则天时代结束之后，李氏复辟，老子李耳就成了唐天子的老祖宗玄元皇帝，而得势的自然也就是道教了。不想这佛寺的神奇功能也随着风水转到了道观里，唐玄宗看上了儿媳妇杨玉环，就让她做了女道士，还起了个女冠的名字叫太真，而她也就和吃了迷魂汤再投生转世一样，还俗出来，也找不到自己的家门，竟做了六十岁老公爹的偏房，而且还“在天愿做比翼鸟，在地愿为连理枝”。

这一佛一道，造就出有唐三百年里最有名的两个女人，不管是佛寺文化还是道观文化的研究者，对这一奇观岂可视而不见？唐代以后的各朝皇帝忽略了这一点，略有创见的也不过是到妓院或勾栏里去寻宝，结果皇宫里出来的女杰也是一代不如一代了。

当然这两个女人一个让唐朝变成了大周，另一个则和差一点亡了大唐的安禄山造反有些关系，但对于这种陈腐的“红颜祸水”论我们已经懒得理睬了。时势造英雄，就是这二位“英雌”又何尝不然。唐高宗宠上了萧贵妃，王皇后吃了醋，就想拉个同盟军一起对付萧妃。正好高宗想起了旧情人武媚娘，于是王皇后主动提出，把那小尼姑接到了宫里。至于后来小尼姑成了道行，王皇后再想和萧妃化敌为友一起对付武媚娘的时候，她们已经只有被装进坛子里的份儿了。宫廷里的争斗和万岁爷的花心百变就是造就武则天的时势之一。

至于杨玉环的转世成精，也是有因有缘。唐玄宗本来是三千宠爱都在武惠妃身上的，宫里的后妃才人们为此不知咽了多少干醋。武惠妃生了个儿子，就是寿王李瑁，而寿王娶的王妃就是杨玉环。而就在这时，武惠妃香消玉殒了，万岁爷食不甘，寝不安，为了江山社稷，寿王只好把和自己过了多年的爱妻奉献出去，顶替了自己亲妈的角色。李商隐有诗道："夜半宴归宫漏永，薛王沉醉寿王醒。"唐明皇宫宴，寿王看着自己的老婆被父皇搂着，再好的美酒也喝不下了。而杨玉环面对故夫又是怎样想的呢？如果后人不体谅她的辛酸，只是一味地指责她和安禄山给唐明皇的满头白发上罩绿头巾，总是有些不公道吧。至于阿环找谁不行，为什么要找那个肚子大到可以垂过膝盖、满身羊膻气的骚胡呢？那就不能由着她像武则天一样挑选了，唐明皇给了她一个安禄山就算够大度的了！读者诸公或许要问，看你的口气，阿环和安禄山的"奸情"倒像是唐明皇撮合的了？堂堂大唐天子怎么会如此变态和下作！但事实正是这样，杨玉环浴后穿着内衣，正在梳妆，玄宗就拉着安禄山进来，一起品评着杨妃半露的酥乳。野史中留下的此类故事不少，虽然半真半假，但却在暗示着他们三人的畸形关系，只是不愿意把它挑明罢了。但史书用一句"颇有丑声于外，上亦不疑"，也就算够让人琢磨的了。不疑，就是默许，老王八是心甘情愿的。

不管在唐玄宗的支持下杨家的大姨子大舅子们做了多少祸国殃民的事，杨玉环也是个悲剧人物。在她还是寿王妃的时候，玄宗就把这个儿媳召进宫中陪他睡觉了。（《新唐书》对此事的叙述真是简而有法：“或言妃姿质天挺，宜充掖廷，遂召内禁中。”翻译成白话就是：有人对玄宗说：“陛下的儿媳妇生得美丽超凡，应该由陛下自己享用的。”于是玄宗就把她召进宫里充了后房。）为了永久性地占有，玄宗又让她“自愿”地离开年貌相当的夫婿寿王，到道观去做女道士，几个月后，就成了一个比她大三十五岁的老翁的正式宠妾。史书对此说得隐晦而巧妙，是玄宗授意让她自愿出家的，但这里面难道没有什么交易或是要挟？如果杨玉环不“自愿”又将怎样？她抗拒不了进宫的命运，也许还要搭上寿王的一条命吧。她曾经为这个不和谐的婚姻发过脾气，玄宗一气之下把她遣送回杨家，但她的家族又为了自己的利益逼迫她向玄宗悔过认错。而玄宗也实在离不开她，每一次冲突虽然都是以杨玉环的认错而得到和解，但实际的结果却是玄宗越来越宠爱她，离不开她，讨好她，以至作为某种补偿，给她安排一个骚胡作情人来取悦她。到了最后，她在马嵬坡被活活勒死，替万岁爷和杨家顶了罪。这就是她三十多岁的一生。杨玉环的死不仅是悽惋，而是惨烈，鲁迅先生准备创作长篇小说《杨贵妃》，就是想以马嵬坡的惨剧开始，然后倒叙，可惜夫子终于没有动笔，但创造社的王独青却有一篇《杨贵妃之死》传世，可见这题材是很感人的。

且说在天宝年间，有一术士，有说是道士，叫李遐周的，他在长安玄都观的廊庑之间题下一诗，道：

燕市人皆去，函关马不归。

人逢山下鬼，环上系罗衣。

（《新唐书·五行志》）

当时人皆不解其意，但知道是预言着某一不祥的大事。当时又有一成姓道士，为明皇召入内廷，问以修炼之事，成道士只是笑而不答。安排他住在蓬莱馆，一日忽然不见，仅壁上留有一诗，道：

蜀路西行，燕师北至。

本拟白日升天，且看黄龙饮渭。

（《三洞群仙录》）

到了天宝十三载（七五四年），安禄山辞朝归镇。十四载，正是李隆基和杨玉环“天天都是好日子”的时候，安禄山于蓟城阅师誓众，以“清君侧”的名义在渔阳起兵反唐了。河北之地本来都是禄山辖地，所过郡县望风而降。幸好有颜杲卿等数城顽守，郭子仪、李光弼等大将率众自山西入河北，安禄山此时正进攻东都洛阳，而潼关有哥舒翰的二十万大军把守，只要形势稳定下来，安禄山就可能成为瓮中之鳖。这就是“燕市人皆去”。

就在安禄山觉得大势不妙，准备撤离洛阳，返回河北的时候，昏君唐玄宗听信杨国忠的馊主意，强令老将哥舒翰出关迎战。哥舒翰明知这是自投死地，却不敢违抗君命，大哭一场，率兵出关，让二十万大军做了安禄山的馒头馅。这就是“函关马不归”。

然后就是唐玄宗把关中的老百姓一丢，和杨国忠向四川去避难了。可是行至马嵬坡，御林军哗变，杀了祸首国贼杨国忠。“山下鬼”就是个“嵬”字。

此时杨玉环还在君侧，她的堂兄被杀，御林军怕她在皇上耳根上吹冷风，也要求把她处死。唐明皇早把“七月七日长生殿”的誓言忘到脑后，为了保命，就把杨玉环交了出去。高力士让人用她身上的罗衣或是罗巾把她绞死了。这就是“环上系罗衣”。

据说天宝末年还有一个童谣，说：“假髻抛河里，黄裙

逐水流。”（《新唐书·五行志》）

原来这也是有关杨贵妃的预言。因为贵妃好以假髻为头饰，平时又好穿黄裙。到了马嵬坡，人已经死了，头上的假髻就被抛进了河中，而一身黄裙也逐水而流。乱军对杨家的罪恶痛恨入骨，除了杨国忠外，其他二兄三姐，平时连诸王公主都要向他们低头哈腰的，此时全部被灭门。至于杨贵妃，说是已经处死，谁知道是真是假，于是尸体抬到大路上，验明正身，六军的铁骑风驰电掣一过，早就片骨无存了。剩下来的据说只有一条丝袜，为一个孤老太太拾到，成了文物，谁来看一眼，就要收五元钱，闻一闻，则要十元钱。唐代的诗人多，从这香袜中找灵感的自然不少，所以这老太太很是发了一笔。这也是杨家留给民间的唯一遗德吧。

但正因为贵妃娘娘尸骨无存，连建个香冢发展旅游的材料也没有，于是而生出一说，就是贵妃娘娘根本就没有死，而是跑到扶桑国去了。据说东邻还有不少杨娘娘的遗迹，也有专门研究的学者。这些研究成果虽然无由得见，但那基本情节对当代的影视作家却很有启发性，如果有人还想续拍一部《大明宫词》，就不妨这样艺术化地还原一下历史：安禄山造反是“不为江山为美人”，自然早就在长安城中安排下昆仑奴一类的异人，等到渔阳鼙鼓一响，长安这边早就动了手，把杨娘娘像放风筝一样，牵出了宫城。可是安禄山不幸被儿子剖腹，那昆仑奴只好把风筝继续放下去，一直向东，漂洋过海，就到了扶桑。杨娘娘肚子里还有安禄山的骨血，于是在那边就生下了遗腹子，一代传一代，连安禄山剖腹的死法也遗传了下来。当然，安禄山在剧本里是必须像秦始皇一样，要当作“英雄”来高调门、高聚光处理的，否则对海外的票房收入将会产生负面影响。

二帝同功势万全。唐代宗广德元年（七六三年），把中国北方折腾了整整八年的安史之乱终于随着史思明之子史朝义的死亡而告终，但此乱的平息并非全靠官军的征伐平灭，河北一带主要是靠安史旧将的归降，才在名义上归属了朝廷。所以安史之乱的结束，也就是河北藩镇割据的开始。

河北诸镇中以魏博节度使(驻节魏州，即今河北大名)田承嗣最为强横凶悍，而且是老奸巨猾。他把管内丁壮全部入为兵籍，只剩下老弱去种田，所以数年之间，有众十万。他狂妄到竟要为安、史父子立祠堂，谓之“四圣”。朝廷对他是百般迁就，可是越迁就他就越是骄妄，竟至于蚕食邻镇土地，挑起争端。大历十年（七七五年），朝廷下旨让他谨守封疆，不准攻取邻州，他便公然拒命。这一下朝廷便与田承嗣翻了脸。

田承嗣倚老卖老，一向蔑视其他诸镇。成德节度使李宝臣的兄弟李宝正是田承嗣的女婿，就住在魏州，与承嗣之子田维击马毬，马惊，误触田维致死，承嗣大怒，竟把李宝正活活打死。而淄青节度使(地盘是山东东北部的淄州青州一带十余州)李正己也久与他不和，正己派来使者，承嗣就无理扣留不返。这二李一见朝廷变脸，即立刻上表，请求替朝廷讨伐魏博。代宗皇帝见到有了拉偏手的，觉得自己气也粗了，便降旨贬田承嗣到数千里之外的永州做刺史，一面命河东、成德、幽州、淄青等八镇节度使征伐魏博。

田承嗣知道这次自己孤立了，便一面向朝廷请罪，一面瓦解二李。他对付李正己的办法是用卑辞厚礼满足他的贪心。他把境内的户口、兵马、钱谷之数全部登记成册，派使者奉交给李正己，致书道："我今年已经八十有六，离死不远了，几个儿子又都没出息。所有这一切，我不过是为您暂时看守着，您何必劳动兵马来自取呢？"李正己得了这口惠而实不至的大礼单，乐得合不上嘴，自然就屯兵不进了。而南路几镇见他不动，也都不敢进军。

田承嗣解决了南顾之忧，就用另一招对付李宝臣。他知道李宝臣的老家在范阳，也就是卢龙节度使朱滔的地盘上，李宝臣无时无刻不想着把卢龙弄到自己囊中。于是田承嗣编了一条谶语，道："二帝同功势万全，将田作伴入幽、燕。"（《旧唐书·李宝臣传》）然后刻到石头上，悄悄派人把石头埋到了李宝臣的境内。他又派了一个人，装成望气的术士，到李宝臣那里说："我看某处有帝王之气。"李宝臣这人既蠢又贪，立刻派人随着这假术士去查勘，到那里一掘，果然发现了那块刻着天书的石头。李宝臣便美不滋地做起皇帝的大头梦来。

而此时田承嗣的说客已经到了李宝臣的府上，进言道："您与朱滔共取沧州，攻下来也要还给朝廷，自己什么也落不着，何必呢！不如您饶了田承嗣，他就把沧州白送给您，而且还愿意出兵随您一起攻取范阳，以效犬马之劳。您用精骑为前驱，田承嗣以步卒为后继，那就没有不成功的了。"李宝臣一听，把屁股一拍：这不就是"二帝同功"、"将田作伴"么，原来老天早就安排好了！于是他就算计起朱滔来。

说起卢龙节度使朱滔，不得不补上几句。原来卢龙节度使是朱希彩，残虐士卒，不得人心，于是部下作乱，杀了朱希彩。此时朱泚与弟弟朱滔便怂恿士卒，拥朱泚为帅。而朱泚便上表朝廷，主动要求替皇上效力，这是自安禄山造反以来，从来没有过的稀罕事。到大历九年，朱泚应朝廷之命，入朝京师，留下朱滔为卢龙节度使。所以在河北诸镇中，卢龙当时是对朝廷最恭顺的。田承嗣老谋深算，只要把朱滔击溃，其他诸道就成不了气候。

此时朱滔的使者正好来到成德军，李宝臣就让他捎话给朱滔，说："听说朱公仪貌如神，愿得朱公的画像一观。"朱滔听了，觉得这也没什么，就让人画了个标准像送给了李宝臣。李宝臣当着使者的面，把画像悬挂在射堂上，召来众将一起瞻仰，口中啧啧赞道："真神人也！"使者自然要把这话传给了朱滔。朱滔此时正驻军于瓦桥关。李宝臣送走使者，当即选出精骑两千，一夜飞驰三百里，直袭朱滔。他告诫诸将说："你们见到相貌如射堂画像者，就奋力取之。"当时两军正在敦睦着，朱滔万万想不到会遭到盟友的袭击，狼狈出战，交兵即溃。他见敌军用箭瞄着他追杀，赶快换上一身破衣服，总算逃了性命。

李宝臣还想乘胜直取范阳，可是一方面发现朱滔在那里留守重兵，另一方面呢，田承嗣捎来了一封信，道："老夫家里还有些麻烦事，不能在这里陪您玩了。至于那石头上的谶文，请不要当真。那不过是老夫和你开个玩笑而已。"

此水连泾水，双眸血满川。唐德宗建中二年（七八一年），吐蕃、南诏、回纥等外患刚刚平静下来，又一次藩镇对朝廷的联合大叛乱开始了。

起因是成德节度使李宝臣之死，其子李惟岳上表朝廷，要求袭任节度使。藩镇的父死子袭，在代宗时已经为朝廷默许，李惟岳征求朝廷同意，不过是给朝廷一个面子，而魏博节度使田悦也上表为李惟岳说情。可是新上台的德宗正在三把火头上，又刚平灭了泾原的刘文喜，意气扬扬，便不客气地一个硬钉子把李惟岳顶了回去。李惟岳、田悦便与淄青节度使李正己联合起来，共抗朝命。而山南东道节度使梁崇义也跟着凑热闹，拒绝入朝。朝廷遣兵征讨，用淮西节度使李希烈击平了梁崇义，可是李希烈又蚕食坐大；用范阳节度使朱滔讨李惟岳，李惟岳为部将王武俊所杀，成德军又落到王武俊手里；朝廷大将马燧大破田悦，田悦便派人游说朱滔，唇亡齿寒，不能互相残杀。于是前一年的河北藩镇联合虽然瓦解，这一年又形成了新的组合，而最麻烦的是范阳节度使朱滔的加入。因为朱滔的哥哥朱泚正在关中。

建中三年（七八二年），朱滔、田悦、王武俊及李纳（李正己死后，其子李纳袭任淄青）四镇称王，而李希烈更是自称天下都元帅、建兴王。由于朱滔造反，朝廷就罢免了朱泚的泾原节度使，把他扣留在京师。此时朝廷又调泾原军东征河北藩镇，路经京师，泾原军嫌朝廷不给犒赏，发生哗变，拥立老领导朱泚为帅，占领了京城，逼得德宗皇帝逃往奉天。朱泚于是自称大秦皇帝，起兵向奉天进攻，那势头竟是非要把唐天子收拾掉不可。亏得此时李怀光率兵勤王，大破朱泚，逼得朱泚退回长安，算是解了奉天之围。

据说在此之前，也就是建中初年，就有一首诗在民间流传着，道：

此水连泾水，双珠血满川。

青牛将赤虎，还号太平年。

（苏鹗《杜阳杂编》）

诗是一个叫普满的和尚所作，此人虽是和尚，却衣着随意，疯疯癫癫，忽歌忽哭，而所作诗歌，往往有验。这首诗是他临离开潞州时写在佛寺的墙上的。“此水”合文为“泚”，“双珠”有的版本作“双眸”，眸就是眼珠子，所以双珠就是指朱泚、朱滔兄弟，“血满川”自然是他们造成的大灾难了。

这时唐德宗的三把火只剩下冒青烟了，他总算明白了河北藩镇的厉害。于是在七八四年他先下“罪己诏”，然后宣布，除朱泚之外，其他所有藩镇的叛乱全部赦免。这一招见了效，田悦、王武俊、李纳取消王号，上表向朝廷请罪。藩镇的联合瓦解了。可是德宗皇帝宠信奸臣卢杞，而卢杞对新立大功的李怀光百般阻挠，不让他进奉天见皇上。李怀光一怒，竟然也造了反。这一来奉天也乱了，德宗皇帝只有接着跑，这一跑就到了梁州（今陕西汉中）。好在大将李晟与浑瑊军队赶到，分两路向长安进攻，总算收复了京师，而朱泚在逃亡路上被杀。这场历史上称作“泾原之乱”的事件到此结束。

就在朱泚败亡之前，也有一首童谣唱道：

一只筯，两头朱，

五六月，化为蛆。

（《新唐书·五行志》）

李晟攻克京师长安正是五月，至六月，朱泚率残兵逃奔吐蕃，其众随行随散，到泾州时只剩下百余骑，而泾州守将虽然是朱泚所授，此时也不肯给他开门。朱泚只好往宁州方向逃跑，途中被射落坑中，脑袋被割走请功去了，至于尸体，在那炎热的月份，只能“化为蛆”了。

至于河北的藩镇，到第二年即贞元元年（七八五年）朱滔病死，也就暂时消停了。而李怀光也为马燧等人讨平。这一年是乙丑年，正应了普满和尚诗中的“青牛”，青按五行在东方，而东方“甲乙木”，加上丑为牛，所以说乙丑年是“青牛”。次年是丙寅，赤按五行是南方，而南方“丙丁火”，而寅为虎，所以丙寅年是“赤虎”。也就是说到了贞元元、二之时，天下才算“太平”。可是天下果真太平了么？不过痴人说梦而已。

井底一竿竹。李愬雪夜夺蔡州（今河南汝南），是大家都很熟悉的故事了。前一段说到淮西节度使李希烈，他在德宗兴元元年反叛，自称楚帝。两年之后的贞元二年（七八六年），李希烈为部将陈仙奇毒死，夺其位，归顺朝廷。但不过才几个月，李希烈的亲信淮西兵马使吴少诚又杀了陈仙奇，自为申蔡留后，开始与朝廷相对抗。他不断地蚕食侵掠四边州郡，扩大自己的地盘。朝廷派兵征讨，先是诸路兵马各自为战，行动不一，结果是劳而无功。后来设置了招讨使为诸路统帅，却用人不当，不是草包，就是懦夫，十七道兵马竟为吴少诚杀得大败。朝廷没有办法，只好用招安来安抚吴少诚。终德宗之世二十年，这位刚愎自用的皇上对这个只占数州之地的吴少诚一点儿办法也没有。

到了唐宪宗元和四年（八零九年），吴少诚病重将死，他的心腹大将吴少阳先把吴少诚的儿子杀了，等吴少诚一咽气，他就自为留后。朝廷无力征讨，只好承认。到元和九年，吴少阳死，其子吴元济袭位。元和十年（八一五年）正月，朝廷征调十六道节度兵马，开始再次对淮西用兵。可是一直打到十一年年底，只见有捷报不断传来，今天杀几千，明天杀几千，如果把那数字加起来，淮西的人早就被杀光了，可是蔡州及其属邑却在九万大军的攻击下屹然如故。

到了元和十二年（八一七年），朝廷派了李愬为唐随邓节度使，抵达唐州，才开始一步步地扫清蔡州外围诸城，有效地把蔡州孤立起来。然后宰相裴度力请亲赴前线，任宣慰、招讨、处置使，于是就演出了李愬雪夜夺蔡州的精彩一幕。

就在裴度抵达元帅治所郾城的时候，据说还演了这样一出戏。他下车伊始，就命将士挖深城壕，可是刚破土不久，就挖出了一块石头，上面刻着很多字，写道：

井底一竿竹，竹色深绿绿。

鸡未肥，酒未熟，障车儿郎且须缩。

（戴孚《宣室志》）

裴度让自己的幕僚们参详，谁都不知道写的是什么意思。大家正念着，只见有一个小兵从行伍中站出，说："这是上天降下的谶语，说的是吴元济就要灭亡了。"裴度让他解释清楚。这小兵说："'井底一竿竹'，是说吴元济从一个小卒起家，'竹色深绿绿'是说他拥兵十万，其势甚盛。'鸡未肥'就是没有肉，'肥'字去掉左边的'肉'（月），剩下的是个'己'字。'酒未熟'是没有水，'酒'字去掉左边的'氵'，则是'酉'字。'障车儿郎'是指蔡州的士卒。'且须缩'是说他们只能退守其所。几句连起来，就是己酉之日要克平蔡州。"裴度听了之后大喜，对左右说："你们看他解释得多么好，看来这就是天意如此了。"于是万众欢呼，士气大振。

这年的冬十月，李愬乘雪夜袭蔡州，生擒吴元济，一看那日子，正好是己酉。于是裴度就把那小卒提拔为军官了。

如果这故事不是后人编的，那就是裴晋公和那小卒在演双簧。

两角犊子自狂颠。常言道：“有心栽花花不开，无心插柳柳成荫。”为了陷害政敌而制造流言，结果被人揭穿，谁知这流言竟然在若干年后成了另一事件的预言。用天命观来解释，也就是这一切都在冥冥之数，人算不如天算。

唐文宗、武宗之时，朝臣之间的牛李党争是当时政治舞台的最火的段子。牛党的领袖是牛僧孺，李党的领袖是李德裕。在历史教科书中，李德裕的名声要比牛僧孺好一些，但细看他的政治斗争手段，也并不很光明，而且用心之毒，也是很令人悚然的。

李德裕制造了两个圈套，都是足以让老牛全族屠灭的。第一招是他指使自己的学生伪造了一篇小说《周秦行纪》，署名牛僧孺，以第一人称讲述了自己的艳遇，在与历朝后妃美人的鬼魂宴乐之后，还和王昭君来了个一夜情。而小说中特别点明，昭君在世时为妇不贞，老单于死了又嫁给了小单于，理应充当客人的“三陪”（好像其他诸后妃的二陪就算是大淑女了）。小说发表之后，还唯恐别人看不明白，李德裕便亲笔写篇书评，叫《周秦行纪论》，首先申明牛僧孺与历朝后妃鬼混，这就是有不臣之心；然后又指出，小说中称德宗皇帝为“沈婆儿”（其母为沈氏），并隐约点明那昭君正是影射德宗皇帝的生母。因为德宗的生母即代宗的皇后，在乱离之后流落民间，为了生存，也不知再嫁了多少次，只是后来大孝子德宗才把她找了回来。如今牛僧孺和昭君睡了觉，还沾沾自喜地写小说夸耀，那明显就是要吊老娘娘的膀子了。李德裕这一刀笔如果为当今皇上唐文宗所采信，牛僧孺的灭族是不可避免了。但幸好文宗并不那么蠢，识破《周秦行纪》是伪冒的，老牛才逃过了这一刀。

李德裕的另一计也够毒。他拾起早在武则天时就出现过的一首老谣谶，道是：

首尾三鳞六十年，
两角犊子自狂颠，
龙蛇相斗血成川。

（李德裕《周秦行纪论》）

一个牛犊子发了疯，搅得天下大乱，血流成河。这首谶语当时就有人解道："两角犊子，牛也，必有牛姓干唐祚。"也就是要有姓牛的夺取大唐江山。到玄宗开元间，朝中有个宰相牛仙客，是奸相李林甫的死党，周子谅弹劾他，认为他对朝廷是个威胁，却不正经说事，拿出那句谶语做武器。也是万岁爷圣明，没废了会拍马屁的牛仙客，倒把原告周子谅按在朝堂上狠揍了一顿板子，然后发配瀼州，结果途中杖伤太重，离开长安不远，就死在了蓝田。李德裕认为，牛仙客既然不是"两角犊子"，那么这谶语就无疑要应在了牛僧孺身上了，即使不是他本人，也是他的子孙，所以当今皇上应该把牛家"少长咸置于法"，也就是让他们牛家断子绝孙。李德裕用谶杀人，而且狠到灭族的地步，实在太失身份，成为他身后一大瑕疵。后人评他贬死南荒，就是这阴毒之报。相比之下，牛僧孺写小说《玄怪录》，无一字影射党争，就比李德裕厚道得多了，所以他虽然比李德裕早死二年，却是寿终正寝，算是"不用小说反"党的善报。

终唐之世，也没有一个姓"牛"的图谋不轨，那么这谶语岂不落空了么？并没有，原来把"两角犊子"理解成"牛"字是错的。那牛是个人，而"牛人"不就是"朱"字么！如果天机如此，那么这谣谶是非应验不可了。早在牛李党争之前的四十年，即唐德宗时就发生了朱泚、朱滔的叛乱，如果这二朱没有成事，那么牛李之后五十年的朱温可是真把唐灭了。另外，与朱温同时有灭唐资格的还有个李克用，而他的本姓可是叫“朱邪”的。

金色虾蟆争努眼。早在唐懿宗时，关东大饥，民不聊生，民间就传出了歌谣，预言天下将要大乱：

草青青，被严霜，

鹊始后，看颠狂。

（《新唐书·五行志》）

意思不大明白，只知道那“颠狂”二字不是好事，您想不管是人是畜，要是都发起疯来，闭着眼睛打派仗，那世界能安定得了么？及至到了僖宗乾符年间（八七四——八七九年），仍是灾荒连年，而尤以河南最严重。民以食为天，因为没有饭吃就要死。也许到了“人皆为尧舜”的时候，没有饭吃就会老老实实地躺着等死，因为既然皆为尧舜，就不会有人囤积深藏，更不会有人看着饿殍遍野却依然花天酒地。所以既然政府和有钱人不皆为尧舜，也就不能怪老百姓要做盗跖了。

大约就在这时，河南曹州一带传出了谣言：“金色虾蟆争努眼，翻却曹州天下反。”（《旧唐书·黄巢传》）“金色虾蟆”就是黄巢，大约是“巢”字的字形有些像蛤蟆努眼吧。这是对统治阶级的警告，但没有用，于是王仙芝、尚君长、黄巢等人先起事于濮阳，饥民遍地，只要喊一声“跟我走”，那就是成千上万地聚而为“盗”。但他们盗了什么？不过是从那些官府和富人封闭不开的粮仓里用暴力手段抢些活命的粮食。如果世道已经变成做顺民只有死路一条，而做“暴民”却尚有生路一线的时候，任何“天理”都没有理由指责人民造反了。而一旦为官府认定饥民是反叛朝廷，派来官兵镇压，开了杀戒，那么这些农民的暴力行动就只能不断地升级。农民起义这个题目如果讨论起来，其实是个很敏感的问题，正如舞台上大演《打渔杀家》是一回事，现实中的抗税和灭门血案则是另一回事。所以黄巢为首的唐末农民大起义既然已经写在历史教科书中，此处也落得省事，只介绍几个与谣谶有关的故事。

有些史书中特别强调黄巢是贩私盐出身，亦即起始就是不安分的劣民。但他其实是个乡间知识分子，史称“略知书”，未必，他屡试不第并不见得他书读得不好。他参加起义较王仙芝为晚，也许是因为他还对官府的良知抱有一线希望，但他一旦彻底失望，那造反的坚定性就可能要比一般的农民为强。在黄巢起义之初，农民军中就流传着一个“谶语”，道是“逢儒则肉，师必覆”，意思是如果遇到儒者就杀，那么军队就必然要失败。所以黄巢的军队攻城略地，只要遇到读书人就不加侵犯，于是有很多人被俘之后，就要谎称自己是儒者。这个谶语肯定是黄巢造的，他的乡间贫苦知识分子的生活经历，让他认为不能把读书人全划到统治阶级一边，他自己的经历就证明了一些儒生有参加造反的可能性。所以他每至一处，对于那些不肯仕于昏乱之世的处士是采取礼敬的态度，争取他们参加到自己的军队中。但黄巢的这个想法还是太理想化了，很多读书人瞧不起官府，但他们对农民暴动就不是瞧不起，而是仇视了。所以这个谶谣的教育作用也就渐渐地消失了。

但黄巢还是吸收了一些在当时来说也相当优秀的儒者，皮日休就是最著名的一个。此人不光学问好，而且见识高，他极力推崇《孟子》，就是因为他主张“民为重”。黄巢称帝之后，用皮日休为翰林学士。但后来皮日休死于乱军之中，如何死的，其说不一，有人对他这样的杰出人物竟肯

“投贼”，认为不可理解，所以认定他是因故意触犯黄巢而被杀。于是而有了可信度不高的这样一个故事。说黄巢让皮日休为他造谶，以证明黄巢得了天命，要做皇帝。皮日休写了一个：

> 欲知圣人姓，田八二十一。
> 欲知圣人名，果头三曲律。
>
> （钱易《南部新书》）

黄巢见了，认为皮日休是借此嘲讽自己，污蔑自己的脑袋生得像个“果子”，而头发则是鬈毛，“果头三曲律”看字面是个“巢”字，但有损于黄巢的光辉形象，于是黄巢就把皮日休杀了。编这个故事的人似乎是为了成全皮夫子的名声，把他的“从贼”定为违心之举。但这个故事编得极不高明。黄巢并不是张献忠那样的浑球，他不但识文断字，而且参加过科举，要想编谶语的话也不必劳动翰林学士的，他一晚上造出十几条也不是难事。而且黄巢本人脑袋长得像“果子”，这也不能算为污蔑之词，无论像水果苹果、鸭梨，还是像干果核桃、栗子，都很正常，要是像个金元宝或玉如意，那倒是怪事。至于头发“曲律”，古人又是梳发髻，又是戴头巾，就是曲律也曲律不到像现代朋克的水平。何况皇上的大长脸就是龙颜，一脸大麻子也可以理解为二十八宿的星象图，像蛤蟆像蛇都是贵相，“果头三曲律”弄不好还是真命天子呢。可是黄巢根本不容皮日休解释，拔出小李一样的快刀就把翰林学士杀了，这故事能让人相信么？

【五代十国·后梁】

易梁。唐僖宗中和二年（八八二年），黄巢手下的同州防御使朱温见到黄巢政权没了希望，就投降了唐将王重荣。说朱温叛变了黄巢，那是不错的，但说他叛变了农民起义，却是未必。因为此时的黄巢政权是不是农民起义都大是疑问了。在封建社会，一个农民起义只有两个发展方向，或者变成一个新的地主政权，或者蜕变为痞子政权，被人消灭。黄巢这支队伍就走了后一条路。就连官方史书也承认，黄巢义军开始时确是救济贫民的，但这支最初由饥民组建的军队也和盲流一样，打到一处，就分光吃净，然后再换一处。这虽然可以不断地吸收扩大兵员，但如果不搞一块根据地发展生产，而只是像蝗虫似地乱飞，那队伍膨胀得快，也就流失得快，最后的成分也越来越盲流化流氓化。烧杀抢掠，甚至对平民大屠杀，所以无怪乎凶狡残忍如朱温这样的流氓就成了黄巢的大将。这时如果还叫起义军，那“义”字就不知道要做何讲了。

朱温投唐之后，与李克用联手，仅用两年时间就把黄巢平灭，然后朱温就设计暗算曾救过他命的李克用，被李克用识破，从此二家反目，朱据河南，李据山西，一直争斗了四十年。如果讲讲出身论，那么朱温应该算是农村的流氓无产者了。他的凶狡无赖成了他打天下的资本。他及时地把持了唐天子，利用河北藩镇的矛盾，把他们扫清，又把唐天子左右仅存的宦官杀个净光。藩镇、宦官这唐代中期之后的两大祸害除掉了，唐朝也就完蛋了。朱温于九零七年废掉唐昭宣帝，建国号为梁，从此中国历史进入了五代十国时期。此时除了河东的李克用、凤翔的李茂贞、淮南的杨渥和四川的王建之外，其他割据政权都受朱温封诰。

朱梁实际占有的地盘其实不过是河南、山东两省和周边数省的部分地区，论面积来说，与其他那些割据政权也相差无几，但因为他篡的唐是正统，历史上也就把梁当成了正统。这种事真是说不清，反正有一点很明白，如果朱温不是正统，后面的唐、晋、汉、周自然也就不是正统，那么篡了后周的大宋皇帝怎么办呢？

朱温究竟不过是砀山一个农民，就是在做混账事时也能有“朴实”的本色。比如，他就不像曹丕、司马炎之流，要篡位了，还要先让皇上封王、赐九锡，搞什么剑履上殿那一套。唐臣柳璨、蒋玄晖一向无耻，这时就建议要给朱温加九锡，准备为做皇帝铺路，可是朱温对这两个马屁精不领情，下令把他们宰了。而且朱温对什么符命之类也没有什么兴趣，想做皇帝就做，不玩虚的。

但是朱温必须是“正统”，因为后面接替他的朝代需要这样。是正统就要有天命，就是人家不要，老天也要厚着脸皮往上贴。于是就有了他要做皇帝的预兆。

最早的预兆是在僖宗乾符年间，那时朱温在黄巢手下还不大知名。荆州节度使王铎此时正被任命为诸道都统征讨黄巢，发生了“木星入南斗”的星象，接连几夜都不退。王铎请教那些懂天文星占的术士，都说金、火、土星犯斗都是灾象，只有木星入斗是福象。只有一个术士叫边冈的，洞晓天文，精通历数，他对王铎说：“斗宿是帝王之宫，而木星为福神，应当占以帝王。但这福象不是为今天的皇上而现，该是验于多年之后，此事还不敢乱说。”王铎待别人散去，独留边冈，悄悄询问，边冈方才说：“木星入斗，帝王之兆。

而木在斗中，不就是个‘朱’字么！”（孙光宪《北梦琐言》）

这个预兆算是够早了。但据有人说，其实朱温做皇帝的预兆在武则天时就已经出现了。武则天的狗腿子们为了诬陷裴炎谋反，不是编了个故事，说骆宾王造了个“绯衣小儿当殿坐”的伪谶么？但造伪也是天意，那“绯衣”就是“朱”，绯衣小儿指的就是朱全忠。而后来裴度平了淮西吴元济，功劳大了，就有人要给他挖陷阱，也编了个“非衣小儿坦其腹，天上有口被驱逐”（《旧唐书•裴度传》）的伪谶，其实那也是无心替朱温泄漏了天命。至于那害得牛仙客和牛僧孺差一点吃官司的“两角犊子自狂颠”，也同样是给朱温预备的。

及至朱温降唐，唐僖宗受宠若惊，好像老天给他一个救星，就要赐给朱温一个新名字，一示恩宠，二寄希望，第三呢，也许是原来的名字叫起来像“猪瘟”，在朝堂上有些不雅。于是僖宗张口就来：“以后你就改名叫全忠吧。”那意思就是让他全心全意地忠于自己。但下面的一些出身大官僚地主的朝臣瞧不上也信不过这个狡狯的乡巴佬，就说：“这名字不好，‘全’字拆开来就是‘人王’，‘忠’拆开就是

‘中心’，这不是要他当皇上么！”（何光远《鉴戒录》）但等到皇上觉得大臣们说得有理，那敕旨已经发下去了。就是这么一改名，朱温就当了大梁皇帝，而且所占的地盘也正是中国的中心。

到了李茂贞把唐昭宗抢到凤翔的时候，朱温派兵迎驾，他的兵卒们都在头上嵌了珠子，以示夸耀，那也是“朱在人上”之谶（《分门古今类事》引《记异志》）。而到了昭宗末年，有一只大鸟飞入宫中，白天落到了含元殿，晚上则栖止于丹凤楼，昭宗觉得不是好兆头，就用箭去射。结果是血流如雨，把殿梁都染红了。昭宗让人用水冲洗，不想那血透入木梁深处，怎么洗也不中用。气得昭宗大叫“易梁，易梁！”（秦再思《洛中记异录》）这不就是要把江山的主人换成梁朝么！

搜珠。当年砀山的小流氓朱老三如今做了皇上。在他看来，皇上最大的特权，就是干什么混账事都没有人管。他有七八个儿子，老大早死了，剩下年龄最大的是朱友文，但不是他的亲儿子，其次是朱友珪、朱友贞等。朱温这人颇为禽兽，后宫的妃嫔本来不少，但他觉得不够刺激，非要学学唐明皇，把几个儿媳妇都弄到床上来。那几个儿子驻扎在外，对此是第一没办法，第二索性让自己的老婆到父亲那里搞公关，使出浑身解数得到朱温的宠爱，最后立自己为太子。在这一点上，不是亲儿子的朱友文占了上风，因为他太太王氏生得非常漂亮，也就受到朱温的格外宠爱，于是朱温就打算让朱友文做接班人。而朱友珪呢，按说太子应该是他的，但他母亲本来就是从窑子里出来的，所以他平时就让朱温瞧不上，大约是视为杂种吧，脾气上来，还给他来一顿鞭子。所以朱友珪对父亲就生了怨望之心。

这一天，朱温病情加重，觉得可能要熬不过去，就让王氏去东都开封召回朱友文，准备托付后事。朱友珪的老婆张氏也在朱温身边侍奉着，这事自然瞒不过她，她便连夜把情报传给了丈夫。朱友珪明白，要是友文做了皇帝，自己的命就不可能保住，所以先下手为强，趁夜带着五百名牙兵，闯入宫中，把朱温宰了。然后朱友珪假传遗诏，把弑父的罪名扣到朱友文身上，立即处死，而他自己做了皇帝。但朱友珪这事纸里包不住火，可以说路人皆知。于是老三朱友贞又纠合诸将杀入宫中，宰了朱友珪。就这样，小朱老三成了梁朝最后一个皇帝，史称末帝，又称后主。

至后梁龙德二年（九二二年），外面是死对头晋阳的李氏连连把梁军打得大败，梁后主却还有心思搞宫室的装璜，要为宫里挂上珍珠串成的帘子。皇宫中千门万户，哪里有那么多珍珠？于是便下令到民间收购，那价钱自然不会合理，所以民间纷纷藏匿，这样官府只有一个办法，挨门挨户地搜，所以一时就到处喊着要“搜珠”（秦再思《洛中记异录》）。百姓家要搜珠，寺院里也要搜珠，有人藏匿不交，搜出来就关进大牢。这一下吓得诸寺整天关着大门，唯恐不知哪里来一群打着搜珠招牌的无赖，进寺里乱翻腾。就是有人想到寺里烧香做功德，和尚也不敢接纳。

结果到了第二年，晋王李存勖称帝，改国号为唐，为后唐庄宗。攻破汴梁后，就在城内大搜朱氏子孙，搜到就杀。庙里的老和尚们叹道：“今天可是真的搜朱了。”

【五代十国·后唐】

二十三。后唐一朝在五代中虽然只有十四年，但早在朱温建后梁之时，李克用的儿子李存勖所占的地盘就不比后梁小，终朱梁之世，两家就一直争战不已，直到灭了后梁，算是接了“正统”。所以严格说来，后唐在五代的五十多年中占有了三十年的历史。而且五代八姓十二帝，光后唐四个皇帝中就占了三个姓，庄宗李存勖姓李，明宗李嗣源是李克用的养子，不知原来姓什么，最后一个清泰帝则是明宗的养子李从珂，则本是平山县一家姓王的孩子，这也是很有意思的。

要讲李存勖与朱温父子的夹河大战，把积攒了两世四十年的仇恨一雪而清，真算得上惊心动魄，但若是谈到后唐的谣谶，就没那么有意思了。不是造谶水平没什么长进，而是有很多没有流传下来。比如后唐庄宗代梁之后，一面是骄奢淫佚，宠信放纵伶人宦官，一面是对为他打天下的军人苛刻不赏。军士们得不到赏赐，连温饱都不能保证，就私下大造谣言，那谣言涉及郭崇韬、朱友谦、李嗣源几个对军士们一向慷慨关怀的大将，结果被宦官们汇报给庄宗。军士们出于对大将爱戴的谣言，反而引起了庄宗的疑忌，导致了郭崇韬、朱友谦的灭族，李嗣源也岌岌可危。就在此时邺都发生兵变，李嗣源奉诏去征讨，结果在邺都城下李嗣源的部下也发生兵变，乱兵胁迫李嗣源为主，要他与庄宗平分天下。这一连串的事变中，谣言一直不断，但可惜都没有被史官记录下来。

庄宗逃到洛阳，洛阳的将卒也发生兵变，他便死在乱军之中。而李嗣源就做了皇帝，即后唐明宗。明宗在位八年病死，儿子李从厚即位，为闵帝。闵帝与潞王李从珂（本名王阿三）互相猜忌。闵帝派诸道兵征讨驻守凤翔的李从珂，结果李从珂反被诸道兵拥戴为主，率领大军回攻都城洛阳。闵帝只做了不到半年皇帝，就逃出洛阳，被杀于卫州。

潞王李从珂是将士们捧做皇帝的，在将士们看来，他这个皇帝其实就相当于军需部长，其任务就是给大家谋福利。李从珂算了一下，要想满足将士的要求，起码也要五十万贯，可是洛阳府库空虚，就是把洛阳百姓搜刮光，再加上太后、皇太后的首饰，也不过才凑了二十万。将士们大为不满，觉得这一投资没得到应有的回报，就准备割肉换股了。所以后唐末帝王阿三也不过做了两年龙庭，最后自焚而死。

现在要谈的谶语，就是李从珂的小名“阿三”。李从珂的老家是今天河北的平山，那小名是在家乡用的本名，但北方不像南方，给孩子起名都是阿猫阿狗阿土崽之类，这里没有“阿”人的风俗。其实李从珂的小名是“二十三”，他是正月二十三生的，家里贫贱，不曾请教识文断字的先生，就把生日做了名字。这种命名法历史上多有记载，而且起码在前些年还在实行着。五代史官大约都是南方人，帝王将相发迹前的小名本无定字，只是来于口传，所以李从珂的本名也不过是据音猜写，“南化”为“阿三”了。此处为什么在这个屁大的问题上纠缠，因为事关“天意”。

李从珂在明帝时封为潞王，刚一被封，就有人在明帝前进言，说这“潞”字不利于皇室，为什么呢？你看这“潞”字，不是“一‘足’已入‘洛’”了么（《旧五代史·后唐末帝纪》）。洛阳是后唐的都城，把脚插到洛阳城里，这就是要做皇帝了。但明宗没有“明”在这种事上，所以没有听从那谗言。

从珂受命镇守凤翔时，有那么一个故事。一个姓何的老叟，年逾七十，突然死了。他到了阴间，见到阎王爷。阎王说：“你替我捎信儿给潞王：来年三月二十三为天子。”说完就把他放了。何老死而复生了，但这种事关反叛的话谁敢说，所以他就没去找潞王。过了一个月，何老又暴死了，这次阎王大发脾气，骂他不把豆包当干粮，让他立刻回去，如实传达。这次何老不敢怠慢，因为他年已七十，过不多久就要成为阎王的属民，得罪不起了。他就找到一个熟人，是潞王的一个亲兵。亲兵把何老领到潞王那里，把阎王的旨意原封传达一遍。潞王说，这是要给我惹大麻烦的妖言，你还是到阎王那里去吧。何老说：“既然说是明年的事，请到时候验证，如果三月二十三您不做天子，那就再杀我也不迟。”果然，到了次年三月李从珂被乱兵拥立为帝，但日子不是二十三，因为二十三是从珂的小名，何老传的那句话加上标点就是：“明年三月，二十三为天子。”

王二十三做了皇帝，一群专事拍马溜须的人就忙了起来。第一，是要把正月二十三定为千春节，每逢此日要举国庆贺，恭祝万寿无疆。其次，是以后在皇上面前不许说“二十三”这个词，如果数东西数到二十三，那就念到“二十二”打住；到了每月二十三日，则要叫“两旬三日”。一句话，从此金殿上就没有了“二十三”！这事仔细一想，“数不过三”，这也不太吉利，可是谁敢说啊。最后，王二十三的千春节只过了两次，就自焚了，真是个“数不过三”。

【五代十国·前蜀】

兔子上金床。五代写了两代，后面的三代虽然在历史上各有春秋，但要是谈什么谣谶，就实在没词儿了。后晋的石敬瑭，做皇帝靠的是干爹，不是天命；后汉刘知远、咬脐郎父子一共才三年，创造了最短的正统王朝的纪录，但留下了一出《白兔记》至今上演，也算不虚做皇帝一遭。至于后周，那时的谶言多是给真命天子赵匡胤预备的。

所以谈谣谶的话，五代不如十国。十国中寿命最短的前蜀，都比五代中寿命最长的后梁要多几年，更不用说生存七十多年的吴越，它比整个五代还长出一截呢。所以十国的谣谶故事就比五代多了很多。

王建的前蜀被后唐庄宗所灭，在十国中亡的最早，所以就从它开始。

在唐末，四川主要有三股军事势力，一股是坐镇成都的西川节度使陈敬瑄，一股是坐镇梓州(今绵阳三台县)的东川节度使顾彦朗，再有一股势力较弱的，就是在川北的利州(今广元)刺史王建。王建少时是个无赖，以屠牛、盗驴、贩私盐为事，乡人谓之“贼王八”。他后来从军，由步卒渐升为军官，因为投靠了大太监十军观军容使田令孜，认了干爹，所以也就发了家。他与顾彦朗早在神策军打黄巢时就相识，此时两家也不断来往。

西川的陈敬瑄是田令孜的哥哥，他怕东北方的王建与顾彦朗勾结起来，不利于己，就向已经被朝廷流放而避难于成都的田令孜讨主意。田令孜说：“王建是我干儿子，我给他写封信，他就会投到你麾下的。”陈敬瑄觉得这主意不错，就照办了。王建带着家小南行到了梓州，把家属托付给顾彦朗，就率精兵三千投奔成都。

这时又有人对陈敬瑄说了：“王建是只老虎，你怎么能把他引到成都来呢？”敬瑄觉得这话也不错，我可不能唱《取成都》里刘璋那角色，就赶紧派人阻止王建。王建听了大怒，说是干爹招我来，我家都不要，急忙赶来，现在弄得连落脚地都没了，就只好做贼了。于是他就请兵顾彦朗，开始打起了成都。

这一打就是三年，最后陈敬瑄投降，王建做了西川节度使。此时顾彦朗病故，其弟顾彦晖继为东川节度使，王建又要吞并东川，大小五十余战，终于把顾彦晖打到山穷水尽，全家自杀，贼王八就成了四川王。唐昭宗天复三年（九零三年），朝廷封王建为蜀王。

王建虽然目不知书，但好与书生谈论古今，也能采用直言，施行仁政，再加上谦恭俭朴，所以也颇得民心。但他好猜忌诸将，对功多名重的，就往往找个理由杀了。其中最典型的一件事就是杀王宗涤。王宗涤本名华洪，多建大功，朝廷下诏任命他为山南西道节度使。王宗涤一有勇略，二得士心，王建就很不放心他。王建在成都建府门，涂以丹朱彩绘，很是壮观华美。成都百姓就奔走相告，说去“看画红楼”。（《资治通鉴》、《成都古今记》）“画红楼”正好与王宗涤的本名“华洪”同音，王建就觉得这是句谶语，而应谶的就是宗涤。于是王建把王宗涤召到成都，灌醉之后用绳子勒死。据说王宗涤死讯传出，兵营中哭声一片，连成都市民都为之罢市。一个大将如此得士心民心，看来这真是杀对了。

朱温篡唐的消息到了成都，憋了好久的王建找到了称帝的理由，就声明自己应了“兔子上金床”的谶语（秦再思《洛中记异录》），必须要做皇帝。说起“兔子上金床”，这谣言据说早就有了，但笔者估计它应该产生于十几年前，那时董昌割据越州，准备称帝，就公开鼓励官民造谶。董昌是属兔的，于是就出现了“兔子上金床”的谣言。那是唐昭宗乾宁元年（八九四年），当时董昌就说：“这谶是冲着我来的。我是属兔的，明年乾宁二年（八九五年）是兔年，而二月二日又正是卯时，我就要在那时登基。”结果他称了帝，吴越的钱镠就发兵来揍他，第二年他也就驾崩了。到了如今，王建说："我也是属兔的，那谶语里的兔子其实就是我。"于是为了应"金床"之谶，他特意把自己的"床"镶上不少金子。当然，这"床"也和"床前明月光"的床一样，不是睡觉用的卧榻，只是个木头椅子，镶上几块金片，土匪头子坐上叫金交椅，再成了事就叫宝座了。

王建既然认定自己是个兔子，那么兔子的对头是鹰，一旦出现了鹰鹯之属，这兔子就快遭殃了。据说在前蜀光天元年（九一八年），文州进贡了一头白鹰，说那是祥瑞，结果那年王建就死了。

水行仙，怕秦川。有个传说，在王建为蜀帝时，成都有一个和尚，总是拿把大扫帚，不管走到哪儿，什么官府人家寺院，就是一阵划拉，所以人称"扫地和尚"。及至王建末年，这个扫地和尚就改成到处写字了，他写的就是六个字，道："水行仙，怕秦川。"（陶穀《清异录》）原来这是对蜀国灭亡的预言。

王建原来所立太子王元膺，本来就不是好材料，生得尖嘴斜眼，有人说是蛇精转世，后来因为作乱被杀，王建就要另立太子了。王建本来属意于雅王和信王，因为雅王长得像王建，而信王有才器，可是这二王谁都没有入选，却立了最小的儿子郑王王宗衍，理由很简单，郑王的母亲徐贤妃生得漂亮，最受王建宠爱。徐贤妃为了立自己的儿子为太子，下了不少功夫，一是拉大臣的选票，二是知道王建迷信卜相，提前收买术士，等王建一问，全都说郑王相貌最贵。于是郑王改名为王衍，成了太子。

王建立了太子，就在佛寺铸了一口大钟，用粗绳悬起，一敲，声音不错，又洪亮传得又远。王建对左右说："你们知道我为什么要铸这口钟么？我就是想用来占一下太子的国运。看来这太子是立对了。"可是只过了八天，这钟自己就掉了下来。这事不会有人自找没趣地去告诉王建，他当然也不会知道。原来这是王衍继位八年蜀国就要灭亡的预兆。

王衍实在不是治国的料，而且他对治国也没兴趣，他感兴趣的就是四个字：酒色游戏。有一天王建从夹城走过，听到太子和几个王爷正在里面斗鸡击毬，喧呼笑乐，热闹非凡，便不禁叹道："我百战浴血打下的基业，这些宝贝能守住么！"可是他虽然想换太子，但徐贤妃几句娇滴滴的话就打消了他的念头。王建临死之前还忧心忡忡，但到了此时，还能干什么，他只有对中书令王宗弼说：“太子不是治国的材料，只是诸公都说他还行，我也就立了他。如果他实在不堪大业，可以把他废了，另择王氏子弟为帝吧。”真是家大业大负担大，临死也不能松心，这就不如那些黎民百姓了。

王衍即位之后，所做的大事就是派人到处给他招收美女，名额不限，多多益善，然后就是想出各种玩法烧钱。他信任的是宦官，讨厌的是直言。那结果就是天怒人怨，离心离德。所以没有多少年，后唐庄宗的使者李严来到成都，第一个印象就是：“蜀可伐也。”他临离开成都时要买些当地土产带回洛阳，但蜀法禁止锦绮珍奇出境，能带走的只是粗货，他们叫“入草物”。李严回到洛阳，向庄宗一汇报，庄宗很生气，道：“王衍也就快成入草物了。”

第二年，庄宗就以魏王李继岌和大将郭崇韬为统帅，大举伐蜀。王衍派中书令王宗弼守利州，即今天的广元，那里有剑门天险，易守难攻。可是这位中书令没等唐军到达，降表就先送了上去。然后反倒成了唐军的先锋，率兵往成都开来。此前据说有一童谣，道：“我有一帖药，其名曰阿魏，卖与十八子。”（吴处厚《青箱杂记》）阿魏是一种药，但此处却指的是王宗弼，因为他本来姓魏，被王建收为养子后才改名王宗弼的。这次他把整个蜀国都卖给“十八子”李家了。

王宗弼到成都，就把蜀主王衍及太后、皇后、后宫妃嫔以及诸王公主都圈了起来，算是打好礼包，然后准备牛酒犒劳唐军。就这样，唐军出师仅七十天，就兵不血刃地拿下成都，灭了蜀国。

唐庄宗觉得那么轻易地拿下一国，也有些不好意思，就给王衍写了一信，道：“固当裂土而封，必不薄人于险。三辰在上，一言不欺。”就是对天发誓，不但保全王衍性命，还要给他封地。公元九二六年春正月，唐军押送王衍及其宗族、百官数千人从成都出发，前往洛阳。二月，到达长安，不想此时唐庄宗自己也遇上了麻烦，便下诏让王衍他们暂停。到了三月，庄宗写了一纸诏书：“王衍一行，并从杀戮。”枢密使张居翰覆察时，觉得这也太狠了，就抹去“行”字，改成“家”。就是这一改，蜀国的百官等人少死了一千多。至于王衍的宗族后宫，全都被杀于秦川驿。这就应了扫地和尚的那六个字。“水行仙”原来就是个“衍”字。

王衍的母亲徐太后，死前还痛呼着：“我儿子以一国迎降，竟然还不免灭族，你们一点儿信义也不讲，恐怕自己也要大祸临头了！”徐贤妃为儿子当皇帝费尽了心机，她最后争得的就是这个下场。自己找的，赖谁呢？

但徐太后的诅咒也没落空。到了四月，洛阳兵变，后唐庄宗也被杀了。他的皇后和皇子们四散逃亡，最后也一个个都落了网。诸王是当场被杀，刘皇后送到晋阳做了尼姑，但也不过是先削发，后削头。这个出身贫贱，富贵后连亲生父亲都不认的女人，落得这下场也不冤枉了。

【五代十国·后蜀】

不得灯，灯便倒。后蜀的建立者是孟知祥。他是李克用的侄女婿，对后唐来说，也是皇亲了。所以庄宗建国，就用他为北京（即今太原）留守。他对郭崇韬有荐举之恩，郭崇韬取了前蜀，庄宗问谁可镇守成都，郭就推荐了孟知祥。这样孟知祥就被任命为成都尹、西川剑南节度使。但等他到达成都上任时，郭崇韬却为人诬陷谋反而被杀了。

但孟知祥的来镇成都似乎早有天意。在前蜀时，成都人好击马毬，对于技艺高超一杆入门者，人们就呼之为“孟入”（意思似乎是“猛入”），也就像现在看踢足球，见了一个长距离射门就呼叫似的，毬场上的观众见了一个妙招，也就欢呼“孟入”（秦再思《洛中记异录》）。甚至还有一种说法，见了好毬，就说“这毬是从太原来的”。原来太原的皮毬在五代时大有名气，这倒可以做为社会学史的材料。

王衍的舅舅，太师徐延琼，在锦江应圣桥盖了个府第，壮丽如宫室。王衍带着皇亲国戚们前往“暖房”，宴乐之间，王衍忽然要写字，笔砚拿来，王衍便在大厅的上大大的写了一个“孟”字（吴处厚《青箱杂记》）。徐延琼因是皇上御笔，虽然不明白这“孟”是何意，也不好多问，就让人用红绡笼罩起来，以示尊重。其实成都人对不满的事就称“孟”，王衍见舅舅这府第盖得豪华逾于宫庭，心有不满，就写了这么个字。孟知祥到了成都，暂居于徐府落脚，看到墙上罩着红绡，一问原来是亡国小皇帝的御笔，就让人揭开，一看是个“孟”字，便笑道：“看来这是给我盖的了。”

而且不仅如此。当时成都的巧匠叫孟德，前蜀的宫室都出自他的手笔，层阁重楼，上凌霄汉，见者都叹为观止。孟德也自感得意，就在殿廷廊柱的不起眼处，都题上自己的名字。等到孟知祥来到，发现不少处都写着“孟德”（张唐英《蜀梼杌》），便暗想，孟德不就是“孟得”么。正好此时唐庄宗已死，明宗被乱军拥立，国势不稳，他就产生了割据西川的念头。朝廷派来李严到西川做监军，孟知祥对李严也有旧恩，心想他来此要客气些，最好老老实实地回去。可是李严很不知趣，还真想做孟知祥的监军。孟知祥便设宴招待，宴间便道：“王衍时你出使蜀国，回去后就怂恿皇上派兵灭蜀，成都人都恨死你了。你这次又来，蜀人心里就不安了。而且天下都已经废除监军，你还来干什么！”李严一见孟知祥翻了脸，就哀求免死。知祥道：“众怒难犯。”便起身请他下堂，立斩于堂下。

后唐宰相安重诲一心要削弱地方藩镇，就把四川割出数州由朝廷派官。这一下激怒了孟知祥，便与东川节度使董璋一起抗拒朝命，也就是造了反。董璋在此之前就警告过朝廷，说你们只要再派一兵一卒入川，我就要造反。但安重诲不度德不量力，还是逼得两川易帜。朝廷派石敬瑭伐蜀，无功。朝廷震怒，听了安重诲的馊主意，把董璋在洛阳的一家老小灭了门。

枢密使安重诲亲自伐蜀，行至中途，为朝廷招回，旋即被杀。朝廷下诏赦免孟知祥、董璋。孟知祥本是唐的皇亲，就想上表向朝廷谢罪。可是董璋说："你一家老小在洛阳安然无事，我却是被灭了族的！"于是这两家又渐渐闹僵，董璋发兵进犯西川，结果被杀得大败，只剩下几个人逃回梓州。梓州驻守的军队发动兵变，董璋全家自尽。这样孟知祥就奄有了两川。

次年即公元九三三年，唐以孟知祥为东西川节度使，封蜀王。九三四年，后唐内乱，李从珂称帝。孟知祥也在蜀称帝，建立了后蜀。可是他只做了两个月皇帝，当年就因病而死，太子孟昶即位。据说前此成都有个乞丐，自号醋头，手里持个木灯檠，走到哪里，就把灯檠往那儿一立，喊叫着："不得灯，灯便倒。"灯与登谐音，看来就是说的孟知祥，登了基也就倒了。

召主收赎。后蜀的孟昶也和前蜀的王衍一样，是个不成器的东西。他喜欢打马毬，更喜欢搜集美女，而且还招了一群方士，传习房中术。所用的大臣都是既贪且酷，弄得蜀人怨声载道。此时中原已经换了几个朝廷，到了孟昶末年，赵匡胤已经黄袍加身，琢磨着把四川收回了。

成都人的语言天分在那时就很高，不断地造时髦新词，而这新词又往往成了局势变动的预兆。在以前时髦的“猛入”招来了孟知祥，现在又时髦起“收赎”了。这时成都人家有的缺钱用，把房子抵押出去换钱，当铺那时叫质库，见主人一去不回，就在门上贴张告示，只有四个字：“召主收赎。”（张唐英《蜀梼杌》）这不就是说赵主要收蜀么！

还有一说，到了孟昶末年，官府要把质库收归国有，目的当然是要借机捞钱，可是质库里都是抵押的物品，所以官府要催人赶快拿钱把东西赎走，于是大书于质库门前道：“奉敕限一月召主收赎。”（秦再思《洛中记异录》）于是很快后蜀就为赵宋收了，时间是不是一个月，这倒没见记载。

那时因为朝廷缺钱，禁止民间用铜，连人家的铜镜，腰带上的铜饰也要上交。很多心眼多的人就把自己的铜器送到质库，换了钱就走，估摸着官府总不能把质库的东西也没收了吧。可是现在官府放出风，就是要把质库的铜器全部充公。这一来，百姓们又慌了，赶快到质库去赎铜，路上还奔走相告：“官府说了，就要赎不得了。”（《分门古今类事》）

这时成都有位姓唐的老百姓，劈柴时破开一木，发现里面有“太平”二字。这位老唐觉得，如果送给皇上，一定会当作祥瑞，赏给我点儿什么。可是旁边有人说：“现在都是什么时候了，还太平呢？我看这是破了方见太平！”（黄复休《茅亭客话》）

而这时宋都汴梁正时兴卖熟肉，屠户们把肉煮好，沿街叫卖：“熟煮来！熟煮来！”（《分门古今类事》）“蜀主”孟昶真的不久就被押来了。

【五代十国·南唐】

东海鲤鱼飞上天。十国中的吴国与南唐，论国主是两国，论地域其实只是一块，也就是说，杨家的吴国发生了“非正常的政权移交”，被李氏篡了位，好听些叫作受了禅，改名为唐。这和前蜀、后蜀的情况并不一样，所以不妨视为一国。南唐在十国中可能最为人熟知，那不是因为别的，说也可怜，就是因为出了个虽然亡了国却让自己的词作跨越百代、流传千古的李后主！

唐代的扬州富甲天下，可是到了唐朝末年，淮南节度使高骈鬼迷心窍，叫一个妖人吕用之弄得昏了头，整天装神弄鬼，不理军政。而吕用之和他替换了角色，插足军政，把淮南弄得将帅离心，终于引起一场大乱。先是高骈部将毕师铎等起兵，囚禁了高骈，却让吕用之跑了。吕用之便假传高骈之命，召庐州刺史杨行密入援。杨行密就打着这旗号，围了广陵半年，把这个繁华之都弄得易子而食，等到城破，里面只剩下几百户人家了。此后是诸路英雄你争我夺，夺到手就抢，守不住就烧，把淮南之地弄得一片丘墟。

几年之后，总算杀出个结果，杨行密据有了淮南，并因为他敢于和挟持唐昭宗的朱温作对，于公元九零二年受唐昭宗封为吴王。但这吴王只是个称号，真正的吴国却是此后慢慢形成的。三年之后，朱温忙着准备篡唐，杨行密也死了，其子杨渥接任淮南节度使。

杨渥骄奢，与大将张颢、徐温闹翻，张、徐便杀了杨渥，立杨行密次子杨隆演。然后徐温又杀了张颢，淮南军政大权落到了他的手中。此后杨氏虽然号称吴国王，但一直都是徐氏的傀儡。可是螳螂捕蝉，黄雀在后。徐温虽然把持着吴国，但徐温死后，吴国的大权却没有被徐温的儿子抓住，而是落到徐温的养子徐知诰手里。就是在这时候，广陵城里传出了一串莫名其妙的歌谣和谶语。

这一天，突然在广陵的闹市中出现了一个黄冠道人，样子疯疯癫癫，手持一竹竿，竿首挂一木刻的鲤鱼，行歌于市曰：

盟津鲤鱼肉为角，濠梁鲤鱼金刻鳞，
盟津鲤鱼死欲尽，濠梁鲤鱼始惊人。
横排三十六条鳞，个个圆如紫磨真。
为甚竿头挑着走，世间难得识鱼人。

（《钓矶立谈》）

就是这类的歌谣，总有几十首，谁也弄不清其中的奥妙。这疯道人就这么唱了一年多，又突然消失了。

此后不久，江南又传出一句谶语，道是“东海鲤鱼飞上天”（吴处厚《青箱杂记》）。这句话要比那疯道人的一大堆歌词说得更清楚。“东海”是徐氏的郡望，所以也就代指徐氏。而“鲤鱼”呢，原来徐知诰本来姓李，李、鲤谐音，“东海鲤鱼”就是徐家的养子徐知诰。而鲤鱼上天，那就是成龙了。

再回头看那两首疯道人歌。“盟津鲤鱼”原来指的是大唐皇室，而“濠梁鲤鱼”则是徐知诰。唐室衰微，近支宗室都快被杀光了，而徐知诰却要一跃惊人。据说徐知诰是唐宪宗第八子建王李恪的玄孙，离唐帝的关系就和玄德公与汉献帝的距离差不多，算是八竿子够不着了；但就是这个也未必是真事。可是他姓李应该没什么大错。他生时家贫，又正当乱世，小小年纪就被乱兵所掠。正好被杨行密看到，就养为己子。但长子杨渥骄横，总是凌欺他。杨行密怕这孩子为杨渥所害，就对大将徐温说："此儿相貌异常，我很喜欢他。但我怕死后没有人照顾他，你正好还没男孩，就给你养活吧。"当然，后来徐温虽然一连生了几个儿子，可是长大之后，徐温觉得都比不上徐知诰。

徐温死后，徐知诰掌吴政，先把都城从广陵迁到金陵，然后吴主禅位，改国号为唐。

此时的正直大臣可能都被徐温杀光了，只剩下一群马屁精。他们有的献上毒酒方，供徐知诰解决杨氏一族而不露痕迹，有的建议把地名中带有"吴"字"杨"字的全改了，还有一个姓杨的向新皇帝申请改姓为羊。但徐知诰最感兴趣的是兄弟徐知证的建议，即恢复自己的本姓，于是徐知诰就成了李昪。当时的一首童谣说：

> 江北杨花作雪飞，江南李树玉团枝。
>
> 李花结子可怜在，不似杨花没了期。

（《钓矶立谈》）

李昪对废帝杨氏一族没有用毒酒谋杀，他很仁慈地把他们全圈到一个院子里，派兵围上，与世隔绝，男女自为婚配，实行的是一种集体安乐死。可是世道轮回，转换得真快，三十年过去，刚才还是“江南李树玉团枝”，转眼又是“后园桃李不生花”，李昪建立的南唐又到了亡国的时候了。李后主作为宋朝的俘虏到了汴梁，“江南剩得李花开，也被君王强折来”，留在身边的唯一女人小周后，还断不了被宋太宗召到宫中“三陪”，这也算是他祖父缺德的报应吧。

报应还不止于此。李昪还是徐知诰的时候，有一次把徐温亲生的长子徐知询请来宴饮，他用金杯斟满了酒，递给知询，道：“愿贤弟寿千岁。”知询疑酒有毒，就另取一杯，把酒斟了一半，跪献给知诰，道：“愿与兄长各享五百岁。”知诰脸色大变，就是不接。可是知询捧着酒也不退下，一下子成了僵局。旁边的伶人申渐高明白是怎么回事了，就一面说着笑话，把两杯的酒一合，全灌进肚子里，然后把金杯揣到怀里跑了出去。等知诰派人带着解药来救时，申渐高已经脑溃而死了。而李后主只是在家里写了首怀旧的小词，宋太宗就送来一杯酒，后主喝了，全身抽搐得像条大虾，死得很惨。毒人者最后让自己的子孙受毒，不知这是不是叫报应。

【五代十国·吴越】

待钱来。在唐朝末年，钱镠本是杭州石镜镇将董昌的部将，他骁勇善战，为董昌立了不少功劳，董昌的官也随着大了起来。唐僖宗光启二年（八八六年），董昌不知犯了什么糊涂，对钱镠说："你要是能把越州拿下，我就移镇越州，把杭州给你。"结果钱镠就把越州攻下了。董昌以浙东观察使的身份把驻地移至偏处海隅的越州，而让钱镠做了杭州刺史。

看来董昌确实是神经出了毛病，他的属下只有包括杭州在内的八州之地，却听了一句别人专为他造的"兔子上金床"的谶语，就要做皇帝，谁劝阻他他就杀谁的全家。于是这个兔子就称自己的小小八州之地为"大越罗平国"，而自己就是罗平国的皇帝。钱镠听到消息，立刻率领大兵到了越州城下，董昌吓坏了，赶快送给钱镠二百万犒军钱，又把怂恿他称帝的几个巫师交给钱镠处置，钱镠这才撤兵，说等唐天子下诏定罪再说。可是朝廷说："董昌一定是得了神经病，不要认真，就饶了他吧。”钱镠正想借这机会把董昌干掉，他自然不肯轻饶，就这样，钱镠把越州攻下，董昌及他全家三百多口都掉了脑袋。于是钱镠就名正言顺地做了两浙的土皇帝。

在此之前，浙江就有一个谶谣，说：

天目山垂两乳长，龙飞凤舞到钱塘。

海门一点巽门起，五百年间出帝王。

（钱俨《吴越备史》）

钱镠认为这谶就应在他身上。因为在他做杭州刺史之前，杭州居民大约光想着发财，见面就互相说着玩笑话："待钱来，待钱来。”（吴处厚《青箱杂记》）结果就应验了。所以这谶谣自然也是冲着他老钱来的。但他可不像董昌那么发昏，他怕树大招风，就把那谶语的“出帝王”三字改为“异姓王”，也就是不称帝，只称王。至于最后称不称帝，到时候再说。而且这样一改，成了“五百年间异姓王”，能子孙相传五百年，也就很不错了。所以老钱的基本国策就定下来了，不管中原谁做皇帝，我都一律地称臣纳贡，先混过五百年再说。

唐昭宗天复二年（九零二年），朝廷降旨封他为越王。

过了二年，钱镠觉得越地太小也太偏，要求朝廷封他为吴越王，虽然吴地并没有都在他手里。把持朝政的朱温也觉得老钱有些自我膨胀，但为了收买他，就改封为吴王。等到了朱温篡唐，又给他加封为吴越王。

明年大家都去。老钱做了将近三十年土皇帝，终于拗不过阎王爷，吴越王就传到他儿子钱元瓘手里，这时中原已经是后唐明宗的天下了。钱氏又传了几代，代代执行老钱的基本国策，所以两浙一直平安无事。四十年过去，赵匡胤早就做了皇帝，十国中只剩下不到一半，此时的吴越王正是钱弘俶。杭州出现了个和尚，在大马路上边走边唱道：

还乡寂寂杳无踪，不挂征帆水陆通。

踏得故乡田地稳，更无南北与西东。

路人听不明白，就问他是什么意思。和尚也不正面回答，只说："明年大家都去！"（田汝成《西湖游览志余》）"大家都去"？去哪儿？哪里能放得下这么多人！这年年底（九七五年），南唐被宋灭掉。过了二年，谜底揭晓：这"大家"只是称呼帝王的那个"大家"，而不是大家伙儿；钱弘俶顶不住劲，也不想熬上五百年了，就正式把土地交给大宋，自己跑到汴京去朝拜宋太祖了。那和尚唱的“水陆通”、“更无南北与西东”是说天下即将一统。而“还乡寂寂杳无踪”是说钱氏以后就要落户在汴梁，别再打回老家的主意了。

就这样，钱氏家族割据两浙七十年，横跨五代，上接唐，下接宋，虽然不合“五百年”之谶，也算是当时第一长寿之国了。至于那句“五百年间出帝王”，后来据说果真应验了，那就是被金兀术赶了一路逃到临安的宋高宗赵构，但他不是创业之主，只能算是亡国之余，这谶应得也太勉强了些。但杭州的帝王之气既然源于天目山，到了南宋度宗咸淳年间，天目山崩，王气随之消散，没过几年，南宋也就亡了，最后的结果同样也是个“大家都去”，小皇帝赵㬎带着皇太后、太皇太后们一起北漂了。

【五代十国·闽】

潮水来，山岩没。位于南唐和吴越两国之南的是占据今天福建一带的闽国。王氏闽国的建立很有传奇性，而且还有谣谶预言，值得做一介绍。

那是唐僖宗光启元年（八八五年）的事，福建最南端的漳州来了一支武装讨饭大军。这支讨饭大军真是“来之不易”，竟是从现今河南潢川的光州，走了半年多，行程上万里才到了此地。为首的是光州刺史王绪，说是刺史，其实他是个杀猪的屠户聚众造反，蔡州节度使秦宗权用了个刺史的头衔把他招安了，却派下重赋重租，让他催征。这年正月，因为王绪没完成催征任务，秦宗权就大兵压境了。王绪觉得这官当得还不如土匪，就率领所辖光州、寿州的五千士兵，驱赶着百姓，南渡长江。他们进入江西境，转了数州，都站不住脚，便在当年八月进入福建漳州境内。此时王绪看道险粮少，就下令把所有的老弱病残全都抛弃，谁敢隐匿就要杀头。

他的队伍中有王姓的哥儿仨个，就是王潮和他的两个兄弟，他们不肯抛弃自己的老母亲，就一路搀扶着翻山越岭。王绪知道后大怒，就要杀死他们的母亲。王潮道：“我们事母如事将军。将军如果杀了我们的老母，也就别想让我们给将军卖命了。将军就先杀了我们吧。”王潮也是个管事的军官，一向人缘极好，亏得不少人替他们求情，王绪总算破例没杀他们母子。

福建这里巫风极盛，有个望气的就对王绪说：这军队里有“王者之气”，但没应在大人身上。于是王绪见到将卒中有本事的，就找个借口杀掉，连一直跟着他的妹夫都没放过，弄得部下人人自危。王潮知道快轮到自己了，就纠集了几个将领，发动兵变，把王绪拿下。士兵们一见王绪被捆扎得像待宰的猪，都欢呼万岁，要王潮做他们的头儿。王潮再三推让，只好做了这个丐帮的“将军”，他的任务就是把这几万人带回河南老家，回去之后肯定要被地方当局当成土匪加盲流处理，所以这“官”有的只是责任，没什么油水可捞的。众心已定，王潮并没照例杀死王绪，只是让人把他看管着，随大家一起回老家。

动身之前，王潮先约束部卒，改变过去的土匪作风，所以一路上他们竟能做到秋毫无犯。但刚走到沙县，他们就被一群当地百姓拦住了。原来本地乡绅父老知道这群河南人非常仁义，而他们的泉州刺史又贪又暴，所以大家就带着牛酒，恳请王潮他们留下来除暴安良。于是王潮就率兵攻下泉州，除掉了那个害民的刺史。泉州北面就是福州，驻在那里的福建观察使陈岩是个好官，有威望，得民心。王潮就派使者向陈岩表示归服，而陈岩也就让王潮做了泉州刺史。这几万河南人就在泉州落了脚。

王潮有智略，能安集士民，招怀离散，把泉州治理得很像样子。据说就是在这时，民间传出了一个童谣，道：

潮水来，山岩没。

潮水去，矢口出。

（吴处厚《青箱杂记》）

只看前两句，谁都能明白是王潮来到泉州，要把福州的陈岩吞灭。但其实历史并不是那么回事。

唐昭宗大顺二年（八九零年），陈岩病重，自知难起，便派使者携带公文，召王潮来福州，要把军政大权全交给他。不想王潮还在到福州的路上，陈岩就去世了，于是陈岩的小舅子范晖就霸住了福州，发兵抵制王潮。王潮并不和他争，自己退回泉州去了。

这个范晖骄奢淫逸，大失人心，两年之后，王潮决定把福州拿下，便派自己的堂弟王彦复和小弟弟王审知为将，率兵向福州进军。沿途百姓自愿运粮劳军，而溪洞诸蛮也派出兵船支援。可是福州兵强，董昌又发来五千兵支援，二王一时攻打不下，就请王潮亲自出马指挥。王潮的回复很精彩：“兵尽添兵，将尽添将；兵将俱尽，我当自来。”二王知道不拿下福州是别想活着回去了，便亲冒矢石，身先士卒，范晖顶不住，只好弃城跑了。王潮进驻福州，把自己的女儿嫁给了陈岩的儿子，对陈家自然也是厚待有加。这就是“潮水来，山岩没”。

王潮做了观察使和威武军节度使。去世时没有让自己的儿子继任，而是让小弟弟王审知知军府事。王审知向二哥审邽谦让，二哥认为自己的战功不如弟弟，不肯接受，就这样，王审知做了节度使。“潮水去，矢口出”，“矢口”就是个“知”字。到了朱温篡唐之后，封王审知为闽王，这就算闽国的开国之始。

王审知在历史教科书上没什么名气，但在闽台的民间却很有影响，直到现在还受着民间的供奉，但人们说起他，却更多的是叫他的神名“白马三郎”、“开闽圣王”。

伍　宋、元、明、清时期

【北宋】

只怕五更头。宋朝有一句“只怕五更头”（《天禄识余》）的谶语，有的说是“怕听五更头”（汪鋆《十二砚斋随录》），有的说是“寒在五更头”（《宋史·五行志》），从什么时候开始有的，不太清楚，传说是隐居华山的希夷先生陈抟亲口对赵匡胤说的，而赵匡胤自从听了这话，也很当成回事。他采用的是掩耳盗铃之法，既然说“只怕五更头”，我取消了五更，自然也就没有五更头了。于是太祖皇帝就下令宫中打更时，每到四更之末就不转五更而转到六更。

赞成此说的有清人袁枚，他还举了一个例子，即南宋的杨万里有句诗道：“天上归来已六更。”不说五更而说六更，就是因为没有五更。但此说也不大靠得住。因为宋朝宫内有个规矩，五更并不是没有，而是在五更终止之时，梆鼓乱敲一阵，谓之“虾蟆更”，此后就不打更点，到了这时，宫禁门开，百官入朝，称之为“六更”，实际上与入夜后的有更有点的五更并不同，也就是名为六更，实际上只是五更之后乱打一阵的虾蟆更。如此说来，杨诚斋的诗也不是宋无五更的证明。

但到了宋亡之后，有人突然明白了，这“五更”其实是指的“五庚”。宋太祖是在建隆元年庚申即公元九六零年黄袍加身，这是以“庚申”开始；到宋真宗天禧四年即公元一零二零年是第一个庚申，宋神宗元丰三年即一零八零年是第二个庚申，南宋高宗绍兴十年一一四零年是第三个庚申，宋宁宗庆元六年一二零零年是第四个庚申，宋理宗景定元年一二六零年是第五个庚申，到了第五个庚申的“头”，宋朝的国运就完了。后代的预言家都是这样解释的，但一吠百吠，没有人去追究。其实大家可以认真算一下，到一二六零年，宋朝已经过了三百年，不是五庚之头，而是五庚之尾了，所以和“五更头”之说根本就不挨边。其次，一二六零年是庚申，而宋亡于一二七九年，也就是过了近三分之一甲子了，还有什么头和尾？如果把这六十年比成一条鱼，谁见过鱼脑袋占了鱼身的三分之一的？所以这些预言家不过是用宋亡的时间硬与“五更”之说相凑合，而不惜曲解原意。

那么“只怕五更头”这句话又是怎么来的呢？笔者认为这句人造的谶语确实出现得很早，但没有早到宋太祖去世之前，而是在他去世之后。这“五更头”就是“预言”赵匡胤要在某年某日的五更之时被人谋害，而陈抟说出此谶也就是警告赵匡胤要留神。

赵匡胤死于开宝九年（九七六年）冬十月壬午之夜，当时外面下着大雪，死的具体时间有的说“时漏下四鼓”，有的说是“将五鼓”，也就是四更之尾、五更之头的时分，此时是黎明前最黑暗也最寒冷的时候，弥留之际的病人容易在此时辞世，但所谓陈抟的“只怕五更头”的含义更为隐秘和恐怖，那是预警赵匡胤在五更时将会发生一场谋杀。

赵光义在太祖死后，毫不客气地占了侄儿赵德昭的皇位，四年之后逼德昭自杀。又过了两年，侄儿赵德芳，就是《杨家将演义》中写的那个手持金锏可以上打昏君下打谗臣的“八贤王”，也莫名其妙地死了。太祖皇帝的两个儿子都早夭了。这一系列事变不得不让民间猜疑赵匡胤死得蹊跷，因为在他死前的一个月还亲自临幸赵光义的府上，这病也来得太快了些。于是而有了一个说法，就是在那一夜，赵光义进宫，把宫女内侍都赶出屋去，赵匡胤先是与他发生了争执，然后内侍们在窗外看见烛光之下有斧头挥下的影子，也就是说，在五更时分赵光义用斧子砍死了哥哥。所以第二天天一亮，皇后娘娘来到赵匡胤的居室，发现晋王赵光义站在那里，竟吓了一跳。据正史所记，皇后当时就明白是怎么回事了，赶忙声明："我们母子的性命都托付给皇上您了！"这就等于是为了保住儿子的性命而主动地出让了皇位。实际上事情到了这地步，就是不让也不行了。但事实还证明着，就是让也是保不住儿子的性命。

赵光义对这夜所发生的事情自有他的解释：他和哥哥的争执是有的，那是哥哥知道自己很快就要咽气了，要把皇位让给弟弟，但赵光义不肯接受，哥哥就急了，所以发生了争执。至于"斧影"，也是有的，但不是赵光义用来砍哥哥，而是哥哥手里拿着长柄斧子，在争执之时生气地用斧柄顿着地，而且嘴里还喊着："你要好好干！"总而言之，那一夜发生的不是弟弟为了争皇位而杀了哥哥，倒是哥哥为了让皇位而责怪弟弟。他还特意编了一个只有他自己才能证明的故事，就是太祖皇帝曾经亲口对内侍说："光义龙行虎步，他日必为太平天子。”哪个内侍敢说没有这回子事！

赵匡胤虽然出身大兵，但对篡位夺权的历史却并不陌生。他自己篡取了七岁的后周小皇帝的宝座之后，废小皇帝为郑王，等到郑王一成年，赵匡胤就把他杀了。这是历来禅代的规矩，难道赵匡胤不知道让位之后自己的儿子也要照规矩被叔叔杀掉么？

赵光义还有一个证据来证明自己不是篡位，就是他们的母亲杜太后临终之前曾对太祖留下遗命：“五代之时，老皇帝一死，小皇帝就被人家赶下台，你当了皇上不就是钻的这个空子么？而且小皇帝下台，就是想当个平平安安的百姓也做不到了。所以你死之后，要传位给光义，光义死后传位给老三光美，光美死后，你儿子德昭也该长大了，那时再由光美传给他。”太后说这话时只有三个人在场，赵匡胤、赵光义和宰相赵普，遗命由赵普记录，并签名为证。据史书记载，这个文件还保存在一个金匮中，以备将来有人怀疑时拿出来作证，这不是颇有“此地无银三百两”的意味么。但人们会问，杜太后怎么会知道，赵匡胤只活了五十岁就死了？难道他活到七十，儿子还长不大么？赵光义活到将近六十岁，那时侄儿赵德昭如果在世，也已经四十多了，难道还非要再传位给赵光美么？要是赵光美再活二十年，可能赵德昭也离死不远了。杜太后这遗令如果是真的，也是满嘴胡话。而且赵光义只靠这假遗令蒙过一时，并不想真的执行，所以赵德昭先死，赵光美也没活多久，他的皇位只能传给自己的儿子了。

于是“只怕五更头”的预言就在民间传了出来。至于其间所包含的故事，人们虽然不敢明讲，但心领神会，当时的人是很清楚的。

东屋点灯西屋明。据说在宋太祖时民间有一首歌谣，第一句道“东屋点灯西屋明”，这正与唐高宗时的那句“张公吃酒李公醉”做一副对联。后来有人猜出，这句谚语其实是个谜语做成的谶，东屋点灯而西屋亮，也就是照了两间屋，再进一层解，即“照二舍”，而赵光义排行老二，正是“赵二舍人”。这句谚语也可以从另一方面证明是赵光义要做皇帝的谶语，东屋点了灯，却让西屋得了便宜，这不就是预言兄弟要夺长房的家业么。而第二句“家家小姐织罗绫”，织罗绫就是要坐到织机上，这不就是“登基”么。所以这歌谣就是太宗即位的谶。（苏祐《逌旃琐言》）

可是这首歌谣笔者是从明人笔记中看到的，查了一些宋人的书，尚未找到有关的记载。其真实性虽然很可疑，但歌词却也巧妙，附在此处，聊做谈资吧。

一百八日有西川。宋太宗淳化四年（九三三年）二月，四川青城县（今都江堰市）百姓王小坡打起“均贫富”的口号起义，至年底，小坡战死，众推李顺为首，于次年初攻入成都，称大蜀王，至五月被朝廷派兵镇压，李顺被俘后遭杀害。这个政权只存在了一百多天。

据说王小坡起义之初，就曾推举李顺为首。他说：“我只是一个普通村民，不能称霸一方，有个李顺，其实是孟昶的遗孤，我们应该奉他为主。”原来在后蜀亡时，有人在成都摩诃池旁拾到一个婴儿，用锦衾包裹着，放在一个锦箱中，内有片纸，上写“国中义士，为我养之”八个字。此人知是出于蜀宫之中，就把他抚养成人。小坡起事不久就战死了，李顺也就成了领袖。

还有一种传说，说那被俘的李顺其实是假的。就在成都即将陷落之前，李顺忽然大设斋宴，请了城中数千和尚用斋，又剃度了城中数千童子，削发之后，穿上僧衣，至傍晚时分，让他们从东西二门分别出城。等和尚走完，李顺也就不见了。第二天宋军入城，捉到一个生着大胡子的壮士，认为就是李顺，其实根本就不是，只是出征诸将为了表功，也就以假作真了。而真的李顺逃亡之后，过了三十多年，到宋真宗天禧年间才在岭南被捕。但那是真是假，也很难说了。

成都人还说：在李顺起事时，就有个术士为他拆字，道：“你这‘顺’字，拆开后是‘一百八日有四川’，不会很长久的。”（陆游《老学庵笔记》）还有一说是“居川之旁一百八日”（岳珂《桯史》），解释的意思也是说李顺政权只能存在一百零八天。据说成都果然如期而陷。这事是够巧的，但也并不那么准。如果以李顺在正月己巳即蜀王位，五月丁巳成都被陷计算，实际上是一百一十多天。而拆字者不是说“有四川”么，如果以李顺攻入成都那天算起，时间就应该更长一些了；要是以“居川之旁”为准，那就更没法算了，因为李顺就是四川人。

而且同样一个“顺”字，也是可以有多种拆法的。传说明太祖朱元璋让刘伯温卜明朝历数，刘伯温道：“遇顺则止。”朱元璋用手把“顺”字写了半天，道：“三百单八年，也够了。”（支允坚《梅花渡异林》）可是明朝存在了不到三百年，朱元璋这字没有拆对。究竟刘伯温那句“遇顺则止”是什么意思呢？事实是先遇到李自成的“大顺”，北京亡了，再遇到满洲人的“顺治”，南明也亡了。《梅花渡异林》一书刻印于崇祯年间，这时还没有什么“大顺”和“顺治”。作者支允坚说：“不知伯温意何指耳。”作者如果活到清初，看到这“巧合”也要吓一跳吧。

还有一个类似于“顺”的拆字谶，明显是事后的文字游戏。那是五代后梁末帝的名字，他本来叫友贞，即位后改为“瑱”，这字比“顺”字还好拆，就是“一十一十月一八”（《旧五代史•梁末帝纪》）。凑巧的是，他死的那日子正是他在位的第“一十一”年的“十月”“一”加“八”即九日。所以这“巧”真是“凑”起来的。

这种用拆名占事的故事还有一些，再说一件也是发生在四川，但时间却是在南宋时的事。宋宁宗开禧二年（一二零六年）五月，四川宣抚副使吴曦与金人勾结，约定投降。至十二月，吴曦正式降金，受蜀王之封。次年正月辛卯，吴曦称蜀王。至二月，宋兴州监仓杨巨源与兴州中军正将李好义等起事，攻入伪宫，杀死吴曦及同党。当时就有人拆“曦”字为“三十八日我乃被戈”，就是说三十八天后吴曦就要挨刀（岳珂《桯史》）。这也是够巧的了，与吴曦实际僭位的时间四十一日只差三天。

最后补充一句。吴曦是南宋抗金名将吴璘的孙子，真是大辱乃祖了。

以上二事都见于岳飞的孙子岳珂所写的《桯史》，这个岳珂从政的名声也不怎么样，史称其竭泽而渔、焚林而猎，说不客气些，就是个超级大贪官，也颇有污于武穆清名的。但他写了不少书，贪名也就为文名所掩了。《桯史》中还有一条记的是他亲见也许是亲闻的事，与前两条性质相类，顺便赘于此处。

那是岳珂的父亲岳霖亲历的事。宋孝宗淳熙十六年（一一八九年）二月，孝宗内禅于太子，是为光宗。下诏以所居北宫为重华宫，光宗登极之后，又以孝宗诞日为重明节。此时岳飞的冤案已经平反，岳家也被从流放地召回。岳霖全家乘舟去临安，途经浔阳，正是初夏，系舟于琵琶亭畔过宿。此时有一个术士，以拆字自名，岳霖就召来，让他给家人的名字拆字算命，据说算得都很准。算完之后，岳霖就设酒招待此人。喝到半酣，此人忽道："最近见到邸报了么？重华、重明都不是好名字，拆其'重'字就是'二千日’，这可不是好兆头。”岳霖此时刚刚“摘帽儿”，哪敢议论国事，吓得赶快罢宴，拿出些钱把这位术士打发走了。五年之后的绍熙五年（一一九四年）六月，太上皇去世。从禅位到此是一千九百多天。

汉似胡儿胡似汉。狄青是常见于民间戏曲小说中的人物，过去曾经是妇孺皆知，现在戏不唱了，知道狄青的也就少了。戏文中的狄青虽然加进了不少想象和美化的东西，但百姓对这个行伍出身而又卓有战功，最后却在文人的毒舌之下悒郁而死的英雄，确是带有真挚的同情的。

宋太祖鉴于五代藩镇之横，杯酒释兵权，从此立了一个“不妄杀士大夫”的看似还不错的好规矩，也立了一个“不相信武人”的绝对错误的坏规矩。北宋武力不振，已成积弊，屈于辽，屈于夏，屈于金，但这个祖宗的规矩至死不改，北宋亡了南宋还是半死不活。有人说，这都是立规矩的宋太祖的错，我看未必然。宋太祖死了，难道此后各朝各代的士大夫们也是死人么？那些奸佞可以不论，就是贤臣能臣在此事上也很难做得让人佩服。他们顶多在外交辞令上和敌国争个你下我高，也就是能把丢人现眼的事做得似乎很光彩而已。至于富国强兵的根本，他们只会在考场上作策论时说说，真要出个能征善战的名将，他们下起狠手来一点也不比奸臣对付他们的手段差。如果以为此话说得过激，那么就看狄青的遭遇吧。

宋仁宗时，西夏赵元昊抗命，狄青在军中四年，大小二十五战，临敌披发、带铜面具，出入阵中，所向披靡，无人敢当。他全凭军功由行伍小卒历升至节度使、枢密副使，也就是相当于今天的国防部副部长了。广西蛮人侬智高起兵反，破邕州，称帝，军锋所向，守臣弃城而走。朝廷派兵征讨，数年无功。最后才因庞籍之荐，以狄青为帅。狄青以奇计夜渡昆仑关，大破侬智高，平定岭南，这是北宋兼并南唐、北汉各割据政权以来仅见的一次非常漂亮的大胜仗。

据说此前就有一首歌谣，说“农家种，籴家收”（范镇《东斋记事》）。从字面上看，就是农民们辛苦种下了粮食，最后是让粮食贩子们收走了。一个民间的歌谣此时被人派上了大用场。历来解释者把它作为侬智高必为狄青所败的预言。其实这种解释未免把借用者的居心估计得太浅薄也太善良了。“农家种”，就是说侬智高在广西攻占数州之地，有了称王称霸的基业；而“籴家收”，则是猜测狄青在平灭侬智高之后，要割据称王于广西。也就是侬家种于前而狄家收其成，而皇上呢？与此无关。很明显，无论这歌谣的改造是在平侬之前还是平侬之后，都是一个诋毁狄青有不轨企图的谣言。

宋仁宗因为狄青功高，不顾庞籍的反对而任命狄青为枢密使，这就更加引起一些人的嫉恨。于是一条更为恶毒的谶语出现了：

汉似胡儿胡似汉，
改头换面总一般，
只在汾州洲子畔。

（叶梦得《石林燕语》）

狄青是山西汾河人，也就是“汾州洲子畔”；而“狄”字本有“胡人”意，所以狄青既是汉人，又似胡儿，也就是“非我族类”，不管他怎么改头换面，那狼子野心是不会变的。这条谶语竟至于在朝臣中造成那么大的恐慌，贤者智者如欧阳修、刘原父都认为皇上应该对狄青怀有戒心。当时只有范镇看透了制造这条谶语的卑鄙用心，对仁宗说：“这不过是让唐太宗杀掉李君羡的老把戏，陛下岂能上这个当！”

对狄青攻击最有力的是文彦博。此人在五十年前可以说是妇孺皆知，因为那时的小学课本中就有他的一个类似于“司马光砸大缸”的故事，说他儿时与几个同伴玩毬，不小心毬滚进树洞里，用手去掏，树洞很深，够不到，于是文彦博便往树洞中倒水，让毬浮了出来。但此人不过是“小时了了”，越老越昏，此时他则极力劝说仁宗罢免狄青的枢密使，外放到州郡，也就是半流放的闲置起来。仁宗还有些不好意思，说：“是不是做得有些过分？狄青可是个忠臣啊。”文彦博道：“太祖皇帝难道不是周世宗的忠臣么？”这种诡辩居然能出自一个“贤臣”之口，可见宋朝的士大夫早已不明大是大非：只要是武臣，就是忠心耿耿也不可信，而文臣呢，就是再奸再猾也于国无大害。

仁宗被文彦博的这句话吓着了，为防万一，只好把狄青以检校太尉、同平章事、护国军节度使的名义出判陈州。狄青不服，问文彦博为什么要把他贬到外州，文彦博说了一句足有资格与秦桧的“莫须有”一起遗臭于青史的话：“不因为什么，就是朝廷对你不放心！”

狄青要去陈州赴任了，这个一向沉默寡言，不争功，不求名的人也开始伤心了。他对自己的亲信半带解嘲地说：“我这次出去一定要死在那里了。”问他为什么，狄青说：

“陈州出一种梨子，叫青沙烂。看来我狄青非要烂死在那里不可了。”（周煇《清波杂志》）听者只做一时的玩笑话，谁知到陈州的第二年，狄青果真就病死在那里了。这也算是一语成谶吧。一代名将，他活了还不到五十岁。不是战死，而是闷死！

章惇流人。北宋末年的哲宗绍圣年间（一零九四～一零九七年），蔡京一党得势，严厉打击元祐党人，像司马光那些死了的算是便宜，不死的就流放到蛮荒之地。苏轼，流放到儋州，也就是海南岛。苏轼不是字子瞻么？瞻、儋形近音同，多么巧合！苏辙流放到雷州，也就是雷州半岛，而他字子由，这“由”字正好是“雷”的下半块。还有黄庭坚流放宜州，他字鲁直，那“直”字与“宜”字也是那么形近。还有刘挚字莘老，他的流放地恰是新州。一切都是那么巧合，莫非真有什么冥数在其中？（罗大经《鹤林玉露》）

但这只是事情的一半，还有另一半没说。这个流放名单的拟定者不是别人，而是为时人称为“四凶”之一的章惇。他虽然字子厚，人性却正与名字相反，奸狡阴毒，忮刻残忍，都让他占了。章惇必欲致政敌于死地而后快，既然不能致死，那就在流放政敌时做个猫儿捕到老鼠后还要戏弄一番的游戏，故意把苏轼等人的名字割裂偏旁，搭配荒州。这就是我们看到的那一系列“巧合”。如果我们知道章惇与苏轼曾经还是一对挚友的话，那么再看此时章惇对苏氏一门的阴毒，真要不由得出一身冷汗了。

但这个故事也对我们是一个启发，历史上一些所谓巧合的事，真有不少正是为人故意所造的。

丙午昌期，真人当出。崇宁间（一一零二～一一零六年），佞信道教的宋徽宗做了一梦，梦见天上降下一个仙童，从怀中取出一块玉牌，上面有八个字，道是：“丙午昌期，真人当出。”（王圻《稗史汇编》）徽宗醒来，唯恐忘记，赶忙起身用笔把这八个字记了下来。他的理解很是乐观：“丙午昌期”，即到了丙午年就是昌盛之时，而“真人当出”则是天上将要降下真仙。于是他写下诏书，把梦中所见写了一遍，令天下寻访异人。可是找了很久，二十年过去了，也没有见一个异人来到。到了宣和七年（一一二五年）冬天，他禅位于儿子赵桓，这年正是乙巳年，而第二年就到了梦中所见的“丙午”年了。钦宗即位，次年改元靖康，此时金人迭连入侵，自顾不暇，没有人再盼神仙了。到了年底，金兵克汴梁，钦宗求和。次年即靖康二年（一一二七年），太上皇与皇帝都作为金人的俘虏被驱北上。这时徽宗才明白二十年前梦中所见的玉牌文字，原来是“丙午是猖獗之期，而女真之人当出”！玉皇大帝拿他的信徒开了个大大的玩笑。

二郎神。宋代祖宗定下的重文轻武国策，就是让他们历代皇帝宁肯对着北方异族做奴婢相，也不能让武人在朝廷上扬眉舒气。先是屈服于辽，辽国都疲弱到让更北方的金人当孙子抽打着玩了，泱泱大宋的军队一出，还是让辽国给揍了回来。看过《水浒传》的人想必都记得，八十万禁军教头不是被逼得出走流浪，就是在白虎堂上一顿板子，发配沧州，而执掌军政的却是当时的“国脚”高俅，可惜那时没有世界杯赛，这个国脚也不能扬国威于域外，只能把皇帝送到金人的北大荒。

宋徽宗宣和四年（一一二二年），宋、金协议从南北两方进军灭辽。金兵势如破竹，把辽国的几个京城都轻易拿下，赶得辽主无处逃，可是宋师在白沟一战却让辽军打得落花流水。早先隔着辽国，金人还不知宋朝的虚实，这一下宋朝的军队现出了原形，金人灭辽之后，就开始威逼宋朝称臣割地。

在此前几年，也就是徽宗政和七年（一一一七年），传说有一小儿，骑着一条狗，扬言于众道："二郎哥哥派我来，说昨天申时，灌口的二郎庙被火焚了，要在这里重建一座。"那小儿也就六七岁的模样，问他从哪里来的，叫什么，他都不答。到了晚上，又有人说二郎神附在某人身上，降下神旨，说的也是小儿那一套。

此事惊动了一向迷信神仙的宋徽宗，他立即下诏在汴京修神保观，供奉这位四川神道二郎神。还有一群闲汉，领了官府的命令，扮成鬼神模样，挨门去催着让大家向二郎神"献土""纳土"。京城的人都怕二郎神降灾，从春到夏，家家抢着往工地背土，而且为了表示自己已经完成了任务，还要在大街小巷上贴个告示，写明"某家某人献土"（洪迈《夷坚丙志》）。

当时京城里热闹非凡，连徽宗皇帝都穿上便衣，溜出宫禁看热闹。这时有人对宰相蔡京说："又是献土，又是纳土，这话可不吉祥。"徽宗这才下令，不许再提"献土"这个词，而神保观的土也已经够多了，也禁止再往那里送。

到了宋钦宗靖康元年（一一二六年）正月，金国大将斡离不，即宗望，率军南下，围住汴京，要求除了送金五百万两、银五千万两之外，还要把太原、中山、河间三镇割与金国。宗望是金太祖的二儿子，金人俗称“二郎君”。

金虏在门。宋钦宗靖康元年八月，金人决心灭宋。宗翰、宗望分两路南下，再围京城，至年末，汴京城破。靖康二年初，宋钦宗再赴金营求和。金人又要求徽宗及后妃、诸王、公主等全部到金营“报到”。于是金人北撤，但却掳走了“二圣”和他们的家族，把汴京积蓄了近二百年的财富席卷而去。北宋亡了。

一个拥有百万军队的大国落到这个地步，两个皇上成了俘虏，皇子、帝姬、妃嫔们成了金人的战利品，为奴为妾，比当年南唐李后主的“挥泪对宫娥”还要惨。而这二位皇爷则送到了离金都还有千里之遥的荒寒的五国城（在今黑龙江依兰），一路的惨状，有人记录为《北狩行录》。到了北国城，究竟过的是什么生活，却一直少为人谈，不是不知道，据说还有人写了本书，大约是因为太凄惨，也自然太失面子，为臣子所不忍读，所以索性说那是捏造。但百姓们还是知道了一些，据说宋钦宗死后，金人用群马踩尸，寸骨无存。金人后来把二帝的棺椁送还给南宋，但到了南宋灭亡时有人挖开钦宗的墓，说里面只有一枝木灯檠而已。而徽宗的墓里，则只是一段朽木，二帝的尸首根本就没有运回南方，那尸首怎么处理的，则不能详知了。

这真是亘古未有的大事变，偏安于江南的王公大臣、士大夫们也不得不做一下严重的"反思"了。但"反思"也是多种多样，其中就有一种与本书的内容有关，那就是认为北宋末年，社会上流传的"不祥之语"太多了。

一个是不应该说那么多带"金"字的话。

宋徽宗崇尚道教，排斥佛教，当时的诏命表章，只要一说到佛，就斥为"金狄"。那个为徽宗崇信的道士林灵素，先就赐号为"金门羽客"（蔡絛《铁围山丛谈》），已是不祥，而林灵素上表排佛，说的那些话无不是不祥的预兆，诸如：

> 蠢金狄之成群，干丹霄之正法；
>
> 幸际玉霄之主，是膺金狄之风；
>
> 金狄炽而华风变。

（叶寘《坦斋笔衡》）

回过头一看，就是胡狄金人乱华的预兆。宣和元年（一一一九年）秋，道德院上奏，说地上冒出一棵金芝，徽宗以为祥瑞，亲自临观，然后就到蔡京家置酒庆贺。当时蔡京写了首诗颂扬皇上的德性，徽宗也即席和了一首，其中有一句说到金芝之瑞："定知金帝来为主，不待春风便发生。"结果不久女真起于辽东，灭辽国，陷中原，改国号为金，正谶"金狄"之祸。而金人来侵，也真的"不待春风"，就在冬天把汴京攻陷了。而就在前一年的中秋后，徽宗还在御花园中赋晚间景物，其中有一联道：

日射晚霞金世界，月临天宇玉乾坤。

写给群臣，甚为得意呢（谯郡公《宣政杂录》）。但这事也不能全怪宋徽宗，如果刨起老根来，他老祖宗赵匡胤也有责任。据说他曾作过一首《日出诗》，曰：

日头出来赤搭搭，千山万山如火发。

须臾拥出大金盘，赶退残星与晓月。

（李诩《戒庵老人漫笔》）

这个"大金盘"是不是一百八十七年之后金虏入寇、徽钦北狩的预兆呢？既然祖宗已经把亡国大计都钦定了，孙子们按既定方针办，就是把江山捧给金虏，应该也是不错的吧。

还有在靖康之前，汴京人家过年所贴的门神都是胡虏将帅的打扮，头上戴着虎头盔，而王公贵族之家，那大门都要包金为饰。当时就有人说这是“金虏在门”（袁褧《枫窗小牍》）。等到靖康年，金人入汴，那些王公之家是劫掠的重点，自然要“金虏在门”了。

还有一个“真”字也是很晦气的。林灵素建造宫观，常画女仙于壁，但仙人就是真人，所以他叫女仙为“女真”（陆游《家世旧闻》），而且这些女真乘龙跨凤，这不是女真将兴之兆么？就是徽宗降诏，命天下大建道观，那观名也多叫“迎真”、“通真”、“会真”、“集真”（佚名《湖海新闻夷坚续志》），看来是非要把女真人弄到中国不可了。而且北宋为避讳，改玄武大帝为“真武”。后来兴建醴泉观，挖出了一龟一蛇，道士以为是真武神现形，就绘其像披发黑衣，仗剑踏龟蛇，为北方大神。这也被人视为金虏强盛之谶（赵彦卫《云麓漫钞》）。顺便插入两句，南宋为元所灭之后，人们也曾经做过类似的“反思”。检讨起当年皇帝所做的诗，发现里面就有 “一元肇始”、“大元壹正”之类的话，结果没过十年宋朝就完事了（叶盛《水东日记》）。

而且那时的时髦人物竞穿新式服装，穿就穿吧，还起些怪名字。汴京人那时爱用鹅黄色做围腰，称之为“腰上黄”（岳珂《桯史》）。徽宗在宣和末年禅位于钦宗，成了太上皇，到了他被金人裹挟北去，不真的成了“要挟上皇”了么。妇人穿便服，衿上不用纽袢，只是用腰带紧束，这叫“不制衿”，结果成了没办法制服金人了。一种时兴的织锦图样叫“遍地桃”（陆游《老学庵笔记》），天下百姓四处流窜看来也与此有关。

有些不该用的字用了，可是还有些该用的字不让用了。政和初年下旨：凡人名或字中有“天”字、“君”字、“主”字、“圣”字、“王”字者，皆不准用。就是寺观僧道所供神佛中有带“王”字的，也必须改正。当时就有人说这不是好兆：天子也没了，君主也没了，圣王也没了，都要到哪儿去呢？（朱弁《曲洧旧闻》）

说到禁用“天”字，北宋末年这一禁既不空前，也不绝后。早在北朝的北周时，周宣帝自称天元皇帝，就不许任何人有“天”、“高”、“上”、“大”之称，后人就议论说这是衰世之令。以后呢，到了明代景泰年间也禁过“天”字，连写文章说“以管窥天”也要改成“以管窥霄”。结果是景泰帝不久就下了台。到了正德初年，宦官刘瑾专权，又下了禁“天”令，谁的名字里有“天”字，就必须改正，朝官中方天雨改名方雨，倪天民改名倪民，甚至承天寺也要改成能仁寺。人们私下议论，这不就是刘瑾“无法无天”之兆么？

【南宋】

赵不衰。康王赵构在北宋亡后建立了南宋，他的主要本事就是靠一个字，跑！

宋钦宗靖康元年（一一二六年）冬十月，金兵斡离不部破真定府（今河北石家庄），钦宗遵金人之命，遣康王赵构亲往金营议和。赵构行至磁州（今河北磁县），守臣宗泽迎见赵构，说：“肃王已经被金人扣留不返，大王再去有什么用？这不过是金人的一个诡计，他们不会真心议和的。”磁州有座神庙，供奉着唐崔府君，赵构拿不定主意，就到庙里投珓以测吉凶。那神珓竟显示留下为吉。陪从赵构北行的有个媚金的奸臣王云，他比赵构晚行一步，被当地百姓给拦住打死了。这也是赵构未能继续北行的一个原因。总之，赵构是未能前往金人兵营，被磁州官民给留下了。

金人本无意议和，就在康王北使的同时，他们的两路大军会合于汴梁城下。然后是钦宗亲往金营议和，二帝与后宫、诸王、公主等三千人，被金兵卷挟北去。宋徽宗三十二子，正好凑成一副象棋，结果漏了赵构一粒。金人得到辽国还没有几年，所以北宋虽灭，一时还没能力把整个中国吞下，就立了一个伪政权楚帝张邦昌，带着战利品北归了。宋徽宗在俘虏队中，募敢死之士，用蜡丸传书到相州，命赵构为兵马大元帅，募兵恢复宋朝。这样，在宗泽等将帅的血战之下，赵构总算有了些兵马，而且打了几场小胜仗。赵构这个大元帅不敢在作为前线的河北久驻，就往南进入河南境，汴京残破而且混乱，他不想也不敢进去，只想往南跑。只是在李纲等大臣的极力坚持下，他总算到了商丘，也就是宋的南京，站住了脚。他在商丘登基称帝，不做大元帅了，就有了理由到大后方去偏安。他贬斥了主战的丞相李纲，在黄潜善的支持下，继续往南跑。但他还不好意思一下子过江到金陵，就停在了扬州。这样宋朝的北部河北、山西、陕西就抛给了金人。

但宋高宗赵构觉得扬州处于江北，还不安全，找了个机会就过了长江，最后在杭州“临安”了。杭州改名临安府，对外说这是临时安顿一下，将来还要打回去，其实也可以这样理解：这里如果还待不住，那就继续跑。赵构在江南落住了脚，对此有人编了故事，把这结果归之于宿命。一个故事说，宋徽宗降生之前，宋神宗到秘书省，看到了南唐李后主的画像，见其人物儒雅，叹羡不止。到了晚上，神宗就做了一梦，梦中见到李后主前来拜访，而就在这天晚上，宋徽宗生下来了。依此说，徽宗既是李后主转世，他就是来向宋朝讨还自己的旧国的。徽宗的风流多艺确实与李后主可以并称于世，但他没有南归，却“北狩”了。可是他生的儿子赵构却实现了他的江南梦，只是打了个折扣，没有在金陵落户。

所以又有一个故事，这次的梦是由宋徽宗来做了。他梦见吴越国的钱大王向他讨还两浙之地。第二天他就对郑皇后说了，不料郑后也做了同样的梦。三天之后，韦妃生下了赵构，而韦妃祖籍浙江，赵构也生了一副“浙脸”。如此说来，赵构又像是钱大王转世了。他要回去的不是金陵，而是杭州。

总而言之，是宿命而不是怯懦逼着赵构跑回他的老家。

所以这一路上他逃跑得很愉快，尽是遇上让他高兴的事，鼓励他继续跑下去。

赵构最早从相州南逃渡黄河，第一夜刚住下，就问此地的地名。人家告诉他这叫新兴店。左右便道：“大王治兵复仇，行绍大统，而第一夜就住在新兴，这不是天意说宋室要中兴，其命维新了么！”（周煇《清波杂志》）

后来赵构由海路逃到浙东，过钱塘江，问起船工的姓名，一个说叫赵立，一个说叫毕胜。赵构听了好不欢喜，认为自己是死不了了。过江来到萧山，有一列人前来迎拜，为首的启奏道：“宗室赵不衰以下起居。”赵构听了更高兴了，对自己的随从说：“符兆如是，吾无虑焉。”立刻下诏给赵不衰进秩三等（王明清《挥麈后录余话》）。

过了萧山，进入仁和（即杭州），一听这县名，他就说这是好兆头。因为当年太祖皇帝陈桥兵变，率大军回都城，进的城门就叫仁和门。看来天意就定下“便把杭州做汴州”了。再找来个测字的算算，答道：“自今之后，大吉大利。这‘杭’字离合起来，是‘兀’‘术’二字；而且杭者，降也，兀术就要投降了！”这样的吉利的地方能不住下么？（刘一清《钱塘遗事》）

可是三太子金兀术来了，却没有投降，而是把临安攻陷，逼得宋高宗又到天台、雁荡一带转了一圈。等三太子撤走，赵构又回来，西湖歌舞这才正式开场。

虽然中国民间怕生下的孩子养不大，总要起个“贱名”，但如果养大了，要“卖与帝王家”的时候，那就千万要换个好听的名字了。因为名字起得吉祥让人振奋、舒坦，反之则如同给万岁爷吃了个苍蝇。光绪时有一次殿试，有个叫王国均的，本来名列前茅，但慈禧老佛爷一看他这名字，嘴一撇，说：“怎么那么难听！”大臣们先是一怔，继而恍然，王国均就是“亡国君”么！还是老佛爷高瞻远瞩。于是这位王国均就甭想上榜了。到了慈禧七十大寿的前一年，正赶上大考，考官们真会拍马屁，就要在会试中过关的人中找个名字中带“寿”字的当状元，算是预先给老佛爷拜寿。结果王寿彭就当了状元。这位幸运儿羡杀一大批进士，只恨爹妈没给自己起个好名字。可是这位末代状元的晚景就不那么顺当了。清亡之后，他四处流落，竟做了狗肉将军张宗昌的门客，树倒猢狲散了之后，他流落津门，一根麻绳上了吊。名字的“吉祥”终不过是博个让人听着舒服而已。

前面说到转世投胎的故事，顺便再补上一条，更是离奇，即金主的二太子斡离不竟是宋太祖赵匡胤转世。据说有个大臣在大内见过太祖爷的写真，及至被俘入金营，见了斡离不，竟生得与太祖一模一样！斡离不攻破汴京，把太宗的子孙杀得差不多绝了种，就是要报那“烛光斧影”之仇。剩下一个赵构跑到南方，却生不出孩子，只好过继了孝宗，而孝宗却是太祖的后代。宋太祖的这一复仇复国计划真是太曲折了。

平楚楼。读过《说岳全传》的没有不知道张邦昌的，岳飞在小校场枪挑小梁王，主试的两个考官一个是宗泽，另一个就是张邦昌。金兵把二帝扣留在兵营中，让汴京的百官讨论，要选个不姓赵的做皇帝，而他们认为当汉奸的最好人选就是那个张邦昌。张邦昌此时也在金营中，交代好做儿皇帝的手则，金兵就把他送回了汴京，让百官上表劝进，改国号为大楚。

可是金人并不想留下些兵马保护这个儿皇帝，因为他们受不了中原的酷热，要是为了保护这个皇帝，让个团长、营长的中了暑，那就太不值得了。结果金兵撤走之后，这个楚帝除了百官就没有人了。那后果自然很严重，赵构成了大元帅，带着兵来到南京应天府，张邦昌就只有开门迎驾了。

但赵构与张邦昌本是臭味相投的一类。张邦昌说他当时做皇帝也是与金人虚与委蛇，并非真要位登大宝，赵构立刻表示理解，竟以张邦昌为太保，封同安郡王，一月两赴都堂，参决大事。

可是对赵构的宏量，李纲不能理解，一个劲儿地上奏，要治张邦昌的僭位之罪，最后索性说："臣不能与邦昌同列，只要臣一见到他，必以笏击之。"这时赵构还离不开李纲，只好下旨，降张邦昌为昭化军节度副使，潭州安置，也就是流放到湖南了。

张邦昌到了潭州，寓居于郡中的天宁寺。这寺中有一平楚楼，命名之意，是取唐沈传师的诗句"目伤平楚虞帝魂"（王明清《挥麈录余话》）。没有几天，朝廷遣殿中侍御史马伸来到潭州，赐张邦昌死。张邦昌读诏毕，还徘徊退避，不想自尽。执行者催他赶快登楼，张邦昌一仰头，忽然看到"平楚楼"三字，他不是建国号大楚么，这也是命里注定了，便长叹一声，在楼上上了吊。

与此相映成对的是，徽钦二帝成了金人的俘虏，押送北上，到了燕都，入一旧宫，门上题着"宣和"二字，原来那是辽国建的宣和宫。据说徽宗也叹了口气：原来当年我的年号宣和，却应在此地了！只是叹气归叹气，上吊却是舍不得。

说起殿阁题字却做了谶语的事，历史上还很有一些。随便举几个后代的例子。一是元朝初年建大都城，盖有洪武殿，结果却成了明太祖开基的年号。明初建有奉天殿和奉天门，不料满洲清兵就兴起于奉天(《光宣小记》)。到崇祯初年，在卢沟桥头建宛平城，城门上刻了四个大字，右门上是“永昌”，左门上是“顺治”（董含《蓴乡赘笔》）。没过几年，李自成攻破北京，改年号为永昌，而清兵旋即入关，那小皇帝福临的年号正是顺治。但这只是见于记载，现在去宛平城，怕是已经见不到那四个字了。所以也不知是不是真有那么回事儿。

除是飞来。宋高宗建炎四年（一一三零年），钟相据洞庭湖滨十九县，自称楚王，因为他分富人财物于贫民，称为“均平”，所以我们的史学家就称之为“起义”。但他不仅杀官吏富人，连儒生、僧道全都杀，这样杀起来，中农以上阶级全没了，其实也就无须均平了。但钟相在和另一股武装打仗时被杀，因为钟相既是起义军，那一股武装只好委屈成“匪”了。钟相死后，杨幺继续坚持“武装斗争”，把根据地扩大到北至湖北的公安，南至长沙境内，竟奄有湖南之半。但这个农民起义却被岳飞镇压了，于是这就在岳飞的履历上留下了一大“污点”。可是在下设身处地地为岳飞想了半天，也不知他应该如何做才好，只是觉得金兵正从四川直到江苏这么长的战线上向南宋进攻，如果自己也参加农民起义、反抗朝廷，与金人里应外合，先灭了南宋，再把金人赶跑，那自然就是合乎革命史学的最高最完美境界了。但万一灭了南宋却赶不走金人呢？恐怕就会在历史学家嘴里落个不顾国家大局而充当金人内奸的骂名了。所以平了杨幺，再收编杨幺的残部一起抗金，还是能说得过去的。看京剧《八大锤》中王佐断臂时唱的“想当年在洞庭逍遥放荡”，这位忠义王佐不就是杨幺的部下么。

在岳飞平洞庭时，有一条谶语多为人道，但说法不一，让人感到这谶也是后补的。一种说法是：义军（洞庭杨幺既是义军，岳飞自然是“不义军”了，这实在有些不对劲，但想不出别的称呼，总不能沿袭史书中的“贼”吧，只好如此。）自恃其险，官军从陆上进袭则入湖中，如果从水路攻来则登岸，所以义军就倡言道："有能害我，除是飞来。"（《宋名臣言行录别集》）那意思就是说所处地险，没有翅膀就别想进来。可是不久朝廷派岳飞来镇压，正赶上大旱，湖水干涸。岳飞就命令军士砍伐君山的树木，做成很多大木筏，把所有的港汊全塞住，然后从陆路进攻。义军战败，急忙下舟想逃入湖中，但港汊已为巨筏塞满，弄得水道断绝，逃不能逃，战不能战，除了壮烈牺牲者之外，只好权做农民起义的叛徒，再做抗金的烈士，投降了岳飞。"飞来"之谶，于是乎验。

再一说与此不同。是岳飞攻打固石洞的事。义军的寨子据山之巅，悬崖百仞，登者须跻攀而上，不胜其劳。官军每欲登山，义军辄凭高据险，投刃坠石，把官军打得落花流水。而义军首领是一个女将，叫廖小姑，她就扬言道："官军要破我寨，除是飞来。"岳飞听了便道："我即飞也。"（曾敏行《独醒杂志》）结果用计破了山寨，那廖小姑被生擒，不知最后是慷慨就义于刑场，还是戴"罪"立功于疆场。

再有一说，是义军的另一部，也是据险而守，但守将不是廖小姑，而是夏诚和刘衡二寨，他们也是那么说："除是飞过洞庭湖。”（陆游《老学庵笔记》）当然岳飞是过了洞庭湖了。

故事版本不同，但其实说的都是一件事，那就是岳元帅善用“吉谶”鼓舞士气。南宋的罗大经在《鹤林玉露》中就揭出此点，前面提到过的马燧讨李怀光，夜宿“埋怀村”，马燧大喜曰：“吾诛怀光必矣！”所以古代大将行军好问所过地名，都有用吉避凶以壮三军之气的意思在内。

大蜈蚣，小蜈蚣。宝祐年间（一二五三～一二五八年），蒙古大兵压境。宋理宗内宠阎妃和宦官董宋臣，外信奸臣丁大全、马天骥，奸党盈朝，欺上压下，贤才不能进，边情不上达，当时就有人匿名书八字于朝门，道：“阎、马、丁当，国势将亡。”（《宋季三朝政要》）但笔者认为原文可能并不是这样直接，它应该是一条更隐晦的谣谶，也许是“檐马丁当，国势将亡”八个字，但念起来则更可能是“檐马丁冬”。“檐马”就是屋檐的铁马，风吹则“丁东”做响，“檐马丁当”就是阎、马、丁、董。史家把这条谶语破译直书了，但那歌谣的感染力就差了很多，而且直译之后，便让董宋臣漏了网。史书上说这两句韵语还题了“无名子”作为署名，但这署名显然没有意义，所以更可能的是根本没有署名，原作者的意图是要把它当成谶语来流布的，而作史者只是实事求是地说明：它不过是一首简短的政治讽喻诗。

但到了开庆元年（一二五九年），理宗罢免了丁大全，任用了有名的直臣吴潜作左丞相。但理宗用他只是顺从人望，并没有想听直言的意思，所以还给他配了一个专好拍马屁的贾似道为右丞相。但这位状元出身的吴潜，当了丞相之后说话更放肆了，竟把边防的危机如实地抖搂出来，并说“近年公道晦蚀，私意横流，仁贤空虚，名节丧败，忠嘉绝响，谀佞成风，天怒而陛下不知，人怨而陛下不察”，这就把当今圣上说成个只听谄言、甘受蒙蔽的呆子了。而最主要的是他得罪了比丁大全更险恶的贾似道。

于是一条童谣被贾似道造了出来，并通过他的党羽直接汇报给宋理宗。那首童谣道：

大蜈蚣，小蜈蚣，尽是人间业毒虫。

夤缘攀附有百尺，若使飞天能食龙。

（《宋季三朝政要》）

吴潜年近七十，自然可以称作“吴公”，所以“蜈蚣”

就是吴公，就是吴潜，而所以有大有小，就是吴潜还有兄弟在朝为官。这谣言的用意很明显，就是说吴潜兄弟都是毒虫，得势后要对皇上不利。

这种“百升飞上天，明月照长安”老把戏的重演，本来是很容易识破的，但理宗还是相信了这个流言。这是因为吴潜的直言太直，在另一件事上惹恼了理宗。理宗没有儿子，想立侄儿忠王赵禥为皇太子，就征求吴潜的意见，吴潜密奏中却说了句“臣无弥远之才，忠王无陛下之福”，这可是捅了理宗肺叶子的话。因为宋宁宗也是死后无嗣，他死后史弥远擅用皇亲的地位，废掉应立的济王，而把理宗弄上了皇位。理宗感激史弥远对他的恩德，不思社稷大计，继续用史弥远为相，弄得朝廷昏暗，怨声载道。所以吴潜这话就是暗刺理宗的被立是非法的，而史弥远的拥立完全是出于投机固位的一己之私。

就是因为这句话，吴潜差一点儿掉了脑袋，亏得有正直的朝臣替他说话，总算落了个发配循州（今广东龙川），最后死在了那里。

十几年后，贾似道也被发配到循州，途中经过一荒寺，壁上有吴潜的题诗（吴潜在南宋是著名的诗人）。押解贾似道的郑虎臣怒问："吴丞相为什么到了此处！"贾似道惭惧而不能对。再前行至漳州，郑虎臣就结束了这个奸相的狗命。三年后，南宋亡。

收花结子在绵州。贾似道是个足可以与秦桧齐名的奸相，所不同的是，秦桧之奸有宋高宗做后台老板，而贾似道却是把宋度宗当成阿斗来玩弄；秦桧让南宋失去了恢复失地的机会，而贾似道则把南宋送上了死路。贾似道当政时，民间有一童谣道：

满头青，都是假，

这回来，不作耍。

（佚名《东南纪闻》）

这是一首很不错的讽刺诗，但也可以被预言家当成谶语。当时临安城中时兴在头巾上缀一块碧玉，但什么东西一时兴起来，那就是真少假多，所以那些玉大多是假的。这就是"满头青，都是假"。但假、贾同音，歌谣的本意就影射着贾似道对朝廷的专制，满朝都是贾家的人。"这回来，不作耍"，那就是来真的了，真的是什么，就是蒙古兵。

民间还传说着一个故事，未必是真，但对贾似道的刻画却不假。贾似道气焰熏天，就有了不臣之心，他便找个术士，想看看能否取代阿斗，自立为帝。他用手杖在地上写了一个“奇”字，让术士拆解。术士道：“相爷之志是成不了啦：道立又不可，道可又不立。”（明•田汝成《西湖游览志余》）这两句的意思是：上面说是个“立”字吧，下面就成不了“可”，要想下面成“可”，那上面就不能成“立”了。但那“道”字又可以双关为贾似道，那就是说贾似道你要自立为帝则行不通。贾似道见术士拆穿了他的心事，便默然不语，给了不少钱把他打发走了。但又怕术士把自己的野心外泄，便随即派人把他杀死于途中。

更有一个谶语故事，那肯定是神话了。这一天，贾似道在西湖设斋，施舍云游道人。斋饭已经办妥，贾似道却还没到，一班空着肚子的牛鼻子老道只好等着。忽然，有一妇人抱着孩子不知怎么闯进了斋堂，嘴里还喊叫着：“贾平章设斋，为什么不请我！”办事的想把这疯颠颠的妇人打发走，就给了她一份斋饭。妇人把这份斋饭递给孩子手里，把孩子往斋堂的桌子上一墩，又到里面去想再要一份。办事的正要再给她一份，贾似道已经到了斋堂外面。众人撵妇人快走，妇人就抱起孩子钻进里面的一间小屋。可是再看那孩子坐过的桌子上，却留下一摊屎。要想擦掉是来不及了，有人急中生智，拿了个盆子往上一扣。贾似道与众道士应酬去了，众人就想趁机把桌子清理干净，可是那个盆子怎么也揭不开了。就在着急的时候，贾似道又走了出来，见到这情景，就让众人一齐用力，可是那盆子竟纹丝不动。贾似道知道这是来了真神仙了，便焚香礼拜一番，再一揭，那盆子果然轻轻掀起，里面只有一片纸，上写道：

得好休时便好休，
收花结子在绵州。

（佚名《湖海新闻夷坚续志》）

贾似道和众人参解了半天，只道是劝这位半闲堂主人好好休息，不要累着，却不明白那绵州是什么意思。一直到宋度宗死后。贾似道因弄权误国发配循州，途至漳州木棉庵，郑虎臣拿着刀要宰他的时候，这才明白自己到了“收花结子”的时候。

【元】

死在西江月下。元世祖至元十三年（一二七六年），也就是南宋恭帝德祐二年，元太师伯颜大军至杭州城下，宋帝奉表投降。后来虽然陆秀夫、张世杰相继拥立赵昰和赵昺这两个孩子为帝，又在南方坚持了二年，但已经不应该算数了。就在元刚刚灭宋之后不久，民间盛传着一首词，有人说是武当山真武大帝所降神笔，有人说是元初大臣刘秉忠所作。虽然记载中说这首词当时被印在黄纸上到处张贴，可是后人见到印这首词的出版物，已经是明朝初年的了。

词的版本略有不同，异文另在括号中注明。全词云：

九九乾坤已定，清明节候（后）开花。
米田天下乱如麻，直待龙蛇继（暨）马。
依旧中华福地，古月一阵还家。
当初指望作（瓮）生涯，死在西江月下。

（陶宗仪《南村辍耕录》）

这是典型的预言诗，所预言的就是九十年后蒙古被逐出中国的事。明人郎瑛对此做了他的解释：第一第二两句，是说德祐二年（一二七六年）宋为元灭，到顺帝至正十五年（一三五五年）朱元璋起兵于和阳，正好九九八十一年。所谓“清明节后”，只是个大约的时间，也就是春三月吧。元兵虏宋帝及太后北去，朱元璋起兵后投奔小明王，都是在三月的事，此诗应该是指后者。第三句“米田”是个“番”

字。第四句“龙蛇暨马”是说朱元璋于甲辰龙年建国即位，乙巳蛇年北伐元都，至丙午马年元亡。第六句“古月”自然是“胡”字了，胡人北去就是“还家”了。难解的是第七、八句。“当初指望瓮生涯”，或云元代诸帝（其实是七帝）皆娶瓮吉剌氏为后，而此云“指望瓮生涯”，盖暗寓元顺帝非瓮吉剌氏所出。“死在西江月下”，是说顺帝北走沙漠，死于应昌，一时无棺木，只好取西江寺梁为棺。

所谓元顺帝非瓮吉剌氏所出，也就是说元顺帝不是蒙古人。那他是谁呢？原来他是几十年前被掳北去，居于沙漠中的宋朝末代皇帝赵㬎的儿子。赵㬎被元帝封为瀛国公。瀛国公长大成人，元世祖见了很是喜欢，就把公主嫁给了他。有一天内宴，赵㬎酒醉，倚于殿柱间，世祖恍惚见殿柱上有一金龙。当时有人就劝世祖把赵㬎除掉，但世祖还在犹豫间，此谋已为赵㬎所耳闻，就主动提出出家为僧，往吐蕃去学佛法。等他回来之后，就携带公主遁居沙漠，易名合尊。赵㬎所生长子也做了和尚，不久又生一次子。当时元明宗还是周王，也居于沙漠，不时与赵㬎往来，当时他还没有儿子，见赵㬎次子，很是喜欢，便讨来做了自己的儿子。但另有一说，即周王见赵㬎的老婆漂亮，就抢了来做了自己的太太，所以生下的第一个儿子实际上是赵㬎的种。不管怎样，现在蒙古皇室中的血统出了差错。

及至周王在沙漠即位为明宗，先立弟怀王（此前曾为帝，即文宗）为太子，但不久皇太子就毒死了明宗，自己依旧接着做他的元文宗。三年后文宗病死，大臣先立明宗次子为帝，但这七岁的皇帝只在位四十三天就死了，于是又立明宗长子十三岁的妥欢贴木耳为帝，即元顺帝，也就是赵㬎和公主生的儿子。就是这么绕了多少个圈子，总算让华夏大地回到汉族人的手里。这故事和后来传说的乾隆皇帝是海宁陈家的种一样，都是把复兴大汉的希望寄托在女人的肚皮上，这种曲线复国的算盘打得很如意，也能让不少人过过干瘾，甚至形于诗词，咏歌不已。且不要说这只是一厢情愿，就是真的有那么回事，元顺帝还是荒淫无道，折腾的还是老百姓。难道把这种昏君的族类改为汉族，被虐者心里就舒坦，甚至幸福了么？

石人一只眼。元顺帝时民间动荡，谣言不断，历史上记载下来的就有不少。现按年代列上一些，可以看出当时的动荡形势。

至元五年（一三四五年）八月，京师童谣云：“白雁望南飞，马札望北跳。”（《元史·五行志》）“白雁”南飞，大约是指几十年前元人伯颜南下破宋。南宋末年，江南就流传一首谶语，道是“江南若破，白雁来过”（明•陶宗仪《南村辍耕录》引《玉堂嘉话》），就是预言伯颜灭宋的。而“马札”即蚂蚱，也就是蝗虫，蝗虫成灾，飞起来遮天蔽日，所过之处，田禾一空，它们那一“跳”可不是小事。

同年，淮、楚间童谣云：

富汉莫起楼，穷汉莫起屋，

但看羊儿年，便是吴家国。

（《元史·五行志》）

羊儿年是十年之后的乙未年，那年红巾军立小明王韩林儿为帝，国号宋，而朱元璋封吴王是在次年的事。笔者很怀疑这“吴家国”也许是“无家国”的改窜，有的版本改得更彻底，径直写作“吴王国”。十年之后，天下大乱，家国都要没了，所以现在就不要置产盖屋了。所以还是“无家国”更通一些。

至正十年（一三五零年），河南、河北童谣云：“石人一只眼，挑动黄河天下反。”（《元史·五行志》）

这首童谣还有几个版本，或作“莫道石人一只眼，此物一出天下反”（《草木子》），或作“莫笑石师姑一只眼，开了黄河天下反”（长谷真逸《农田余话》），或作“掯了石佛眼，当时木子反”（俞本《明兴野记》）。

其实这童谣的出现是至正十一年的事，那年元廷征发民工十五万疏浚黄河，远近骚动。说起来疏浚黄河不比隋炀帝的开凿运河，本不至于要闹得天怒人怨的，但无奈当时天下的乱势已成，硫黄干柴，只差一粒火星了。于是河工在挖河时就掘出一个石人，上面刻了两行字，是“莫道石人一只眼，此物一出天下反”，这就是那粒火星儿！

当然，这个石人是白莲教首领韩山童（即韩林儿之父）找人刻好，然后偷偷埋到要挖的河道土中，假借天命以煽动民工造反的。虽然因为事泄而韩山童被杀，但农民起义却已经在全国各地成燎原之势了。

【明】

烟烟，北风吹上天。明太祖朱元璋死后，皇太孙朱允炆即位，史称建文帝。这建文帝仁柔寡断，而他所倚重的大臣，齐泰、黄子澄是鲁莽灭裂，方孝孺则是泥古不化，他们虽然忠心耿耿，却不审时度势，结果把小皇帝弄得国破身亡。

中央集权不能坐视拥有重兵的宗藩枝大于干，甚且恣行不法，扰民祸国，所以削夺宗藩是早晚的事。据说朱元璋在世时，封九王于边疆，特许有事可提兵专制，他还对皇太孙说了一句蠢话："我把抵御外虏的麻烦事都交给诸王，这就可以让边尘不起，你只需安安稳稳地在南京坐龙椅了。"皇太孙说答道："外虏不靖，诸王可以防御，可是如果诸王闹起事来，由谁来防御呢？"太祖爷听了一怔，半天才憋出一句："你说怎么办？"太孙于是说了一番听起来合情又合理的大道理："以德怀之，以礼制之。不可，则削其地；又不可，则变置其人。"

朱允炆所说自然很好听，但以德以礼，都很空泛，而建文即位之后的形势，已经不容他有以德以礼的时间了。但齐、黄诸公则走入另一极端，雷厉风行，毫不讲策略，数月之间，周、齐、湘、代诸王，或逮，或废，或自杀，建文也觉得做得太过分，可是齐、黄仍是一意孤行。就在他们要对燕王朱棣下手时，朱棣早就准备停当，起兵造反了。

朱棣是诸王中的最大野心家，他的造反也是早晚的事。

但只要中央采取一些合理的策略，完全可以把他的逆谋粉碎。但书呆子大臣治国的结果是让燕王轻易地夺取了兵权，仁而懦的皇帝又不许在战场上伤着他的叔父。既然如此，你还打什么仗呢？于是每次朝廷军队得胜，燕王就亲自殿后，无人敢追杀，连箭也不敢射一支，任他安然撤走；要是燕王取胜，则无人敢撄其锋，任其陷阵冲杀，还唯恐躲避不及，不小心把皇上的叔父绊着了呢。最后是以数十万大军竟一败涂地，让燕王顺利地攻进了南京城。据说建文初年，就有道士在路上唱着："莫逐燕，逐燕日高飞，高飞上帝畿。"（《明史·五行志》）

而就在燕王起兵前夕，南京城里也有童谣在流传：

烟烟，北风吹上天。

团团旋，窠里乱。

北风来，吹便散。

（《二申野录》）

这些都是燕王造反而建文垮台的谶语，笔者揣测着多为燕王一方所造。

燕王朱棣统率大军攻入南京，建文皇帝一把火点了皇宫，自己也就烧死在里面。由于大火烧得一塌糊涂，连尸首也辨认不出，民间就有了一个传说，说建文皇帝其实并未自焚，而是在最后走投无路的时候打开了祖父留给他的一个匣子。可是那里没有诸葛亮的锦囊妙计，只有一个包袱，包袱里有一把剃刀，一件缁衣和一份度牒，原来这是刘伯温早料到今天的下场，而让朱元璋准备给孙子的。于是建文帝按照他祖父的安排，剃了头，披上缁衣，揣上度牒，从地道中跑了。这在“大预言”《烧饼歌》中有详细的叙述，此处从略。

但朱棣办事可不像建文帝那么马虎，他是活要见人，死要见尸的。听说建文和尚跑到武当山一带，就派人明说要给玄武大帝修金殿，暗自查访建文踪迹，估计连神农架的野人都找到了，却是不见建文的影子。于是而又有了建文和尚逃到西南邻国或海外的说法。朱棣是宁信其有不疑其无的，为了斩草除根，便派郑和六下西洋，寻找建文下落。钱花了不少，建文仍然没有找到，但却不能说白跑了几遭，因为他无意中成了航海英雄，至今还为我们增光呢。故事继续编下去，说到了四十年后，已经是英宗的正统年间了，有个老和尚来到了北京，自称是建文帝，叫了当时还在的一个老太监来认，居然不错等等。

雨帝雨帝，城隍土地。明英宗正统十四年（一四四九年），北方瓦剌犯境，英宗听从了权阉王振的馊招儿，率领五十万大军御驾亲征，一月之后，竟在河北怀来的土木堡为瓦剌击溃，一夜之间，全军覆没，皇帝竟做了俘虏。这真是亘古少有的怪事。

据说在此前，京师大旱，街巷小儿学着大人，做了个土龙祷雨，他们边拜边唱着：

雨帝雨帝，城隍土地。

雨若再来，还我土地。

（《明史·五行志》）

明黄瑜《双槐岁钞》卷五《雨滴谣》则作“雨滴雨滴，城隍土地，雨若再来，谢了土地”较为近真。一群一群地呼唱，谁都不明其意。

那时的小儿还做着一种游戏，手拉手地呼叫着：“正月里狼来咬猪未？”然后一个小儿就答道：“未也。”下面就是“二月里狼来咬猪未？”然后还是答道“未也。”一直说到“八月”，那小儿便道：“来了来了。”（《明诗综》）后来才知道，那狼就是指北方的鞑靼瓦剌部，而猪则是朱，也就是朱皇帝。土木之变，英宗蒙尘，就是那年八月的事。

回头再说那首童谣。

英宗御驾亲征之时，即命其弟郕王朱祁钰留守北京。等到英宗做了俘虏，一国无主，而瓦剌继续南进，直逼北京。此时皇太后已下制令郕王监国，兵部侍郎于谦坚持不能南迁避敌，于是而发生了北京保卫战。瓦剌还以英宗相要挟，于谦等大臣便请郕王即皇帝位，改元景泰，以绝敌酋之望。“雨帝雨帝”，原来就是“与弟与弟”，而“城隍”就是“郕王”的谐音，那么前两句就是说英宗蒙尘，皇位要送给弟弟，而国家土地归了郕王。这样一说，后面也就明白了，那就是说的景泰八年英宗复辟的事。

瓦剌在北京城下没占了便宜，明朝已经立了长君，留着个皇帝俘虏也没用，便与明廷议和，把英宗送还给明朝。景泰帝占着皇位不想交还，就安排老哥以太上皇的身份住在南宫。

到了景泰八年正月，景泰帝患重病，王振余党宦官曹吉祥与武官石亨等密谋，觉得景泰帝一死，立景泰帝的太子不如让太上皇复辟对自己更为有利，于是发动“夺门”之变，把居于南宫的太上皇迎进皇宫，把还没有死的景泰帝赶下了台。这就童谣中说的“还我土地”。

英宗复辟之后，对“夺门”有功的一群自然要大加封赏，一时自冒参加夺门的有数千人，英宗都一律封赏。而对保国有功的于谦等大臣，英宗却咬牙切齿，杀的杀，流的流，真是倒行逆施、大失民心了。

若要江西反，除非蚌生眼。明武宗正德皇帝在民间的故事不少，真真假假，除了在梅龙镇“游龙戏凤”之外，大多有趣，只是与本书题目无关，只好不去说他了。

正德年间一件大事是封于江西南昌的宁王朱宸濠兴兵造反，如果不是一班忠干大臣多方预防和攻剿，宁王在朝内奸邪的内应下，占领南京称帝的可能性不是没有。正德皇帝虽然荒淫，后宫无数，还要跑到民间猎色，却是一个儿子也没有生出来。所以宁王虽然有夺位的野心，却是做了两手准备：一是用和平手段，买通满朝的奸佞，让他们把自己的儿子过继给正德皇帝；一是若此招不成，就起兵武力夺取政权。宁王的密谋早为江西巡抚及本地的一些官绅所察觉，他们屡屡上书告变，但都被宁王买通的奸臣钱宁等扣留，所以正德皇帝一直蒙在鼓里。

但另一伙奸人江彬与钱宁争权夺宠，钱宁在武宗面前极言宁王既孝且勤，江彬就对武宗说："钱宁说宁王孝，岂不是说陛下不孝？说宁王勤，岂不是说陛下不勤？"武宗也真好哄，立刻下诏把宁王府中在京师的所有人都驱逐回江西。这样一来，宁王料到和平演变是没希望了，便决计造反。他利用自己生辰那天设宴，把南昌的官员都集到府中，全部逮捕或杀害，然后兴兵，连陷九江、南康，准备顺长江而下，直取南京。

恰好巡抚南赣都御史王守仁奉命到福建戡叛军事，此时走到南丰，就得到宁王造反的消息。他知道宁王大军如果沿江而下，南京必然不保，就用离间计让宁王对他的两个谋臣发生猜疑，谋臣越是催促他进军南京，他就越是犹豫。迟疑之间，让王守仁赢得了时间，并不与宁王锐师正面交锋，而是直趋已经空虚的宁王老巢南昌。宁王此时进退失据，再回师救南昌，已经落于被动，黄家渡一战，全军大溃，朱宸濠成了俘虏。宁王从起兵到覆灭，仅仅三十五天。

据说此前南昌就有童谣说："若要江西反，除非蚌生眼。"（李诩《戒庵老人漫笔》）

蛤蚌是生不了眼的，所以江西也不会造反。可是没有多久，城里的小儿兴起了一种游戏，就是把蚌壳中间钻个洞，穿进手指转绕着玩。官府把它和童谣联想起来，觉得这不大妙，就下令严禁，可就是禁不住。结果还是没拦住宁王的造反。

而宁王的兵败被擒也有谶语。据说一个儒生不知怎么惹了宁王，被关在一个铁笼子里，放到后花园中。恰好这时后园里凿池塘，宁王亲自巡视，忽然脑袋发热，对随从众官说："我有一个对子，看你们谁能对下来：地中取土，加三点以成池。"那些饭桶结巴了半天也没对上来，笼子里的儒生实在憋不住了，就冲口而出："囚内出人，进一王而定国。"宁王听了大喜，也没细想，就让人把这儒生放了。儒生出了王府后门，暗想我这对句有问题，"囚"字把"人"放了，再把"王"放进去，那不是让宁王进笼子么？他家也不敢回，赶紧逃跑了。果然，时间不长，宁王也回过味儿来，再让人去抓儒生，已经太晚了（姚士麟《见只编》）。

再说北京的正德皇帝，前二年就想到江南玩一玩，可是一班大臣说那要劳民伤财，硬是宁可让自己在金殿之下扒掉裤子挨大板子，也不肯让步，结果武宗皇帝没能如意。此时一听宁王造了反，正德皇帝高兴得了不得，好不容易有了游戏江南的借口，立刻降旨："即令总督军务威武大将军镇国公朱寿统各镇兵征剿！”这朱寿是谁？就是明武宗给自己起的新名字。这一回大臣们是拦不住了，可是谁知刚出了京城，朱宸濠被俘的消息就送来了。武宗好不扫兴，只好把这捷报压下，继续“南征”。敌人都没了，南征征谁？于是一群佞臣就给王守仁写信，让他把朱宸濠放了，让他带着一些人马窜入鄱阳湖中，等圣上驾到，再生擒一回。可是王守仁缺少幽默感，没有放朱宸濠，却把他交给了先头赶来的太监张永。

威武大将军朱寿已经驾到江南，如果不生擒宸濠就太扫兴了。于是就开辟了一个大广场，树起了大纛，皇上身披戎装，广场四周围满武士，然后把宸濠的枷锁打开，放他到广场中乱跑两圈。此时伐鼓鸣金，把宸濠捉住，再戴上枷锁，威武大将军的武功就算告成了。武宗皇帝自然是很开心的，但朱宸濠老大年纪，为了逗皇上一乐，这般出丑，心中肯定是很窝气的。此时距王守仁生擒宸濠已经有一年多了。

这个历史小段读起来确让人感到可笑，但再仔细一想，这种段子其实也并不是那么稀罕的。

十八子，主神器。崇祯皇帝自以为非亡国之君，但正如孟森先生所说，如果他在位于万历之前，那么他就不是亡国之君，而在天启之后，则是必然的亡国之君。因为在他登基的时候，大乱之势既已形成于下，而朝廷之上却是风气败坏，你倾我轧，即有一二治国之臣，不死于猜忌之主，也要败废于门户之讦。

苏州阊门内有一座春秋人要离的古墓，地势较高，于是而有童谣说“要离高出城，天下动刀兵”（顾公燮《消夏闲记摘抄》）。也就是说，要离墓如果高出于苏州城墙，那么天下就要大乱。但一座古墓又不是树，怎么会长高呢，所以谁也不相信它会高出于城墙。可是到了崇祯时，有个兵备道叫“高出”的，他也是多事，给要离墓立了一座碑，上写“古要离墓”，下题“东海高出题”。有人说这碑很高，从城外的南濠一带就能看见，估计这可能是附会。另外城外有诸山环列，假如登上山，即使不立那座碑，也会望见要离墓的。但关键在于“高出”二字已经应了童谣，于是人心惶惶，而这时西北已经发生了农民起义。

但这也是传说而已。而且也有不同的版本，比如有的说那两句童谣是“墓石高出城，城中血溅人”（清•李鹤林《集异新抄》），而建碑的高出则是万历时人，自从立碑之后，市井中人一言不合就动刀子，每月都要出几档子事，于是当地人认为是那碑作祟，就合力把它推倒，而市井中的犷悍之气也就消了。

估计后一说近于真实，而前一说则是童谣流布之后，被外地人辗转相传，结合了当时的局势而做的加工。但这加工后的童谣和传说，显然更切合人们的情绪。

此类童谣当时一定不少。比如安徽凤阳，也就是朱元璋的祖陵所在地，一棵李树结出的果实像王瓜。晚近市井中的生意人忌讳“黄”字，把黄瓜或写作王瓜，但这李树是不可能结出黄瓜的。所以这王瓜应是另一物，查明时人李时珍的《本草纲目》，有“王瓜”一条，说又叫土瓜，形似雹子，熟则色赤。这倒确与李子相近。但王瓜是攀援植物，也许是王瓜蔓缠到了李树上，所以人们把王瓜与李子弄混了。但不管事实是怎么一回事，一个童谣是出来了，道：“李树结王瓜，百里无人家。”（谢永泰修《凤阳县志》）第二年李自成就起义了。而且这李树历来就被敏感的人所注目，它的一点变异就容易让那些人大惊小怪，它的盛衰被当作姓李的王朝或兴或败的预兆。所以这棵李树上的王瓜弄不好就与李自成联系起来了，何况又是生在朱皇帝的家乡呢。但这歌谣明显对李自成起义是不利的，也就是告诫百姓，如若让姓李的做了王，就要弄得野无人烟了。但李自成也自会造谶。

李闯王的义军打到河南，得到了几个河南的人才。一个是杞县举人李信（即李岩），一个是卢氏举人牛金星。这二人都不简单，虽然在后来的历史中成了暂短的大顺王朝中的左右两派，但此时却都是李自成的宣传家。可是二人的宣传方式也能看出其间的差异。牛金星推荐了一个江湖术士宋献策，人长三尺有余，号称宋矮子，带来的见面礼是一条谶记：“十八子，主神器。”（《明史•李自成传》）也就是说：姓李的要做皇帝。这自然让李自成非常高兴。而李岩也编了歌谣让儿童们传唱，那就是大家都熟悉的“迎闯王，不纳粮”，而这两句传唱之后又为农民加工成“吃他娘，穿他娘，开了大门迎闯王，闯王来时不纳粮”。这个歌谣的效果是让起义军受到百姓的欢迎，而且参加农民军的人越来越多，迅速地壮大了起义军的队伍。

一个谣谶是让李自成做皇帝，一个歌谣是让李自成拯救黎民于水火。这两首谣言反映着农民军的两条路线，而它们朝哪个方向“应验”，也影响着农民政权的命运。

张家长，李家短。说了李自成，不可不说张献忠，但此人不管戴上什么头衔，他杀人如麻的历史问题是没办法洗刷掉的。或者有人要说，他杀的人没有几百万，那数字是反动的地主阶级夸张的，其实也只不过几十万而已。但这一类话让老张听了，他未必会高兴，好像忙活了半天才只做出那么点点成绩，太令人扫兴了。

关于张献忠的最有名的谶语是“生于燕子岭，死在凤凰山”（沈荀蔚《蜀难叙略》），那是诅咒老张之死的，而且他是被满人射死在凤凰岭。此处，说一件小事，却很能体现老张的性情。

这故事发生的时间大约是老张杀人生涯的早期，因为那时他的杀人还需要借口，不像后来杀得手滑，以至到了“你这小后生长得实在爱煞个人，我实在爱得不知道怎么个好，那就把你剁碎喂了狗吧”的地步。那时他要杀人，先要派出巡逻兵，夜里跑到人家窗户跟前去偷听，听到不顺耳的话，便动刀开杀；或者要动员群众举报，也是很费手脚的。这一天，有个小家伙来检举了，说我在某家墙外听到不良言论，并且已经用白灰在他门上做了记号，大王明天可以派人把他家捉来杀了。老张听了很兴奋，忙问那家伙说的是什么。小儿道："我只听到一句，说是'张家长，李家短'。"老张一听，哈哈大笑，说："这话说得好，这是预兆着我老张要胜过李自成了！"（彭遵泗《蜀碧》）于是那家就侥幸逃过一刀。

世上姓张姓李的人真多，什么"张冠李戴"、"张公吃酒李公醉"之类的俗语就常把二家拉扯在一起。同时说到张、李二家的还有一个歌谣，是天启年间出现于江南民间的，只是不知与张献忠、李自成的起义有什么关系，也未见高人来解释。但歌谣是很不错的，说：

张打铁，李打铁，打把剪刀送姐姐。

姐姐留我歇，我不歇，还要家去学打铁。

（李介《天香阁随笔》）

儿童连臂而歌，手作打铁的样子，应该是很好看的。

【清】

帝出三江口。雍正七年（一七二九年）九月吕留良文字狱之后，雍正帝胤禛的圣谕中有一段文字，可以看出满清统治者是怎样对待"妖言"的，非常可读。此处不想多说，恭抄"圣谕"如下：

从来奸宄凶丑，造作妖言，欲以诬民惑众者，无时无之。即如从前妖言云："帝出三江口，嘉湖作战场。"此语已流传三十余年矣。又如广西张淑荣等言钦天监奏紫微星落于福建，今朝廷降旨遣人至闽，将三岁以上九岁以下之男子，悉行诛戮。又如山东人张玉假称朱姓，系前明后裔。遇星士推算，伊有帝王之命。似此诞幻荒唐，有关世道人心之语，往往地方大臣官员，希图省事，目为疯癫。苟且掩护于一时，而未念及迷惑之害。日月渐远，传播渐多，遂不能究问其所自来，转令无辜之人，受其牵累。此皆庸碌无能，视国家利害如膜外之大臣等，养痈之害也。又如村塾训蒙之人，本无知识，而又困穷无聊，心怀抑郁，往往造为俚鄙怪妄之歌词，授予村童传唱。而不知者，遂误认以为童谣，转相流布。此皆奸民之欲煽惑人心，紊乱国法者。地方大吏有司，视为泛常，不加稽察惩创，以防其渐，可乎？……

只是钦天监多事，奏紫微星落于福建，就要杀掉一省三岁至九岁的儿童，如果那时某地出了"××出天子"之类的谣言，又将如何？

另，在此之前的雍正三年（一七二五年），川陕总督年羹尧失宠，降调为杭州将军。在胤禛对年羹尧的奏折中有一批语，涉及“帝出三江口，嘉湖作战场”一谣，可以看出胤禛用谣杀人的一种策略。原文如下：

> 朕闻得早有谣言云“帝出三江口，嘉湖作战场”之语。朕今用你此任，况你亦奏过浙省观象之论。朕想你若自称帝号，乃天命数也，朕亦难挽；若你自不肯为，有你代朕统此数千兵，你断不容三江口令人称帝也。此二语不知你曾闻得否？

雍正早知浙江有“帝出三江口”的童谣，却要让年羹尧到那里做挂名将军，辖下几千兵都是监督他的，只要他略有不慎，那就是应了“帝出三江口”的谶语，立刻抄家灭族。据说年大将军到了杭州之后，每天就让人抬把椅子到涌金门，他自己往上一坐，说是监督出城入城的平民，实际上是让手下监督自己：我天天如此，你们总找不到我的纰漏了吧！但欲加之罪，何患无辞，年大将军这种韬晦之计对雍正帝没有作用。据说年大将军天天到涌金门“坐班”，弄得进城卖菜的人都不敢进城，已经降职了，余威尚且如此，这人能留着么？雍正帝只是略作暗示，廷臣就组织了专案组，九十二条大罪敬呈上览，而且拟罪把年羹尧七族十六岁以上男子全斩，十五岁以下男子及全部妇女都充为奴婢，发落荒寒。当然最后还是万岁爷开恩，只杀了年羹尧父子，其他的都从轻处理，但家产全部充公，这些活口究竟怎么存活下去，也是个问题。

大王无头。暴发户和刮了地皮回乡的官绅们，都要造园林，起楼台，然后还要讲求风雅，给楼台也要起个雅号，立个匾额。一些尖酸刻薄的人就往往要在这匾额文字做些文章。这方面的故事不少，最为人熟知的就是那个“东门王皮”的笑话。一个皮匠发了家，要附庸一下风雅也是常事，请识文断字者给楼台起个雅名，何必用个“阑玻”挖苦呢？如果把这刻薄用在刮地皮的贪官和拍马屁的佞人身上，多么能大快人心哪。

明朝徽州城里出了个大学士许国，至今还有个牌坊立在城里，成为当地一大景观。但现在不说这牌坊，只说他的孙子许志吉家的一个门匾。此人官为大理评事，是魏忠贤的狗腿子，所以当时很是得势。他拍魏老公的马屁，徽州的地方官也要拍他的马屁，就给他家送上一匾，上写“大卜于门”四字。这四字寻常人也不懂，总之是奉承话吧。可是乡里人发坏，到了夜里，添了些笔画。第二天他家人再一看，这匾成了“天下未闻”了，而且门前还围了一群人在品评着，一个装着近视眼念白字，而且是倒着从左往右念，读成了“阉手下犬”；另一人说：你念的不对，这明明是“太平拿问”么。太平是徽州北面的一个属县。据说后来许志吉果然犯了案，被押解到太平受审，然后砍了脑袋（张岱《陶庵梦忆》）。

这个离合增减题额的故事确是很巧，但到了乾隆时还有一个故事，比上述的更要巧妙，而且还带有预言性质。

乾隆时有个大贪官王亶望，此人后来是抄家法办了。这是他做浙江巡抚时的事。他在府第里造了一处密室，专门是“藏娇”所用，他把从民间物色到的美女就安排在这里，所以是个极隐秘的所在。要到这“金屋”需通过一条长巷，王亶望给这巷子起了个雅名，叫“奎垣巷”，因为天上的奎宿有六个阁道星和一颗路星，王亶望这个秘院就是经由此巷别通六处，每处都是他的艳窟。外人来访，自然不能让进去，只能看看巷口的题额，初看还以为是文章之府呢。只有一个分巡嘉湖杭观察王某，他是王亶望的爪牙兼色友，时常入内，到里面做些混账勾当，人称大王、小王。这事是瞒不住人的，于是有人就把“奎垣巷”三字离合成一首歌谣，极巧妙之致，而且据说不知用了什么高人，用蝇头小楷偷偷写到了匾额之上，那歌谣道：

大王无头，小王无头，

一旦败露，寸土不留。

廿一家籍，廿八讯囚。

已而已而，万事皆休。

（魏祝亭《天涯闻见录》）

王亶望发现后赶快抹掉，但歌谣却早张扬到外面。一个月后，乾隆皇帝降下御旨，把王亶望拿到诏狱中，论罪判了死刑，家产抄没，据说论罪问斩的时间与歌谣所唱的丝毫不爽。

顺便讲一个晚清的拆字故事，也是关于匾额的，虽然不是预言，却也是非常巧合。广东有一姓潘的盐商，虽然算不上富可埒国，但在广东也是首屈一指了。他盖了一座花园，名叫“海山仙馆”，听这名字就可以想见它的楼阁之盛了。他本来就够豪奢的了，他的后裔有个叫潘仕成的，不仅是克绍箕裘，更是个只出不进的大败家子。后来因为欠国税太多，不能交纳，官府就没收了他的家产，花园也充了公。这已经是同治年间的事了。但官府要的是钱不是花园，就招标把园子卖掉以充国课。可是这园子开价太高，没有人买得起，于是有人就想出个办法，就是开彩票，每张彩票三个银元，共三万张彩票，售完之后开彩，结果为香山县的一个私塾先生得中。这时有人离合“海山仙馆”四字，恰是“每人圆三官食”六字。“出三”者，出银钱三枚也，“官食”者，款归官也（《清代之竹头木屑》）。这教书先生也没出息，发了这笔大财，就又嫖又赌起来。整个园子卖不掉，他就拆零来卖，先卖古董，后卖山石，最后是拆门卸窗，没有二年，好好的一个园子就成了颓垣败瓦的一片荒田了。

黄花满地发。嘉庆十八年（一八一三年）九月十五，北京出了一件大事，就是林清、李文成等为首的天理教起义，居然打入了紫禁城。由于人单力薄，虽然深入宫禁，却很快被消灭，但此事震惊都城上下，嘉庆皇帝在三日后即下罪己诏。

天理教的前身就是八卦教，按照此教教义，弥勒佛有青阳、红阳、白阳三劫之说，而此时正是白阳应劫，要改朝换代了。林清自称是太白金星转世，旗帜也都用白色。这一年

本来应该是闰八月，古代迷信，认为闰八月有灾，所以当时民谣有：“八月中秋，中秋八月，黄花满地发。”（盛大士《靖逆记》）

也就是闰八月的十五，即第二个中秋要出大事。黄巢有落第诗云：“待到秋来九月八，我花开后百花杀。冲天香阵透长安，满城尽带黄金甲。”所以这“黄花满地发”就是要动刀兵。大约也是出于这一考虑，皇历就改当年的闰八月为次年的闰二月，所以林清选择的起义时间在皇历上虽是九月十五，但他们却当作闰八月的中秋来应谶。

攻入紫禁城时，林清本人却在北京大兴县的黄村坐镇为援，而在此之前，他就先造了两句童谣四处散布，道是：“若要白面贱，除非林清坐了殿。”（涵江《灵境胡同和林清起义的故事》）

可是林清没能坐殿，很快就被清廷生擒。

李文成是河南滑县人，河南也有：“若要红花开，须待严霜来。”（盛大士《靖逆记》）

李文成认为这是自己当应的谣谶，所以自称“严霜十八子”，为李自成转世。北京林清失败后，李文成在河南滑县继续武装抵抗，直到十一月才被镇压。他自己看大势已去，一抹脖子自杀了事，可是冀、鲁、豫三省交界的数十州县可惨了，那里受到清政府的血洗，凡是加入天理教的农民都惨遭屠杀。

天下红灯照，这时才算苦。这是一个虽然很不愿意涉及，但对于本书却又无法绕过去的题目。

距今一百多年前，正是一九零零年前后，中国的北方闹起了义和团。义和团是一个太沉重的题目。那是一场民族主义对殖民主义的抗争，但也不得不承认，这同时又是一场愚昧落后与科学技术的角力，是顽固封闭的封建帝国与近代文明的对抗。看着那些纯朴农民们曾经兴高采烈地传诵着充满邪气的歌谣和碑文，然后又一批批先被大师兄奉送给老佛爷，而后又丢给洋鬼子们屠宰，不由不让人心酸气短。在一段时间内，从玉皇大帝、关圣帝君、张天师、纯阳吕祖一串神仙开始，然后是诸葛亮、邵康节、刘伯温一群预言家，再加上孙悟空、猪八戒、白玉堂、黄天霸一群唱本小说中的角色，纷纷登台。于是歌谣满天飞，石碑遍地冒，把中国历代的流言、预言、妖言来了个空前大爆棚。笔者算了算，光凭记录下的文字，总有几千字吧。有人说，那些都是反帝反封建的革命舆论，在下没那么高的理解能力，不敢苟同；当然也有完全相反的评价，在下没本事和神拳的传人们纠缠，所以也不想附合。此处只把几种典型的谶语介绍一下，是是非非由读者自己去品评吧。需要说明的是，这些谣言版本都很多，也有不少出入，此处只选其中的一种。

（一）歌谣：

二四加一五，这苦不算苦，
天下红灯照，这时才算苦。

从北来了一群猴，大街小巷任他游。
西北出了真男子，光见君子不见猴。

庚子辛丑乱如麻，子孙个个不还家。
八娘争夫无匹配，要紧准备千里花。

梅花数片点苍苔，前度刘郎今又来，
万里长城如电过，江南明月半弦开。

二百余年数大清，平空大地起刀兵，
二三不见三三六，一股香烟透太晴。

几面黄旗道西京，一股黄沙耀眼睛。
几面威风追鬼叫，一身铁胆闹江东。

可笑，可笑。不用问，就知道。
黑阻路，白当道。众神惊，诸鬼叫。
披金甲，开枪炮。黄雾消，红灯照。
三五七八就知道。
你你应那时，可笑不可笑。

（二）乩语：

宝坻县乩语（北京）：

天降黄牛定生灾，黄牛绿鸭一齐来，
黄牛不久归山去，襄阳固城门大开。
蛤蚂咬着蛤蚂手，僧人死了僧人埋。
若问王侯同人多，宝刀磨了又重磨。
水淹齐鲁东三省，血染陕西八百坡。

更君若能兴三事，虎出山林定干戈。

若问真龙主，全在二八五。

满城一支花，独野无匡土。

庚子乩文（北京）：

玉皇敕旨九重天，分遣神兵下人间，

扶保西北真男子，劝君快把空业般。

众人未看清，上帝降神兵，

扶保真君主，挪位让真龙。

洪钧老祖降坛谕之一（北京）：

山东总团传出，洪钧老祖降坛云：年年有七月七日，牛会亲之日。众民传到此日之夜，家中老少，不论男女，全要红布包头，灯烛不止，向东南方三遍上香叩首，一夜不须安眠。如若不为者，牛郎神仙能降坛，亦不能救众民之难。传到十五日亦为此。八月初一日，众民不须饮酒，如若饮酒，一家老少必受洋人之害。九月初一日、初九日为日之首，初九日为重阳之日，必将洋人剪草除根。众民不须动烟火，如若不遵者，闭不住洋人之火炮。至十五日，众神仙归洞。此四日：七月初七日、十五日至九月初一日、初九日，不须动烟火。多言示书此单，千万千万诚信。众善人急传一张，免一身之灾；传十张，免一家之灾；传百张，免一方之灾。

宫内莺语（北京）：

庚子义神拳，戊寅红灯照，

丙午景风起，甲子必来到，

壬子不算苦，二四加一五，

遍地红灯照，壬申到庚午，

己酉是两月，庚子才算苦，

等到乾字号，那时神追鬼也叫。

（三）碑文：

西洋气数碑（天津）：

天地怒，神仙惨，雷电收，霖雨敛。

红灯照，义和拳，力无穷，法无边。

烧铁道，拔线杆，枪无药，炮无弹。

洋人灭，尸相连，人神喜，鸡犬安。

歌大有，庆丰年。男学义和女红灯，

杀尽洋人海宇澄，待到枪刀无用日，

试看霞蔚并云蒸。

涿州碑文（北京）：

这苦不算苦，二四加一五；

满街红灯照，此时才算苦。

电线不长久，紧防黑风口；

庚时连信去，江山问老叟。

静海县石碑：总是一千年，

九百九十三，释迦出了世，

不日改天年；三原李靖造，

应在庚子年，暗有九宫门，

明有八卦图，继起红灯照，

断了小煤烟。乾坤一扫净，

取出叶底千，按下八二六，

还等一四三。

永定门碑文（北京）：

一弋止在心，八牛不安忍，
白鼠江边乱，大闹西落村，
该当无言亥，两羊一口吞，
大道改沙岭，小道一条金，
两陕东西乱，齐鲁水淹浸，
何日才了结，修齐归死门，
家人戴草帽，戈茅也不真，
若惹真灵怒，四斗下山林，
八八至五五，方来有福人，
日月从头起，文武拜圣君。

刘伯温碑文（北京）：

庚子之年，日照重阴；
君非桀纣，奈佐非人。
最恨和约，误国殃民；
上行下效，民冤不伸。
原忍至今，羽翼洋人；
趋炎附势，肆虐同群。

逢天曹怒，假手良民；

红灯下照，民不迷津；

义和明教，不约同心。

钀漂洋孽，时逢本命宫；

待当重九日，剪草自除根。

孔明碑记（天津）：

天有眼，地有眼，水翻人翻石亦翻。

癸未乾，不算乾，丁亥子丑才算乾。

贫者一万留一千，富者只留一二三。

世人未必行善念，作恶事未把功添。

人不存好意，死字在眼前。

五谷高种，平地起火烟。

东一搬，西一搬，搬来搬去无人烟。

诗曰：斗牛又被斗牛牵，坠了斗牛断火烟。

若问瘟疫何时起？但看来年春头间。

倘若有人不信者，口吐鲜血泪涟涟。

今年人民有灾难，瘟神恶鬼下人间。

万民罹灾难，时将祸害石碑刊。

若有人见者不传，七孔流血丧黄泉。

现在看来，这些形形色色的谣谶也许当时能鼓动人心，但仗要是真打起来，却一点儿也派不上用场。所以这些谣言只能起到把事态闹大而无力收拾的作用。拳民和一些老百姓的愚昧和迷信是显而易见的，然而，看看当时朝中支持义和团的文武官僚直到慈禧太后的知识水平，就知道这些拳民的愚昧正是统治者愚民的成绩，而愚民者适以自愚，也是自然的恶果。

御史徐道焜上言：洪钧老祖安排了五条龙把守大沽口，龙背一拱，洋人的炮船就会立刻沉没。

翰林院编修萧荣爵上言：夷狄无君父殆二千年，天将假手义民尽灭之，时不可失。

御史陈嘉上言，说他从关圣帝君那里得了一件帛书，书中说你们不要怕洋人，洋人很快就要自己消灭。

吉林将军长顺言：有两个童子，不是凡人，所至之处，教堂自焚，然后就消失不见了。慈禧听了大为兴奋，认为这是神仙降临，下令将此奏折公布天下。

群臣又时时言：山东老团一扫光、金钟罩、九龙镫之属，能役使鬼神，把海中的洋船尽皆烧光，并能居一室之中而斩首于百里之外，而且还不用兵器。慈禧听了就更兴奋了，马上亲自祷祠，请这些神拳赶快来到。

大学士刚毅说：只要把使馆攻克，洋人就灭绝了，天下自然太平。

尚书启秀说：各国使臣不除灭，必为后患，五台山和尚普济有神兵十万，请召之会攻。

候补知府曾廉、翰林院编修王龙文就立刻献计：请引玉泉山水来灌东交民巷。

御史彭述道：现在洋人的大炮点不着了，可见义和团的神术有验。

王龙文还上书推荐“三贤”，这“三贤”一个是山东和尚普法，本来就是个妖人；一个叫余蛮子，是个打家劫舍的强盗；再一个叫周汉，是个神经病。

大学士徐桐则上言：洋鬼子就要投降了，我们万万不可答应，必须要他们纳贡献地称臣，再赔偿兵费数万万。徐桐还列出了十项条件，说洋鬼子必须全部应允，我们才能接受投降。

从大学士到六部九卿都是这种注水的脑袋，一百年前的那些来自穷乡僻壤的农民又能怎样？朝廷已经为妖气笼罩，这无疑助长着义和团中的装神弄鬼。所以拳民们的愚昧和迷信并不应该受到过分的斥责。而对义和团本身也要用发展变化的眼光来看待，因为最早的义和拳与后来的义和团在成分和性质上并不完全相同。

义和拳由山东进入京津，一路上发展壮大，同时自身也发生着变化，一些城市乡镇中的游民和兵痞大量涌入，急速地让这支农民组织变质。对于最初入京的原始团民，当时一位北京市民有所记录，说他们“多似乡愚务农之人，既无为首之人调遣，又无锋利器械；且是自备资斧，所食不过小米饭玉米面而已。既不图名，又不为利，奋不顾身，置性命于战场，不约而同，万众一心；况只仇杀洋人与奉教之人，并不伤害良民”。

原始拳民朴实淳厚，虽然迷信无知，但没有领袖欲，很容易让狡狯流民钻空子，而义和团特殊的游离松散、自由组合的组织形式又很容易让这类投机分子占据大小领袖的位置。这些流民分子的立场是变化无常的，基本上是唯利是图。他们只要有了“受招安”的机会，随时都可以出卖自己和拳民。即以天津的义和团为例，民间的拳会成了半官方的团练，进而蜕化为流氓无产者的工具，其间起着关键作用的是这群朴实的乌合之众得到的两个新领袖——张德成和曹福田。后来不少半传说半创作的“民间故事”和一些小说，都把张、曹二人当成义和团的英雄，这真是对历史的随意编造。

张德成，河北白沟人，以操舟为业，是典型的走江湖的流民。他的加入义和拳是在义和拳传到天津南边的静海之后。他因为行舟到了独流镇，见人们练“神拳”，就忽悠道：“你们的神拳是假的，我才是真的。”于是装神弄鬼一番，用一套戏法骗得拳众的信服，而缺少组织的拳众居然就都捧他成了“大师兄”，他也大言不惭地标榜为“天下第一坛”。张德成这人很会投机。

一九零零年五月，几个直隶道台要到天津述职，路过静海，被一伙团民捉住，带至神坛。张德成问明白都是大官，就把他们放了，然后表演了一番自己的神术，让他们捎信给直隶总督裕禄，请饷二十万，以灭洋自任。几个道台不负其望，果然到津之后上书裕禄，裕禄立即檄召德成。德成自高位置，不肯赴召，说：“我又不是官吏，他凭什么以总督的威严凌压！”昏庸的裕禄此时真是礼贤下士，立刻派八抬大轿去接，然后大开中门相迎。裕禄设宴款待，宴中德成忽然昏睡，叫也叫不醒，过了一会儿，他打了个哈欠醒来，从袖管里掏出几个大炮零件，说是元神出窍，从敌营中偷来这些东西，敌人的大炮再也打不响了。从此张德成就成了裕禄的座上客，每日除了装神弄鬼之外，就乘着大轿出入于总督衙门。

在义和团民与洋人血战的时候，张德成究竟起了什么作用，眼下找不到可靠的史料，但有一点是肯定的：他没有牺牲在战场上，天津城破之后，他带着一大笔钱逃跑了。他跑到王家口，还像在总督衙门一样摆臭架子，连二人小轿都不肯坐，村里没有大轿，只好把关帝庙里抬关老爷泥胎的大轿借来抬他。村里设宴招待，他又嫌粗陋，推席而起。村人气急了，把他捉住，说："让我们试试你真能刀枪不入否？！"他便叩头乞求饶命。结果村民们一阵乱砍，张德成就成了一团肉泥。

天津义和团的第二号人物曹福田，则是天津静海县人，本来是清军中的一个兵痞，因为抽鸦片抽得无以自存，所以趁着义和拳红火，就跟着进了天津。到了天津，他问人租界在何处，当地人说在东南方，曹福田就趴在地上朝着东南方磕了一阵头，然后起来说：“那洋楼已经让我给烧了。”此时正好东南方起了一股黑烟（有人说这是恰巧一家民房着火，有人说是曹福田派人安排放的火），于是拳众立刻把他当成神人。与洋人开战之后，他倒是上了一次战场：

> 福田整队赴前敌，以洋铁造鼓吹、大螺，红旗大“曹”字，侧书“扶清灭洋天神天将义和神团”。福田骑马，戴大墨晶眼镜，口衔洋烟卷，长衣系红带，缎靴，背负快枪，腰挟小洋枪，手持一秫秸。

曹福田一边走一边对道上的人说：你们跟着，去看我打仗吧。可是走到马家口（接近法租界的地方），他说前面有地雷，便绕道而归了。此人不敢与洋人打仗，偏能与打洋人的聂士成武卫军内哄。天津城破之后，他便改装逃跑了。直到半年之后，他在溜回静海时被人捉住，送到官府处死。

张、曹二人的际遇在义和团进入京津之后并非个别现象。天津的张、曹是巴结官府，北京的义和团首领则直接向西太后献媚。义和团的广大团民尽管对康梁变法并不理解，甚至可以说是持反对态度，但对光绪皇帝还是忠心耿耿的，所谓“君非桀纣，奈佐非人”，“我皇即日复大柄，义和神团是忠臣”，“我皇悔过弱转强，御封长老坐帅堂”即是

（均为义和团告白）。可是北京义和团的首领被慈禧召见时，却公然呼唤“真龙”出世，声言“愿得一龙二虎头”，用与光绪皇帝“划清界限”来讨好老佛爷，这些首领的动机已经非常卑鄙无耻了。

不仅如此，这些义和团中的败类还要与义和团的“兄弟组织”划清界限，那就是用出卖、屠杀“白莲教”换取封建统治者的信任。不少文献都记载了北京义和团诬陷捕杀所谓“白莲教”的残忍情景，他们为了得到统治者的宠信，可以毫无人性地屠杀无辜平民以做交易。

义和团的某些首领堕落到这种地步，已经很难说他们是“义民”了。京津城破之后，有些曾经活跃一时的拳民甚至大师兄一级的人物，或者打着“大日本顺民”的白旗招摇过市，或者出卖自己的弟兄讨赏（有名的“大刀王五”就是被混进义和团的痞子出卖而被杀的），或者以顺民的面貌反诬仇人为“拳匪”。这些大都是入城之后出现的新拳民，因为那些来自鲁冀乡村的拳民此时根本无法在京津立足，除了被出卖被杀戮之外，只有逃回老家一途。

义和拳运动不宜全盘否定，正如不宜全盘肯定一样。一个带有浓烈民间宗教性质的组织发生蜕变是很自然的事，只是由于当时形势的变化急剧，他们出乡村入城市，便从“义民”化为“拳匪”，蜕变堕落得也太快了。

对于义和团中的妖言也应做如是的分析，其中的一些歌谣是很久以前就存在于民间的。比如“今年不算苦”一谣在义和团中多次出现，而且多有变化。但此谣很早就在北京流传过。王文熔署名鹤湖意意生的《癸丑纪闻录》，于咸丰三年二月十五日记云：“十五日，吴云峰来说，顷孙同卿来云：‘伊兄介庭于正月初四日京中发信，昨日接到，中有童谣云：

今年不算苦，明年二三五，
城内莲花瓣，城外一片土。

那时并没有义和团，可见义和团有一些谣言是沿袭过去的民间谣言而加以改造的。而从前面所引的那些乩文中可以看出，那些鬼话连篇的坛谕和石碑大多产生于义和团后期，即庚子年间，这与义和团组织的成分变化应该有很大关系。义和拳时期也设坛拜神，但基本上是民间秘密会社习武组织的一种仪式，间有蛊惑人心者用什么“刀枪不入”来自神其术，但还没有夸大到以符咒做武器的地步。但拳民的愚昧和迷信是不能否定的，张德成、曹福田二人的急速蹿升到大师兄，靠的就是利用义和团的这一弱点，把迷信和妖言“实战化”，神拳变为妖术，妖言也就泛滥成灾了。义和团和洋人打到山穷水尽的时候开始想起了“山东老团”，他们一再把老团的增援当成最后的希望，就是因为那已经成了传说的老团有打拳的真本事，虽然那拳也抵不住洋枪洋炮，但终久不是全靠弄神弄鬼了。

邪教与妖言也许能成就一些野心家，对于广大民众，却得不到什么好处，始终只能成为被愚弄被利用的工具。

主编絮语

关于文化的定义，据说有六百多种。定义，好像总与活生生的生活无关。定义多，是因为文化的形态多，所谓的文化形态，就是生活形态。

文化就是生活。国人喜欢宏大的生活，滔滔如悬河之水，溅起的飞珠，都闪着太阳的光芒，晃得人眼晕。

我远离这种热闹，寻找生活的碎片，些许碎片，散落在各个角落里，或如一珠水滴，飞落花丛，化做蒹葭上一层白霜，令人叹之，咏之，思之不已。

于是，在人们追求大历史时，我选择了“小历史”，这就是“中国小史”丛书的由来。

《中国古代谣言与谶语小史》，作者是河北人民出版社的栾保群先生，他是文化学者，写的都是生活常识，只要是识字的，看了就明白。

流言蜚语，自古有之，关键是针对谁的，所以，谣言有时会成为谶语。谁对谶语那么关心？当然不是平头百姓。于是，这些“吉光片羽”的谣言进入了严肃的史书。栾保群先生将这些关于皇帝们的谣言从史书中搜刮出来，写成小史。看着由谣言组成的皇帝们的生活碎片，不由得发出“一声叹息！”让人哭笑不得。

吉霞

二零一四年元月